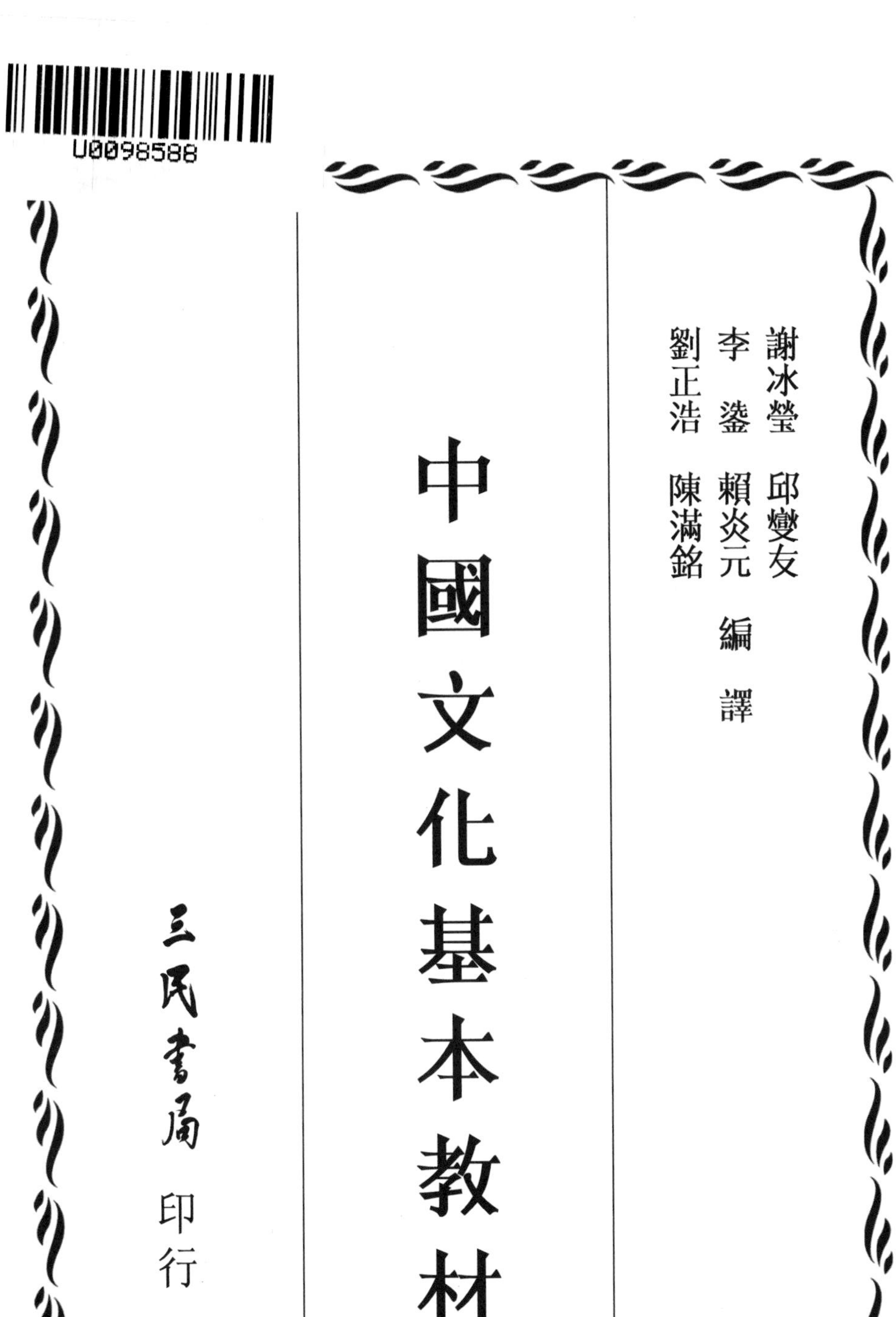

謝冰瑩　邱燮友
李　鍌　賴炎元　編譯
劉正浩　陳滿銘

中國文化基本教材

三民書局　印行

© 中國文化基本教材

編著者	謝冰瑩等
發行人	劉振強
著作財產權人	三民書局股份有限公司
發行所	三民書局股份有限公司 地址　臺北市復興北路386號 電話　(02)25006600 郵撥帳號　0009998-5
門市部	(復北店) 臺北市復興北路386號 (重南店) 臺北市重慶南路一段61號
出版日期	修訂二版一刷　1988年7月 修訂三版一刷　1993年8月 修訂三版二十刷　2016年7月
編號	S 030330

行政院新聞局登記證局版臺業字第〇二〇〇號

ISBN 978-957-14-1663-2 (平裝)

http://www.sanmin.com.tw 三民網路書店

例言

一、本書正文，仍保留朱熹四書集注之次序，每章頂端之數字，為原書之章次。

二、本書內容，分為四部分：正文並加注音、章旨、注釋、語釋。

三、正文加注音，並採用新式標點，可無音讀、斷句之困難。

四、每章章旨，或依十三經注疏本，或從朱注，或另作要旨，務使發其旨趣，以明全章大意。

五、注釋以朱注為主，間採十三經注疏或眾家之說，並注明其出處。

六、語譯力求通俗，便於閱讀，使文意融貫，以收渙然冰釋之效。

七、本書為集體之作，遺漏之處，在所難免，尚希篤學君子，不吝指正！

論語

學而第一……一
爲政第二……九
八佾第三……一九
里仁第四……二六
公冶長第五……三五
雍也第六……四五
述而第七……五四
泰伯第八……六五
子罕第九……七〇
鄉黨第十（略）
先進第十一……七九
顏淵第十二……八六
子路第十三……九八
憲問第十四……一〇九
衞靈公第十五……一二〇
季氏第十六……一三三

陽貨第十七……一四〇
微子第十八……一五〇
子張第十九……一五六
堯曰第二十……一六四

孟子

梁惠王篇 上

一 仁義而已……一六七
二 王道之始……一六九
三 率獸食人……一七二
四 仁者無敵……一七四
五 天下定于一……一七五
六 保民而王……一七七

梁惠王篇 下

一 與民同樂……一八八
二 交鄰國有道……一九二

三 進賢退惡……………………………一九五
四 湯武革命……………………………一九七
五 征伐之道……………………………一九八
六 誅君弔民……………………………一九九
七 上恤下親……………………………二〇一
八 與民守之……………………………二〇二

公孫丑篇 上

一 知言持志養氣……………………二〇四
二 王覇之分……………………………二一七
三 貴德尊士……………………………二一八
四 擴充四端……………………………二一九
五 與人爲善……………………………二二三

公孫丑篇 下

一 人和爲貴……………………………二二三
二 辭受之道……………………………二二五
三 民牧失伍……………………………二二六

四　舍我其誰……………………………………………………………二一八

滕文公篇上

一　道一而已……………………………………………………………二三一
二　匡許行君民並耕之說………………………………………………二三三

滕文公篇下

一　枉尺直尋……………………………………………………………二四五
二　所謂大丈夫…………………………………………………………二四七
三　一傳衆咻……………………………………………………………二四九
四　何待來年……………………………………………………………二五一
五　予豈好辯哉？………………………………………………………二五二

離婁篇上

一　先王之道……………………………………………………………二五九

二 不仁之患……………………………………二六三
三 反求諸己……………………………………二六三
四 禍福自取……………………………………二六四
五 得天下有道…………………………………二六六
六 自暴自棄……………………………………二六八
七 親親長長……………………………………二六八
八 至誠能動……………………………………二六九
九 善戰者服上刑………………………………二七〇
十 觀其眸子……………………………………二七二
十一 禮與權……………………………………二七二

離婁篇下

一 君臣以義合…………………………………二七四
二 君子自得……………………………………二七五
三 過猶不及……………………………………二七六
四 君子自反……………………………………二七七
五 禹稷顏回……………………………………二七九
六 不孝者五……………………………………二八一

七　驕其妻妾……………………………………二八三

萬章篇上

一　孔子集三聖之大成…………………………二八六

萬章篇下

一　大臣之義……………………………………二八九

告子篇上

一　善性人所固有………………………………二九一
二　聖人與我同類………………………………二九三
三　良心貴得其養………………………………二九五
四　一暴十寒……………………………………二九七
五　舍生取義……………………………………二九八
六　求放心………………………………………三〇〇

七　大人與小人……二〇一
八　天爵與人爵……二〇二
九　人人有貴於己者……二〇三
十　轂與規矩……二〇四

告子篇 下

一　人皆可以爲堯舜……二〇四
二　論宋牼以利說時君之不當……二〇六
三　今之所謂良臣……二〇九
四　以鄰爲壑……二一〇
五　動心忍性……二一〇
六　教亦多術……二一二

盡心篇 上

一　知天事天立命……二一五
二　萬物皆備於我……二一六

三　恥之於人大矣……三一六
四　處窮達之道……三一七
五　善教得民心……三一八
六　良知良能……三一九
七　德慧術知……三二〇
八　君子有三樂……三二〇
九　君子所性……三二一
十　觀水有術……三二二
十一　舜與蹠之分……三二三
十二　子莫執中……三二三
十三　士尚志……三二四
十四　因材施教……三二五
十五　過與不及……三二六
十六　親親仁民……三二七

盡心篇下

一　不仁哉梁惠王……三二八

二 焉用戰……三二九
三 民爲貴……三三〇
四 性與命……三三一
五 守約施博……三三一
六 說大人則藐之……三三二
七 養心莫善於寡欲……三三三
八 狂狷與鄉原……三三四

論語

學而第一 十六章錄十四章

古人著書，往往取首句中一二字做標題，別無他義，如詩經、論語、孟子便是。本篇首章第一句爲「子曰學而時習之」，故取「學而」二字，作爲本篇篇名。以下各篇同。

㈠子❶曰：「學而時習之，不亦說❷乎？有朋❸自遠方來，不亦樂乎？人不知而不慍❹，不亦君子❺乎？」

【章旨】此章勸人學為君子。

【注釋】❶子　弟子稱師爲子，論語「子曰」之子，皆指孔子。❷說　同「悅」。心中欣喜。❸朋　指志同道合的人。包咸曰：「同門曰朋。」❹慍　怨恨。❺君子　指有道德修養的人。朱熹曰：「成德之名。」

【語譯】孔子說：「把已經求得的學問，時時去溫習它，不是很令人喜悅的嗎？有同道的朋友從遠處來，不是很快樂的嗎？別人不知道我的才學，我也不生氣，不是一位成德的君子嗎？」

㈡有子❶曰：「其爲人也孝弟❷，而好犯上❸者鮮❹矣。不好犯上，而好作亂❺者，未之有也。君子務本❻，本立而道生❼。孝弟也者，其為仁❽之本與❾？」

【章　旨】此章謂行仁以孝悌為本。

【注　釋】❶有子　名若，魯人，孔子弟子。論語中對有子、曾子二人不稱名，或疑論語多出此兩人弟子之手。❷孝弟　弟，同悌。善事父母為孝，善事兄長為悌。❸犯上　冒犯在上之人。❹鮮　少。❺作亂　做逆理反常之事。❻務本　務，專心致力。本，根。❼本立而道生　根本既立，則仁道自此而生。道，指天理之當然、日用事物當行之理。❽為仁　行仁。❾與　同「歟」，句末語助詞。

【語　譯】有子說：「一個人做人能夠孝順父母、尊敬兄長，而會喜好觸犯長上的，那必很少了。不喜好觸犯長上；而喜好作亂的，就更不會有了。君子專心致力於事情的根本處，根本建立，仁道就由此而生了，孝悌該是行仁的根本吧？」

㊂子曰：「巧言令色❶，鮮❷矣仁。」

【章　旨】此章論仁者必直言、正色。

【注　釋】❶巧言令色　包咸曰：「巧言，好其言語；令色，善其顏色。」❷鮮　少。

【語　譯】孔子說：「說討人喜歡的話，裝著討人喜歡的臉色，這種人是很少會有仁心的。」

㊃曾子❶曰：「吾日三省吾身❷：為人謀，而不忠❸乎？與朋友交，而不信❹乎？傳❺，不習❻乎？」

【章　旨】此章論曾子省身慎行之事。

【注　釋】❶曾子　名參，孔子弟子。❷三省吾身　多次省察自己。「三省」之「三」，表示多次之意。❸忠　竭盡自己的心力。❹信　誠實信用。❺傳　老師的傳授。❻習　溫習，復習。

【語　譯】曾子說：「我每天多次自我反省：替人謀事，有不盡心的嗎？跟朋友交往，有不信實的嗎？老師教我的，有不溫習熟了的嗎？」

㈤子曰：「道❶千乘之國❷，敬事❸而信，節用而愛人，使民以時❹。」

【章　旨】此章論治大國之道。

【注　釋】❶道　同「導」。治理，領導。❷千乘之國　能出兵車千乘的大國。乘，兵車。❸敬事　於政事能謹慎專一。指工作態度能認真負責。❹使民以時　在農隙之時差使人民，不妨礙其耕作。時，農隙之時。

【語　譯】孔子說：「領導一個能出千乘兵車的大國，處理政事該謹慎專一而取信於民，要節省國家財用而愛護人民，使用民力，要揀在農閒的時候。」

㈥子曰：「弟子❶入則孝，出則弟，謹而信，汎愛眾❷，而親仁。行有餘力，則以學文❸。」

【章　旨】此章明人以德為本，以餘力學文。

【注釋】❶弟子　指做人弟弟與兒子的人。即後生晚輩，非指門人。❷汎愛眾　汎，廣博，普遍。眾，指眾人。❸文　古代遺文；指詩書六藝之文。

【語譯】孔子說：「年紀幼小的人在家要孝順父母，出門要恭敬長上，言行當謹慎信實，廣博地愛眾人，而親近有仁德的人。如此躬行實踐而有餘力，再學習詩書六藝。」

㈦子夏❶曰：「賢賢易色❷，事父母能竭❸其力，事君能致其身❹，與朋友交，言而有信，雖曰未學，吾必謂之學矣。」

【章旨】此章記子夏教人務本重實，為學重在做人。

【注釋】❶子夏　姓卜，名商，字子夏，孔子弟子。❷賢賢易色　上賢字作動詞，尊重之意；下賢字作名詞，指賢人。朱熹注：「賢人之賢，而易其好色之心，好善有誠也。」❸竭　竭盡。❹致其身　委致自身。指獻身於職守。致，委。

【語譯】子夏說：「一個人將敬重賢人之心來代替愛好美色之心，奉事父母能竭盡心力，奉事君上能獻身盡職，跟朋友交往，能言談信實，這樣的人，雖自謙說不曾學習過，我必說他已經學習過了。」

㈧子曰：「君子不重❶則不威❷，學則不固❸。主忠信❹，無友不如己者❺，過則勿憚❻改。」

【章旨】此章勉人為君子。

【注釋】❶重　莊重。❷威　威嚴。❸固　堅固。❹主忠信　指親近忠信之人。鄭玄曰：「主，親也。」一說：以忠信爲主。❺無友不如己者　不要與不如己者爲友。無，通「毋」，禁止之辭。友，作動詞用，與人爲友的意思。❻憚　畏難。

【語譯】孔子說：「君子不莊重，便不威嚴，所學的也就不會堅固。親近忠信的人，不要結交不如自己的人，有了過失，不要怕改正。」

㈨曾子曰：「愼終❶追遠❷，民德歸厚矣。」

【章旨】此章指在位者能尊祖，則民化其德，皆歸於淳厚。

【注釋】❶愼終　喪盡其禮。人死曰終。❷追遠　祭盡其誠。遠，指祖先。

【語譯】曾子說：「對親長送終之禮要盡禮盡哀，對遠祖祭奠要誠敬追思，這樣才能使社會的風俗道德日趨於篤厚。」

㈩子禽❶問於子貢❷曰：「夫子至於是邦也，必聞其政❸，求之與？抑與之與❹？」子貢曰：「夫子溫、良、恭、儉、讓❺以得之。夫子之求之也，其諸❻異乎人之求之與❼！」

【章旨】此章說明孔子由其有德，與聞他國之政事。

【注釋】❶子禽　姓陳，名亢，字子禽，孔子弟子。❷子貢　姓端木，名賜，字子貢，孔子弟子。❸必聞其政　預聞其國之政事。❹求之與抑與之與　抑，反語辭，還是之意。「與」字同「歟」，下同。鄭玄曰：「求而得之邪？抑人君自願與之爲治？」❺溫良恭儉讓　指孔子的五種美德。溫，溫和。良，良善。恭，恭敬。儉，節制。讓，謙遜。❻其諸　語辭，有或許、或者之意。❼異乎人之求之與　指孔子每到一處而獲聞該國政事，是成自自然，與他人之求法不同。

【語　譯】子禽問子貢：「老師每到一國，必預聞這國的政事，到底是自己去求得的呢？還是人家自願告訴他的呢？」子貢說：「老師是以他的溫和、良善、恭敬、節制、謙讓五種美德得來的。老師的這種求得方式，或許和別人的求法不同吧！」

(十三)有子曰：「信❶近於義❷，言可復也❸；恭❹近於禮，遠恥辱也。因不失其親，亦可宗也❺。」

【章　旨】此章論待人接物之準則。

【注　釋】❶信　約信。❷義　合理。❸言可復也　與人有約信，必能踐守。復，實踐。❹恭　恭敬。❺因不失其親亦可宗也　親，指可親之人。孔安國曰：「因，親也。言所親不失其親，亦可宗敬也。」朱熹曰：「因，猶依也。宗，猶主也。」

【語　譯】有子說：「與人約信，而合於義理，約言才可以實踐；對人態度恭敬，而合於禮節，才不致遭受侮辱。所親近的不失爲你所應當親近的人，那麼你也就可以尊敬他了。」

(十四)子曰：「君子食無求飽，居無求安❶，敏❷於事而愼❸於言，就有道而正焉❹：可謂好學也已。」

【章旨】此章述好學之事。

【注釋】❶食無求飽居無求安　無求，不必強求。朱熹曰：「不求安飽者，志有在而不暇及也。」❷敏　勤敏。❸愼　謹愼。❹就有道而正焉　就，親近。有道，有道德的人。正，端正。

【語譯】孔子說：「君子對飲食不求滿足，對居處不求安適，勤勞敏捷地做事，謹愼地說話，又能親近有道德的人來糾正自己的錯誤：這樣可算是好學了。」

⑮子貢曰：「貧而無諂❶，富而無驕❷，何如？」子曰：「可也。未若貧而樂❸，富而好禮❹者也。」

子貢曰：「詩❺云：『如切如磋，如琢如磨❻。』其斯之謂與？」

子曰：「賜也，始可與言詩已矣！告諸❼往❽而知來❾者。」

【章旨】此章言貧與富，皆當樂道自修。於此可見孔門師生之間討論學問精益求精的情況。

【注釋】❶諂　諂媚。卽以卑下的言語、態度奉承他人。❷驕　對人傲慢。❸貧而樂　卽安貧樂道。鄭玄曰：「樂謂志於道，不以貧爲憂苦。」❹富而好禮　朱熹曰：「好禮則安處善，樂循理，亦不自知其富矣。」❺詩　指詩經。❻如切如磋如琢如磨　詩經衛風淇奧篇之句。指處理骨、角、象牙、玉石，非加切磋琢磨之功，則不能成器。治骨曰切，治象曰磋，治玉曰琢，治石曰磨。在此用以比喻做學問應當精益求精。❼諸　之於。❽往　指所已言者。❾來　指所未言者。

【語　譯】子貢說：「貧困能不諂媚，富裕能不傲慢，這種人怎麼樣？」孔子說：「這算可以了。但不如貧困而樂道，富裕而知好禮的人。」

子貢說：「詩經上說：『像治理骨角一樣、像治理玉石一樣，不斷地切磋琢磨，精益求精。』不就是這個意思吧？」

孔子說：「賜呀，像這樣才可跟你談詩了！告訴你一些，你就能悟出其他的道理來。」

(十六)子曰：「不患❶人之不己知❷，患不知人也。」

【章　旨】此章言人當責己，而不責人。

【注　釋】❶患　憂慮。❷不己知　「不知己」的倒裝句。指他人不知自己的才學與道德修養。

【語　譯】孔子說：「不要憂慮別人不瞭解自己，該憂慮自己不能瞭解別人。」

【問題與討論】

一、甚麼叫做「仁」？孝悌爲甚麼是爲仁之本？
二、曾子每天多次反省的是甚麼事情？
三、「行有餘力，則以學文」這兩句話中，「行」與「文」指的是甚麼？
四、「賢賢易色」是甚麼意思？
五、「雖曰未學，吾必謂之學矣」，「可謂好學也已」，這裏所謂「學」，指的是甚麼？
六、「愼終追遠」是甚麼意思？與人民的德行有甚麼關係？

七、「溫、良、恭、儉、讓」是甚麼意思？

八、為甚麼「貧而無諂，富而無驕」不如「貧而樂，富而好禮」呢？

為政第二

二十四章錄二十章

㈠子曰：「為政以德❶，譬如北辰❷，居其所，而眾星共❸之。」

【章旨】此章藉天象以說明德政之感化力。

【注釋】❶為政以德　憑藉道德來治理國家政事。為，治理。以，憑藉。❷北辰　北極星。古人以為北極星居天之中樞，安然不動。❸共　同「拱」。環繞，歸向。

【語譯】孔子說：「憑藉道德來治理國政，自己就好比北極星一般，安居在天的中樞，而眾星環繞著歸向它。」

㈢子曰：「道之以政❶，齊之以刑❷，民免而無恥❸；道之以德，齊之以禮❹，有恥且格❺。」

【章旨】此章論法治與德治之優劣。

【注　釋】❶道之以政　指以法制禁令領導民眾。道與「導」同，引導。之，指民眾。政，法制禁令。❷齊之以刑　用刑罰來整飭民眾的行爲。齊，整飭，整頓。❸民免而無恥　民眾僅苟免於刑罰，而無羞愧之心。❹禮　制度品節。❺有恥且格　指人民恥於不善而又能至於善。格，至。

【語　譯】孔子說：「用政治法令來領導民眾，用刑罰來整頓他們，人人只求免於刑罰罷了，並沒有羞恥心。如果以道德來感化他們，以禮教來整頓他們，人民不但有羞恥心，而且能到達善的境地去。」

㈣子曰：「吾十有五而志於學❶；三十而立❷；四十而不惑❸；五十而知天命❹；六十而耳順❺；七十而從心所欲，不踰矩❻。」

【章　旨】此章孔子自述為學進德之次序。

【注　釋】❶吾十有五而志於學　有，又。志，心之所向。邢昺曰：「言成童之歲，識慮方明，於是乃志於學也。」❷立　指知禮守禮，有所成立。❸不惑　於事理之所當然，皆無所疑。❹天命　指人生一切當然之道義與責任。朱熹曰：「天命，卽天道之流行而賦於物者，乃事物所以當然之故也。」❺耳順　鄭玄曰：「聞其言而知其微旨也。」❻從心所欲不踰矩　隨其心之所欲，而自不過於法度。從，隨。矩，古代工匠畫直線或方形所用的工具；引申有法度的意思。

【語　譯】孔子說：「我十五歲時，便能一心向學。到三十歲，便能堅定守禮，有所成立。到四十歲，便對一切事理，能通達沒有疑惑。到五十歲，便能知道天命的道理。到六十歲，一聽到別人的言語，便可以分辨眞假、是非。到七十歲，便能隨心所欲，不會有超越法度的地方。」

㈤孟懿子❶問孝。子曰：「無違❷。」樊遲❸御❹，子告之曰：「孟孫❺問孝於我，我對曰：『無違。』」樊遲曰：「何謂也？」子曰：「生，事之以禮❻；死，葬之以禮❼，祭之以禮❽。」

【章　旨】 此章說明孝必盡禮。

【注　釋】 ❶孟懿子　魯大夫，姓仲孫，名何忌，諡為懿。❷無違　不違背禮節。❸樊遲　名須，孔子弟子。❹御　駕車。❺孟孫　即仲孫。❻生事之以禮　指冬溫夏凊、昏定晨省等。❼死葬之以禮　指為製棺槨衣衾、卜擇宅兆等。❽祭之以禮　指春秋舉行祭祀，以表追念，陳列簠簋而致哀等。

【語　譯】 孟懿子向孔子問孝道。孔子說：「不要違背禮節。」後來，樊遲替孔子駕車，孔子告訴他說：「孟孫向我問孝道，我對他說：『不要違背禮節。』」樊遲說：「這是什麼意思呢？」孔子說：「父母在世，依規定的禮節侍奉他們；死後，依規定的禮節埋葬他們、祭祀他們。」

㈥孟武伯❶問孝。子曰：「父母唯其疾之憂❷。」

【章　旨】 此章述孝子不妄為非，除不可抗拒或預防之疾病外，其他行為皆不使父母憂心。

【注釋】❶孟武伯　孟懿子之子，名彘，諡爲武。❷父母唯其疾之憂　其，指子女。馬融曰：「言孝子不妄爲非，唯疾病然後使父母憂。」

【語譯】孟武伯向孔子問孝道。孔子說：「做父母的只是爲子女的疾病而擔憂。」

㈦子游❶問孝。子曰：「今之孝者，是謂能養❷。至於犬馬，皆能有養❸；不敬，何以別乎❹？」

【章旨】此章言為孝必敬。

【注釋】❶子游　姓言，名偃，字子游，孔子弟子。❷是謂能養　只知以飲食供奉父母。是，祇。❸至於犬馬皆能有養　朱熹曰：「言人畜犬馬，皆能有以養之。」❹不敬何以別乎　若只奉養雙親而不存敬意，則與養犬馬有何不同？

【語譯】子游向孔子問孝道。孔子說：「現在的所謂孝順的人，只是在飲食方面能供養父母；至於狗和馬都能得到飼養；如果對父母沒有一片敬意，那跟飼養狗和馬有甚麼分別呢？」

㈧子夏問孝。子曰：「色難❶。有事，弟子服其勞，有酒食❷，先生❸饌❹，曾是以爲孝乎❺？」

【章旨】此章言為孝必以和顏悅色事親；服勞奉養，未足為孝。

【注釋】❶色難　事親之際，惟以和顏悅色爲難。❷食　飯，食物。❸先生　指父兄。❹饌　飲食。❺曾是以爲孝乎　指如此便稱作孝嗎。曾，竟。

【語　譯】子夏問孝道。孔子說：「難在子女以和顏悅色事親。假使僅僅做到：家裏有事，由年輕人操勞，有了酒飯，讓父兄去吃喝，這樣就算是孝了嗎？」

㈩子曰：「視其所以❶，觀其所由❷，察其所安❸，人焉廋哉❹！人焉廋哉！」

【章　旨】此章言知人之法。

【注　釋】❶以　爲，所爲者。❷由　從，所從來者。❸安　樂，心之所樂者。❹人焉廋哉　指觀人如此，何能藏匿眞情。焉，何。廋，藏匿。

【語　譯】孔子說：「先看他所做的事，再觀看他做這件事的動機，然後審察他做這件事，是不是內心所喜歡做的，用這方法觀察一個人的邪正，他怎麼掩藏得住呢？怎麼掩藏得住呢？」

(十一)子曰：「溫故❶而知新❷，可以爲師矣。」

【章　旨】此章言為師之法。

【注　釋】❶溫故　言溫習舊知。溫，溫習。故，舊所聞。❷知新　即開悟新知。新，指新所得。

【語　譯】孔子說：「溫習以前所學的知識而體悟出新的道理來，就可以做別人的師長了。」

(十二)子曰：「君子不器❶。」

【章　旨】此章言君子之德。

【注　釋】❶君子不器　指有才德之人，體無不具，用無不周，非特爲一才一藝而已。君子，指有才德的人。器，器皿，器具。

【語　譯】孔子說：「君子不像器具一般，只限於一種用途。」

⑬子貢問君子。子曰：「先行其言❶，而後從之❷。」

【章　旨】此章謂言行一致，乃為君子。

【注　釋】❶先行其言　行之於未言之前。❷而後從之　言之於已行之後。

【語　譯】子貢問孔子怎樣才是君子？孔子說：「君子在沒說以前先做，做到了然後才說。」

⑭子曰：「君子周而不比❶，小人比而不周。」

【章　旨】此章說明君子小人德行不同之事。

【注　釋】❶周而不比　朱熹曰：「周，普偏也。比，偏黨也。皆與人親厚之意，但周公而比私耳。」

【語　譯】孔子說：「君子待人普徧親厚而不結黨營私，小人結黨營私而不能待人普徧親厚。」

⑮子曰：「學而不思則罔❶，思而不學則殆❷。」

【章　旨】此章言學習與思考並重。

【注釋】❶罔 迷惘無所得。❷思而不學則殆 何晏曰：「不學而思，終卒不得，徒使人精神疲殆。」朱熹曰：「不習其事，故危而不安。」

【語譯】孔子說：「只知學習，不加思索，就會迷惘而無所得；只靠思索，不知學習，那就不切於事而危疑不安了。」

㊆子曰：「由❶，誨女知之乎❷！知之爲知之，不知爲不知，是知也。」

【章旨】此章說知。

【注釋】❶由 姓仲，名由，字子路，孔子弟子。❷誨女知之乎 教你求知的方法吧。誨，教也。女，汝。

【語譯】孔子說：「仲由啊，我教你怎樣求知吧！知道的就說知道，不知道的就說不知道，這才是眞知啊！」

㊅子張❶學干祿❷。子曰：「多聞闕❸疑❹，愼言其餘，則寡尤❺；多見闕殆❻，愼行其餘，則寡悔❼。言寡尤，行寡悔，祿在其中矣！」

【章旨】此章言求祿位之法。

【注釋】❶子張 姓顓孫，名師，字子張，孔子弟子。❷干祿 干，求。祿，祿位。❸闕 空。有擱置之義。❹疑 心有所未信者。❺尤 過失。指外來的責難。❻殆 心有所未安者。❼悔 悔恨。

【語譯】子張要學求官職得俸祿的方法。孔子說：「多聽別人說的，把你覺得可疑的擱置一邊，其餘足以自信的部分，也要謹慎地說出，便少過失。多看別人行事，把你覺得不妥的擱置一邊，其餘足以自信的部分，也要謹慎地實行，便少悔恨。說話少過失，行事少後悔，祿位就在這裏面了。」

㊈哀公❶問曰：「何為則民服❷？」孔子對曰❸：「舉直錯諸枉❹，則民服；舉枉錯諸直，則民不服。」

【章旨】此章言治國使民服之法。

【注釋】❶哀公　魯君，姓姬，名蔣，定公之子，謚為哀。❷服　服從。❸孔子對曰　凡君問，論語行文體例皆稱「孔子對曰」，以尊君。❹舉直錯諸枉　指舉用正直之人加之於邪枉者之上。直，正直之人。錯，放置，安置。諸，之於。枉，邪枉之人。

【語譯】魯哀公問孔子：「怎樣做才可以使老百姓服從？」孔子答道：「舉用正直的人，安置在邪曲的人上面，老百姓便服從了；舉用邪曲的人，安置在正直的人上面，老百姓便不服從了。」

㊉季康子❶問：「使民敬忠以勸❷，如之何？」子曰：「臨之以莊❸，則敬；孝慈❹，則忠；舉善而教不能❺，則勸。」

【章旨】此章說明使民敬忠勸善之道。

【注 釋】❶季康子 魯國大夫，姓季孫，名肥，諡爲康。❷以勸 以，連詞，而。勸，勸勉。❸臨之以莊 指執政者容貌莊重嚴肅，以臨其下。臨，上對下曰臨。莊，容貌莊重嚴肅。❹孝慈 孝於親，慈於眾。❺舉善而教不能 舉用善人，而教導能力薄弱的人。

【語 譯】季康子問孔子：「使民眾尊敬其上，又能盡忠，而且相互勸勉，要怎樣才能做到呢？」孔子說：「在上位的人能以莊重的態度對待民眾，民眾自然會誠敬；能孝順父母，慈愛民眾，民眾自然會盡忠；能舉用善人，教導不能的人，民眾自然會相互勸勉。」

㉑或❶謂孔子曰：「子❷奚不爲政？」子曰：「書❸云：『孝乎惟孝，友于兄弟，施❹於有政。』是亦爲政，奚其爲爲政❺？」

【章 旨】此章言孝友與為政同。

【注 釋】❶或 有人。❷子 對對方的尊稱。❸書 指尚書。以下三句是尚書的逸文。❹施 推廣實行。❺奚其爲爲政 何必居位才認爲是從政呢？

【語 譯】有人對孔子說：「先生爲甚麼不從政？」孔子說：「尚書說：『孝啊，只有孝順父母，友愛兄弟，把這種風氣帶到政治上去。』這也算是從政，又何必要做官才算從政呢？」

㉒子曰：「人而無信，不知其可也。大車無輗❶，小車無軏❷，其何以行之哉？」

【章　旨】此章明人不可無信。

【注　釋】❶大車無輗小車無軏　大車，牛車。小車，馬車。大車或小車都要把牲畜套在車轅上。車轅前面有一條橫木，就是駕牲畜的地方。大車上的橫木叫做鬲，小車上的叫做衡。鬲、衡兩端都有關鍵(活銷)，輗就是鬲的關鍵，軏就是衡的關鍵。車子沒有輗或軏，就無法套住牲畜，那怎麼能行走呢？

【語　譯】孔子說：「一個人如果沒有信用，我不知道他怎樣可以立身處世。就好比大車沒有輗，小車沒有軏，又怎麼能使它們走動呢？」

㉓子張問：「十世可知也❶？」子曰：「殷因❷於夏禮，所損益❸可知也；周因於殷禮，所損益可知也；其或繼周者，雖百世可知也。」

【章　旨】此章明創制因革損益之禮。

【注　釋】❶十世可知也　指今後十世之禮儀制度，可預知嗎？世，王者易姓受命爲一世。❷因　因襲，沿襲。❸損益　猶言增減。

【語　譯】子張問孔子：「今後十個朝代的禮儀制度，可以預先知道嗎？」孔子說：「商代沿襲夏代的禮制，有所增減的，現在仍可以知道；周代因襲商代的禮制，有所增減的，現在仍可以知道；將來或許有繼周而起的朝代，雖是一百個朝代以後的禮制，也可以預先知道的。」

【問題與討論】

一、孔子論法治和德治的成效有甚麼不同？

二、孔子自述爲學進德的過程是甚麼？

三、本篇中孟懿子、孟武伯、子游、子夏問孝，爲甚麼孔子的答覆都不同？在各章中，孔子解說「孝」的意義是甚麼？

四、孔子怎樣去觀察人？

五、君子和小人的德行有甚麼不同？

六、「學而不思」或者「思而不學」結果會怎樣？

七、「言寡尤，行寡悔」，爲甚麼會「祿在其中矣」？

八、執政的人怎麼做才可以使民心悅服？

九、子張問「十世可知也？」孔子答「雖百世可知也。」可知的究竟是些什麼事？

八佾第三　二十六章錄十三章

㊂子曰：「人而不仁❶，如❷禮何？人而不仁，如樂何？」

【章旨】此章言禮樂之本在仁。

【注釋】❶不仁　指無仁心。❷如　奈。凡言如何、如之何者，皆是。

【語譯】孔子說：「人如果沒有仁心，卽使行禮，又怎能算是眞正的禮呢？人如果沒有仁心，卽使作樂，又怎能算是眞正的音樂呢？」

㈣林放❶問禮之本❷。子曰：「大哉問！禮，與其奢❸也，寧儉。喪，與其易❹也，寧戚❺。」

【章　旨】此章言禮之本意。

【注　釋】❶林放　魯人。❷問禮之本　因世人專事禮之繁文，而疑其本意不在此，故問。❸奢　奢侈。指講究排場，過分鋪張。❹易　治。指習熟喪禮節文，而無哀痛。❺戚　哀痛。指哀有餘而虛文不足。

【語　譯】林放向孔子問禮的本意。孔子說：「你問得好極了！一般的禮，與其過於奢侈，寧可儉樸些。喪禮，與其著重外表的虛文，寧可內心哀戚些。」

㈦子曰：「君子無所爭，必也射乎❶！揖讓而升❷，下而飲❸，其爭也君子。」

【章　旨】此章言射禮有君子之風。

【注　釋】❶必也射乎　禮經言射有四：一曰大射、二曰賓射、三曰燕射、四曰鄉射。此指大射。❷揖讓而升　大射之禮，二人並進，彼此三揖示敬，然後升堂較射。❸下而飲　指射畢作揖下堂，勝者才揖讓敗者升堂飲酒。

【語　譯】孔子說：「君子和人沒有甚麼競爭，有的話，只是在行射禮的時候吧！相互作揖行禮，然後升堂射箭，射完後，又相互作揖，走下堂，勝的人揖讓敗的人升堂飲酒，這樣的競爭，才是君子之爭。」

(九)子曰：「夏禮，吾能言之，杞❶不足徵❷也。殷禮，吾能言之，宋❸不足徵也。文獻❹不足故也。足，則吾能徵之矣。」

【章　旨】此章言杞宋二國典冊既佚，又無秉禮之遺賢，故不足為徵驗。

【注　釋】❶杞　周之封國。周武王為天子，封夏之後裔於杞。❷徵　證驗。❸宋　周之封國。周武王為天子，封商之後裔於宋。❹文獻　文指典籍，獻指賢人。

【語　譯】孔子說：「夏代的禮制，我能說出大概來，可惜夏的後代杞國所保存的史料，已經不足證明了。商代的禮制，我也能說出大概來，可惜商的後代宋國所保存的史料，已經不足證明了。因為兩國的典籍和賢人不足的緣故，如果充足，我便能引來作證了。」

(十二)祭如在❶，祭神❷如神在。子曰：「吾不與❸祭，如不祭。」

【章　旨】此章言孔子重祭禮在誠敬。

【注　釋】❶祭如在　指祭祖先，必致其敬，如其親存。即事死如事生。祭，祭先祖。❷祭神　祭百神。❸與　參與。

【語　譯】祭祖先的時候，就好像祖先在上受祭；祭神的時候，就好像神在上受祭一樣。孔子說：「我若不能親自參加祭祀，雖然有人代我祭了，我也好像未曾祭祀過一樣。」

(十五)子入大廟❶，每事問。或曰：「孰❷謂鄹人之子❸知禮乎？入大廟，每事問。」子聞之曰：「是禮也❹！」

【章　旨】此章言孔子對祭祀大典之誠敬謹慎，不以問人為恥。

【注　釋】❶大廟　魯周公廟。❷孰　誰。❸鄹人之子　鄹，魯邑名，在今山東省曲阜縣。孔子父叔梁紇，嘗爲鄹邑大夫，孔子生於此。鄹人之子，不僅指孔子年少，也含輕視之意。❹是禮也　凡祭祀諸典，敬謹之至，是守禮的表現。

【語　譯】孔子做魯國大夫的時候，初次進入周公廟助祭，每件事情都去問人。有人便譏笑他說：「誰說這個鄹邑的年輕人知禮呢？進入周公廟，每件事都要問人。」孔子聽到了，便說：「凡事謹慎，不懂得的便問，這就是禮啊！」

㈥子曰：「射不主皮❶，爲力不同科❷，古之道也。」

【章　旨】此章明射禮所重之事。

【注　釋】❶射不主皮　皮指箭靶。古代箭靶叫做侯，有的用布做的，也有用皮做的。當中畫著各種猛獸或別種形狀，最中心的叫做「正」或「鵠」。孔子這裡講的是射禮，而不是軍中的武射，因此以中不中爲主，不以穿破箭靶爲主。❷爲力不同科　指人之力有強弱，不同等。科，等級。

【語　譯】孔子說：「在射禮中比賽射箭技藝，只注重射中標的，不一定要貫穿箭靶的皮革，因每個人的體力不同，這是古代射禮的精神啊。」

㈦子貢欲去告朔❶之餼羊❷。子曰：「賜也！爾愛其羊，我愛其禮。」

【章　旨】此章言孔子重視古禮之保存。

【注釋】❶告朔　朔，每月的第一天，即初一。古時天子在每歲季冬，頒發來歲每月之朔日於諸侯，諸侯接受後藏在祖廟，每月朔則以特羊告廟頒行。❷餼羊　指殺而未烹之羊。餼，生牲。

【語譯】子貢要把每月行告朔禮所奉供的餼羊免掉。孔子說：「賜啊！你是愛惜那隻羊，我卻愛惜那種禮制。」

(十八)子曰：「事君盡禮，人以為諂也。」

【語譯】孔子說：「服事君主，一切依照做臣子的禮節去做，一般人反而說他是諂媚。」

【章旨】此章責時臣事君多無禮。

(十九)定公❶問：「君使臣，臣事君，如之何？」孔子對曰：「君使臣以禮，臣事君以忠。」

【章旨】此章明君臣之禮。

【注釋】❶定公　魯君，名宋，諡為定，哀公之父。

【語譯】魯定公問：「國君差使臣子，臣子事奉國君，該怎樣呢？」孔子答道：「國君差使臣子要依禮，臣子事奉國君要盡忠。」

(廿二)子曰：「管仲❶之器小❷哉！」或曰：「管仲儉乎？」曰：「管氏有三歸❸，官事不攝❹，焉得儉？」「然則管仲知禮乎？」曰：「邦君❺樹塞門❻，管氏亦樹塞門。邦君為兩君之好❼，有反坫❽，管氏亦有反坫。管氏而知禮，孰不知禮？」

【章　旨】此章謂孔子譏管仲之器小。

【注　釋】❶管仲　姓管，名夷吾，字仲，齊大夫，相齊桓公，霸諸侯。❷器小　局量褊淺，器識狹小。❸三歸　包咸曰：「三歸，娶三姓女。」朱熹曰：「三歸，臺名。」俞樾羣經平議云：「家有三處。」猶今人云三座公館。❹攝　兼職。❺邦君　一國之君主。❻樹塞門　設立門屏。樹，立。塞門，門屏，古代宮室用來分隔內外的當門小牆，也稱為蕭牆。❼好　友好。❽反坫　坫，築土做成。古時兩君相會，主人酌酒進賓，飲畢，置空爵於坫上，稱反坫。

【語　譯】孔子說：「管仲的器量狹小啊！」有人便問道：「是不是管仲太節儉呢？」孔子說：「管仲有三個公館，替他管事的官吏都是一人管一事，不兼職，這樣怎算得節儉？」又有人問道：「那麼管仲懂得禮節嗎？」孔子說：「國君宮殿樹立門屏，管仲家門前也立屏風。國君為兩國國君的友好設宴時，正堂的兩邊設有放酒杯的坫，管仲宴客也設有那樣的坫。如果說管仲懂得禮節，那麼誰不懂得禮節呢？」

㉕子謂韶❶：「盡美矣，又盡善也。」謂武❷：「盡美矣，未盡善也。」

【章　旨】此章論韶、武之樂。

【注　釋】❶韶　舜時之舞樂。❷武　武王時之舞樂。

【語　譯】孔子批評虞舜時的韶樂說：「聲調十分美盛，內容又十分完善。」批評武王時的武樂說：

「聲調十分美盛，但內容未能十分完善。」

㉖子曰：「居上不寬，爲禮❶不敬，臨喪❷不哀，吾何以觀之哉！」

【章旨】此章教人重視行為之根本。

【注釋】❶爲禮　行禮。❷臨喪　指臨視他人之喪。

【語譯】孔子說：「在上位卻不能寬宏大量，行禮時不恭敬，弔祭時不哀傷，這種人，我還有甚麼可看的呢！」

【問題與討論】

一、「禮」的本質是甚麼？

二、古代射禮的儀式大概是怎樣？它的精神是甚麼？

三、「文獻」的意思是甚麼？

四、「祭如在，祭神如神在」是甚麼意思？

五、子貢爲甚麼「欲去告朔之餼羊」？

六、孔子回答哀公君臣相處的道理是甚麼？

七、孔子批評管仲有那些缺點？

八、韶樂和武樂有甚麼不同？

九、孔子認爲「居上」、「爲禮」、「臨喪」應該怎樣？

里仁第四　二十六章錄二十二章

㈠子曰：「里仁爲美❶。擇不處❷仁，焉❸得知❹？」

【章旨】此章言居必擇仁。

【注釋】❶里仁爲美　鄭玄曰：「里者，民之所居也。居於仁者之里，是爲善也。」朱熹曰：「里有仁厚之俗爲美。」❷處　居。❸焉　何。❹知　同「智」。

【語譯】孔子說：「居住的鄉里中要有仁厚的風俗才好。如果選擇住處，不在風俗仁厚的地方，怎能算是明智呢？」

㈡子曰：「不仁者不可以久處約❶，不可以長處樂❷。仁者安仁❸；知者利仁❹。」

【章旨】此章孔子教人不因境況而喪失本心的仁德。

【注釋】❶約　窮困。❷樂　安樂。❸安仁　指心安於仁，而無適不然。❹利仁　知仁爲利而踐行。

【語譯】孔子說：「不仁的人不可以長久處在窮困的環境中，也不可以長久處在安樂的環境中。有仁德的人，安於仁道而行仁，明智的人，知道仁的好處，所以也能行仁。」

㈢子曰：「唯仁者，能好人，能惡人❶。」

【章　旨】此章言仁者無私心，能審人之好惡。

【注　釋】❶能好人能惡人　好人，喜好人之善者。惡人，厭惡人之不善者。指好惡皆出於理性，有正確的標準。

【語　譯】孔子說：「只有仁人能公正地喜愛那應當喜愛的人，能公正地厭惡那應當厭惡的人。」

㈤子曰：「富與貴，是人之所欲❶也，不以其道得之，不處也❷。貧與賤，是人之所惡❸也，不以其道得之，不去也❹。君子去仁，惡乎成名❺？君子無終食之間❻違仁，造次❼必於是，顛沛❽必於是。」

【章　旨】此章言君子不違仁，不因富貴貧賤而去仁。

【注　釋】❶欲　喜愛。❷不以其道得之不處也　指不當得而得富貴，則不去享有它。之，指富貴。畢沅以為「得之」當連下讀，可備一說。❸惡　討厭。❹不以其道得之不去也　指不當得而得貧賤，則不去逃避它。之，指貧賤。因為君子行道，當得富貴而反得貧賤，是「不以其道得之」，如此當安於貧賤，不可違而去之，以妄求富貴。❺惡乎成名　指何能成其君子之名。惡，何。❻終食之間　一頓飯之時。指片刻之時。❼造次　急遽苟且。❽顛沛　偃仆困頓。

【語　譯】孔子說：「富貴，是人人所喜愛的，但不應該得到而得到了，君子將不享有它。貧賤，是人人所討厭的，但不應該得到而得到了，君子將不拋棄它。君子如果離開了仁道，又怎能稱得上君子呢？君子沒有一頓飯的時刻離開仁，倉促急遽的時候一定和仁同在。顛仆困頓的時候也一定和仁同在。」

㈦子曰：「人之過也，各於其黨❶。觀過，斯知仁矣❷。」

【章　旨】此章言觀過知仁。

【注　釋】❶人之過也各於其黨　黨，類。程子曰：「人之過也，各於其類，君子常失於厚，小人常失於薄，君子過於愛，小人過於忍。」❷觀過斯知仁矣　尹焞曰：「於此觀之，則人之仁不仁可知矣。」

【語　譯】孔子說：「人的過失，有各種類別。只要觀察他所犯的過失，便可以知道他的內心是仁或不仁了。」

㈧子曰：「朝❶聞道❷，夕死可矣！」

【章　旨】此章言聞道之決心。

【注　釋】❶朝　早晨。❷聞道　指得聞知事物當然之理。道，事物當然之理。

【語　譯】孔子說：「早上悟得眞理，就是當晚死了也可以！」

㈨子曰：「士❶志於道，而恥惡衣惡食者❷，未足與議也！」

【章　旨】此章言人當樂道固窮。

【注　釋】❶士　指讀書人。❷恥惡衣惡食者　指以惡衣惡食爲恥的人。惡，粗劣。

【語　譯】孔子說：「一個讀書人既專心追求眞理，卻以自己穿的不好，吃的不好爲恥辱，那便不值得和他討論眞理了。」

(十)子曰：「君子之於天下也，無適❶也，無莫❷也，義❸之與比❹。」

【注　釋】❶適　可，專主。❷莫　不可，不肯。❸義　合理，恰當。❹比　依從。

【章　旨】此章言君子處事態度，不固執成見，只求適宜合理。

【語　譯】孔子說：「君子對於天下一切事情，沒有一定要怎樣做，也沒有一定不要怎樣做，只要怎樣做才合理，便怎樣做。」

(十一)子曰：「君子❶懷德❷，小人❸懷土❹。君子懷刑❺，小人懷惠❻。」

【章　旨】此章言君子與小人所懷不同。

【注　釋】❶君子　有道德修養的人。❷懷德　懷，思念。德，道德。❸小人　沒有道德修養的人。❹土　田產。又朱熹曰：「懷土，謂溺其所處之安。」❺刑　法度。❻惠　恩惠。

【語　譯】孔子說：「君子所思念的是道德的增進，小人所思念的是產業的增加。君子常思念著法度的遵行，小人常思念著恩惠的獲得。」

(十二)子曰：「放❶於利而行，多怨❷。」

【章　旨】此章言追利招怨。

【注釋】❶放　依據。一說：音ㄈㄤˋ，放縱。❷多怨　指多取怨於人。

【語譯】孔子說：「做事一意以私利為依據，必招來許多怨恨。」

(十三)子曰：「能以禮讓❶為國❷乎，何有❸？不能以禮讓為國，如禮何？」

【章旨】此章言治國者必須禮讓。

【注釋】❶禮讓　禮主敬，則行為合宜；讓主和，則上下無爭。劉寶楠曰：「讓者，禮之實也。禮者，讓之文。」❷為國　治國。❸何有　何難之有。指不難。

【語譯】孔子說：「能以禮讓來治國，那還有甚麼困難呢？如果不能以禮讓來治國，徒有禮的虛文，又將怎麼辦呢？」

(十四)子曰：「不患無位❶，患所以立❷。不患莫己知❸，求為可知❹也。」

【章旨】此章言君子求其在己。

【注釋】❶位　職位。❷所以立　指所以立於其位之才德。❸莫己知　無人知己。❹可知　指可以見知之實。

【語譯】孔子說：「不愁得不到職位，該愁自己有沒有才德擔任這項職位。不愁別人不知道自己，該追求自己有甚麼才德可以被人知道的。」

(十五)子曰：「參❶乎！吾道一以貫之❷。」曾子曰：「唯❸。」子出，門人❹問曰：「

何謂也？」曾子曰：「夫子之道，忠恕❺而已矣❻！」

【章　旨】此章明忠恕。

【注　釋】❶參　曾子之名。孔子弟子。❷吾道一以貫之　指孔子之道，雖千端萬緒，皆可以一道理統貫。貫，貫通，統貫。❸唯　應諾之辭。❹門人　弟子。指孔子之弟子。❺忠恕　盡己曰忠。推己及人曰恕。❻而已矣　句末語助辭。猶今之「罷了」。

【語　譯】孔子說：「參啊！我平日所講的許多道理，可以用一個道理將它貫通起來。」曾子應道：「是的。」孔子出去後，別的學生問曾子道：「是甚麼意思呢？」曾子說：「夫子的道理，就是忠恕兩個字罷了。」

㈥子曰：「君子喻❶於義，小人喻於利。」

【章　旨】此章以義利別君子小人。

【注　釋】❶喻　通曉。

【語　譯】孔子說：「君子所瞭解的在義，小人所瞭解的在利。」

㈦子曰：「見賢❶思齊❷焉，見不賢而內自省❸也。」

【章　旨】此章勉人效法賢人，自我反省。

【注　釋】❶賢　賢德者。❷思齊　思與賢者一樣。❸內自省　內心自我反省，恐己亦有是惡。

【語　譯】孔子說：「看到賢德的人，就想和他一樣，看到不賢的人，當自我反省，有沒有像他不善的行爲。」

(十八)子曰：「事父母幾諫❶，見志不從，又敬不違❷，勞❸而不怨。」

【章　旨】此章明幾諫，亦為孝之道。

【注　釋】❶幾諫　對尊長婉言規勸。幾，委婉。諫，規勸。❷見志不從又敬不違　諫若不被接受，依然恭敬孝順，不敢違抗父母之意。❸勞　憂愁。

【語　譯】孔子說：「子女奉事父母，遇父母有過，當柔聲委婉地規勸，見父母的心意有不聽從的表示，做子女的依然要恭敬，不可以違抗父母的意思，雖然內心憂愁，但不怨恨。」

(十九)子曰：「父母在，不遠遊❶；遊必有方❷。」

【章　旨】此章言遊有定向，亦為孝之道。

【注　釋】❶遠遊　出遠門之意。❷遊必有方　方，一定之去處。朱熹曰：「如已告云之東，即不敢更適西，欲親必知己之所在而無憂，召己則必至而無失也。」

【語　譯】孔子說：「父母在世，不出遠門；如不得已要出遠門，必須有一定的去處。」

(二十一)子曰：「父母之年，不可不知❶也：一則以喜，一則以懼❷。」

【章　旨】此章言知父母之年，亦為孝之道。

【注　釋】❶知　記憶。❷一則以喜一則以懼　既喜其壽，又懼其衰。

【語　譯】孔子說：「父母的年齡，不可以不記得：一方面欣喜父母高壽，一方面憂懼父母衰老。」

㉓子曰：「古者言之不出❶，恥躬之不逮❷也。」

【章　旨】此章言慎言躬行。

【注　釋】❶言之不出　言不妄出口。❷恥躬之不逮　指以親身踐行而有所不及為恥。躬，親身。逮，及。

【語　譯】孔子說：「古人不肯輕易說話，是怕自己做不到而認為這是可恥的。」

㉔子曰：「君子欲訥於言❶，而敏於行❷。」

【章　旨】此章言慎言貴行。

【注　釋】❶訥於言　言語遲鈍而難於出口。訥，言語遲鈍。❷敏於行　指行事敏捷。敏，敏捷。

【語　譯】孔子說：「君子說話要謹慎，做事要勤快。」

㉕子曰：「德不孤，必有鄰❶。」

【章　旨】此章勉人修德。

【注 釋】❶德不孤必有鄰 指有德者必有同類的人來親近，如居之有鄰。鄰，親近。

【語 譯】孔子說：「有道德的人不會孤立，必定有志同道合的人來親近他。」

【問題與討論】

一、「不仁者」爲甚麼不可以久處約、長處樂呢？
二、「安仁」和「利仁」有甚麼不同？
三、君子人在富貴或者貧賤的環境中，他的心志和作爲是怎樣？
四、「觀過」怎麼能夠「知仁」？
五、「無適也，無莫也，義之與比」是甚麼意思？
六、孔子認爲人所「患」、所「不患」的是甚麼？
七、甚麼叫做「忠」？甚麼叫做「恕」？
八、孔子認爲子女應該怎麼侍奉父母？

公冶長第五　二十八章錄十七章

(五)或曰：「雍❶也，仁而不佞❷。」子曰：「焉用佞❸？禦❹人以口給❺，屢憎❻於人。不知其仁，焉用佞？」

【章　旨】此章明仁者不用巧辯。

【注　釋】❶雍　姓冉，名雍，字仲弓，孔子弟子。❷佞　有口才。❸焉用佞　孔子歎時人以善於口才爲賢。焉，安，何。❹禦　抵禦，對付。❺口給　言辭敏捷。即所謂利口。❻憎　憎惡。

【語　譯】有人說：「冉雍是個仁人；可惜口才不好。」孔子說：「何必要有口才呢？用巧辯銳利的口才來對付人，時常被人討厭。我不知道雍是不是稱得上仁人，但又何必要有口才呢？」

(八)孟武伯問：「子路仁乎？」子曰：「不知也。」又問。子曰：「由也，千乘之國，可使治其賦❶也；不知其仁也。」「求❷也何如？」子曰：「求也，千室之邑❸，百乘之家❹，可使爲之宰❺也；不知其仁也。」「赤❻也何如？」子曰：「赤也，束帶❼立於朝，可使與賓客言也；不知其仁也。」

【章　旨】此章言仁之難。

【注　釋】❶賦　兵。古時按田賦出兵，故稱兵為賦。❷求　姓冉，名求，字子有，孔子弟子。❸千室之邑　大邑。即一千戶之縣邑。❹百乘之家　卿大夫之家。即擁有百輛車乘之卿、大夫之家。家，指卿、大夫采邑。❺宰　邑長、家臣之通號。❻赤　姓公西，名赤，字子華，孔子弟子。❼束帶　古時居官，朝服必加帶，用以整束衣服。

【語　譯】孟武伯問道：「子路是個仁人嗎？」孔子說：「不知道。」接著他又再問。孔子說：「仲由這個人，如果有一千輛兵車的大國，可派他去治理軍事；至於他有沒有仁德，我卻不知道了。」「冉求這個人怎樣？」孔子說：「求嘛，一千戶的大縣，一百輛兵車的大夫家，可派他去做總管，至於他有沒有仁德，我就不知道了。」「公西赤怎樣？」孔子說：「赤嘛，穿上禮服，繫著大帶，站在朝廷上，可派他擔任外交官和外賓會談，至於他有沒有仁德，我就不知道了。」

㈨子謂子貢曰：「女與回也孰愈❶？」對曰：「賜也何敢望❷回！回也聞一以知十❸，賜也聞一以知二❹。」子曰：「弗如❺也，吾與女弗如也。」

【章　旨】此章讚美顏回之德。

【注　釋】❶孰愈　孰，誰。愈，勝，強。❷望　比視。❸聞一以知十　借數之多寡以明優劣。指顏回聞一節，能推知全體。❹聞一以知二　子貢自謂聞一僅能推知其二，以表示自己與顏回相差懸殊。❺弗如　不如。

【語　譯】孔子對子貢說：「你和顏回那個強些？」子貢答道：「我麼，怎敢跟顏回相比呢！顏回聽到一個道理，便能推知十個類似的道理，我聽到一個道理，只能推知兩個類似的道理。」孔子說：「你的確不如他，我和你一樣不如他啊！」

㈩宰予❶晝寢❷。子曰：「朽木❸不可雕❹也，糞土之牆，不可杇也❺。於予與❻何誅❼！」子曰❽：「始吾於人也，聽其言而信其行；今吾於人也，聽其言而觀其行。於予與改是！」

【章旨】此章責宰予而勉人言行一致。

【注釋】❶宰予　姓宰，名予，字子我。又稱宰我。孔子弟子。❷晝寢　當晝而眠。❸朽木　腐朽之木。❹雕　雕刻。❺糞土之牆不可杇也　指穢土之牆不可粉飾。喻雖施功猶不成。糞土，汚穢之土。杇，泥工抹牆之工具。此用作動詞，塗抹的意思。❻與　語助詞。用在句中，無義。❼誅　責備。❽子曰　胡寅曰：「子曰疑衍文，不然，則非一日之言也。」

【語譯】宰予大白天睡覺。孔子說：「腐朽的木頭不可以雕刻，骯髒的土牆不可以粉飾，對於宰予，不值得責備啊！」又說：「最初，我對人家，聽他的話，就相信他的行爲；現在，我對人家，聽他的話，還要觀察他的行爲。這是因爲宰予，使我改變態度。」

⑪子曰：「吾未見剛❶者！」或對曰：「申棖❷。」子曰：「棖也慾❸，焉得剛？」

【章旨】此章明剛。

【注釋】❶剛　堅强不屈。❷申棖　魯人，孔子弟子，史記仲尼弟子列傳作申黨，字周。❸慾　多嗜慾。

【語譯】孔子說：「我從沒見過堅强不屈的人！」有人回答說：「申棖是這樣的人。」孔子說：「申棖啊，他的慾望太多，怎能算得上剛强不屈呢？」

⑫子貢曰：「我不欲人之加❶諸❷我也，吾亦欲無加諸人。」子曰：「賜也，非爾所及❸也！」

【章旨】此章明子貢之志。

【注釋】❶加　陵，施。❷諸　之於。❸非爾所及　不是你所能做到。

【語譯】子貢說：「我不願別人加在我身上的事，我也不願把同樣的事加在他人身上。」孔子說：「賜啊，這不是你所能做到的呀！」

⑮子貢問曰：「孔文子❶何以謂之文❷也？」子曰：「敏❸而好學，不恥下問❹，是以謂之文也。」

【章旨】此章言文為美謚。

【注釋】❶孔文子　姓孔，名圉，衞大夫，謚爲文。❷文　謚法：「勤學好問曰文。」❸敏　聰敏。❹不恥下問　指不以下問爲恥。下問，問凡在己下者。

【語譯】子貢問道：「孔文子爲甚麼會謚爲文呢？」孔子說：「他聰敏靈活，愛好學問，不以向下屬請教爲恥，所以死後用文這個字作爲他的謚號。」

㈥子謂子產❶有君子之道四焉：其行己也恭❷，其事上也敬❸，其養民也惠❹，其使民也義❺。

【章旨】此章美子產之德。

【注釋】❶子產　姓公孫，名僑，鄭大夫。❷恭　謙遜。❸敬　謹恪。❹惠　給予恩惠。❺義　合宜，合理。

【語譯】孔子評論子產說：「他有四種行爲合於君子爲人的道理：他待人的態度很謙遜，他事奉君上很誠敬，他撫養民衆有恩惠，他使用民力很得宜。」

㈨子張問曰：「令尹子文❶，三仕❷爲令尹，無喜色；三已之❸，無慍色。舊令尹之政，必以告新令尹。何如？」子曰：「忠矣。」曰：「仁矣乎？」曰：「未知，焉得仁❹？」「崔子弒齊君❺，陳文子❻有馬十乘❼，棄而違❽之，至於他邦，則曰：『猶吾大夫崔子也❾。』違之，之❿一邦，則又曰：『猶吾大夫崔子也。』違之。何如？」子曰：「清矣⓫。」曰：「仁矣乎？」曰：「未知，焉得仁？」

【章　旨】此章明孔子不輕易以仁德稱許人。

【注　釋】❶令尹子文　令尹，官名，楚上卿執政者。子文，姓鬬，名穀於菟。❷仕　動詞，就任。❸已之　指罷官、去職。❹未知焉得仁　僅知其忠，其他則未能詳知，不得以仁德稱許。❺崔子弒齊君　指齊大夫崔杼弒其君莊公。❻陳文子　名須無，齊大夫。❼十乘　四十四馬。❽違　離開。❾猶吾大夫崔子也　指他國之執政大臣，也盡如崔子欲弒君作亂。❿之　前往。⓫清矣　指違亂求治，不汙其身。

【語　譯】子張問道：「楚國令尹子文，三次就任為令尹，沒見他有喜悅的顏色，三次被革職，也沒見他有怨恨的顏色。他自己當令尹時施政的情形，一定告訴新來接替職位的人。這個人怎樣呢？」孔子說：「可算是盡忠於國家了。」子張說：「算不算是仁呢？」孔子說：「我不知道，這怎能算是仁呢？」子張又問道：「崔杼弒齊莊公，當時齊國大夫陳文子有四十四馬，也都捨棄不要，離開齊國，到了另一個國家，就說：『這兒的大臣，跟我們的大夫崔子差不多。』便又離開這兒，再到另一國去，他又說：『這兒的大臣，還是跟我們的大夫崔子差不多。』於是又離開這一國。這個人怎樣呢？」孔子說：「算是清高的了。」子張說：「算不算是仁呢？」孔子說：「我不知道，這怎能算是仁呢？」

(廿)季文子❶三思❷而後行。子聞之，曰：「再❸，斯可矣❹！」

【章　旨】此章言季文子行事思慮過多。

【注　釋】❶季文子　姓季孫，名行父，諡為文，魯大夫。❷三思　多思。即再三考慮。❸再　指再思。❹斯可矣　斯，語詞。可，可以。

【語　譯】季文子做每件事都要再三考慮，然後才去做。孔子聽到後，便說：「只要再考慮一次，就可以了！」

(二十一)子曰：「甯武子❶，邦有道，則知❷；邦無道，則愚❸。其知可及也，其愚不可及也。」

【章　旨】此章美衛大夫甯武子之德。

【注　釋】❶甯武子　姓甯，名俞，諡爲武，衛大夫。❷知　同「智」。❸愚　何晏集解引孔安國曰：「佯愚似實。」

【語　譯】孔子說：「甯武子，在國家太平時，就顯露聰明才智；在國家動亂時，就裝傻。他那種聰明，別人還可以趕得上；那種裝傻，別人就趕不上了。」

(二十二)子曰：「伯夷、叔齊❶，不念舊惡❷，怨是用希❸。」

【章　旨】此章美伯夷、叔齊之德。

【注　釋】❶伯夷叔齊　孤竹君之二子。孤竹，國名。武王滅紂，二人恥食周粟，隱居於首陽山，卒餓死。❷不念舊惡　指不記夙怨而欲報復。念，思念，記掛。舊惡，過去的仇恨。❸怨是用希　因此少爲人所怨恨。是用，因此。希，少。

【語譯】孔子說：「伯夷、叔齊這兩兄弟，不記掛過去的仇恨，於是別人對他們的怨恨也就少了。」

㉔子曰：「孰謂微生高❶直？或❷乞醯❸焉，乞諸其鄰而與❹之。」

【章旨】此章明直者不應委曲。

【注釋】❶微生高　姓微生，名高，魯人。❷或　有人。❸醯　醋。❹與　給與。

【語譯】孔子說：「誰說微生高正直？有人向他要醋，他家正好沒有，不肯直說，卻向他的鄰居要來再給別人。」

㉕子曰：「巧言、令色、足恭❶，左丘明❷恥之，丘❸亦恥之。匿❹怨而友其人，左丘明恥之，丘亦恥之。」

【章旨】此章言左丘明與孔子同恥之事。

【注釋】❶足恭　態度卑屈，過分恭敬。朱熹曰：「足，過也。」孔安國曰：「足恭，便僻貌。」❷左丘明　魯太史，受春秋經於孔子者。❸丘　孔子自稱其名。古人避諱讀為「某」。❹匿　隱藏。

【語譯】孔子說：「花言巧語，裝著討人喜歡的臉色，對人過分恭敬，這種態度，左丘明認為可恥，我也認為是可恥的。心裏藏著怨恨，外表卻跟他很要好，這種行為，左丘明認為可恥，我也認為是可恥的。」

㉖顏淵、季路侍❶。子曰：「盍❷各言爾志？」子路曰：「願車馬、衣❸輕裘❹，與朋友共，敝❺之而無憾❻。」顏淵曰：「願無伐善❼，無施勞❽。」子路曰：「願聞子之志！」子曰：「老者安之，朋友信之，少者懷之❾。」

【章　旨】此章孔子、顏淵、子路，各言其志。

【注　釋】❶侍　立侍。❷盍　何不。❸衣　穿。❹輕裘　裘，皮衣。裘之輕者質美，故曰輕裘。一說：輕爲衍字；則衣作名詞，不讀去聲。❺敝　破舊。❻憾　怨恨。❼伐善　誇耀有才能。伐，誇耀。❽施勞　誇耀有功勞。施，誇耀、張大之意。勞，有功。❾老者安之三句　朱熹曰：「老者養之以安，朋友與之以信，少者懷之以恩。」

【語　譯】顏淵、子路站立在孔子身旁，孔子說：「何不各人談談自己的志願？」子路說：「我願把自己的車馬、穿的皮衣，和朋友共用，就是用破舊了，也不覺得遺憾。」顏淵說：「我願不誇耀自己的才能，不表揚自己的功勞。」子路說：「我們也想聽老師的志願！」孔子說：「我願老年人得到奉養而安樂，朋友們以信實相交，年少的能得到撫愛。」

㉗子曰：「已矣乎❶！吾未見能見其過，而內自訟❷者也。」

【章　旨】此章責人有過失而不能自責。

【注　釋】❶已矣乎　感歎語，猶今之「算了吧」。❷內自訟　指口不言而心自咎責。訟，責備，批評。

【語譯】孔子說：「算了吧！我還沒見過能夠發覺自己的過失，而內心自我責備的人。」

㉖子曰：「十室之邑❶，必有忠信如丘者焉，不如丘之好學也。」

【章旨】此章孔子言己好學。

【注釋】❶十室之邑　指十戶人家之小地方。即小邑。

【語譯】孔子說：「就是十戶人家的小地方，必定有像我這樣又忠心又講信實的人，但沒有能像我那樣好學。」

【問題與討論】

一、子路、冉求、公西華三人各有甚麼特長？
二、孔子以「聽其言而觀其行」教訓宰予，用意是甚麼？
三、孔子贊美孔文子和子產的爲人是怎樣？
四、孔子不輕易稱許人爲「仁人」，試根據本篇所記，加以討論。
五、孔子稱贊甯武子「邦有道則知，邦無道則愚。其知可及也，其愚不可及也。」是甚麼意思？
六、「巧言」、「令色」、「足恭」和「匿怨而友其人」，爲甚麼是可恥的行爲？
七、孔子、顏淵、子路的志願是甚麼？

雍也第六

二十八章錄十八章

㈠子曰：「雍也，可使南面❶。」仲弓問子桑伯子❷，子曰：「可也，簡❸。」仲弓曰：「居敬❹而行簡❺，以臨其民，不亦可乎？居簡而行簡❻，無乃❼大簡乎？」子曰：「雍之言然。」

【章　旨】此章明行簡之法。

【注　釋】❶南面　人君聽治之位。指仲弓寬洪簡重，可使任君主。❷子桑伯子　王肅曰：「伯子，書傳無見焉。」朱熹曰：「魯人。」❸可也簡　子桑伯子能簡，亦可使南面。可，僅可而有所未盡之辭。簡，寬略不煩。❹居敬　居心敬肅。❺行簡　行事簡略不擾民。❻居簡而行簡　言居心寬疏而行事寬略，則有苟且粗疏之弊，而無法度可守。❼無乃　疑詞，猶不是。

【語　譯】孔子說：「冉雍啊，可以叫他做人君主。」仲弓問孔子，「子桑伯子是不是也可以做人君主呢？」孔子說：「還可以，他平常做事很簡約。」仲弓說：「如果存心嚴肅認眞而做事簡約，不煩擾人民，像這樣的人來治理民眾，不也就可以了嗎？若是存心簡約而做事簡約，不是太簡略了吧？」孔子說：「冉雍的話說得很對。」

㈡哀公問：「弟子孰為好學？」孔子對曰：「有顏回者好學，不遷怒❶，不貳過❷，不幸短命❸死矣！今也則亡❹，未聞好學者也。」

【章　旨】此章孔子深許顏回好學。

【注　釋】❶不遷怒　不把怒氣移到別人身上發洩。遷，移。❷不貳過　不重複犯下同樣過錯。貳，重複。❸短命　指顏回壽命短，三十二歲就去世。❹亡　同「無」。

【語　譯】魯哀公問：「你的學生裏面，那一個好學？」孔子答道：「有一個叫顏回的好學，他從來不把心中的憤怒發洩到無關的人身上去，從來不再犯同樣的過錯，不幸短命死了！現在沒有這樣的人了，再沒有聽到好學的人了。」

㈢子華❶使於齊，冉子爲其母請粟。子曰：「與之釜❷。」請益，曰：「與之庾❸。」冉子與之粟五秉❹。子曰：「赤之適❺齊也，乘肥馬，衣輕裘。吾聞之也：君子周急不繼富❻。」原思❼爲之宰❽，與之粟九百❾。辭❿。子曰：「毋⓫！以與爾鄰里鄉黨乎！」

【章　旨】此章言君子當周濟窮困而不繼富。

【注　釋】❶子華　公西赤，字子華。孔子弟子。❷釜　六斗四升爲一釜。❸庾　二斗四升爲一庾。❹秉　十六斛爲一秉。一斛十斗。❺適　前往。❻周急不繼富　指周濟困急者之不足，不續富有者之有餘。❼原思　姓原，名憲，字思，孔子弟子。❽爲之宰　孔子爲魯司寇時，以原思爲家宰。❾九百　孔安國曰：「九百，九百斗也。」朱熹曰：「九百不言其量，不可考。」❿辭　辭讓不受。⓫毋禁止辭。

【語　譯】子華出使到齊國去，冉求代子華母親向孔子請求小米。孔子說：「給她六斗四升。」冉求請求增加多些，孔子說：「再給她二斗四升。」冉求卻給了她八百斗。孔子說：「赤這次到齊國去，乘坐肥馬駕的車輛，穿著又輕又暖的皮袍。我聽說：君子周濟窮困的人，不使富有的人更加富有。」原思當孔子的家宰，孔子給他九百斗小米爲俸祿。原思認爲太多，不肯接受。孔子說：「不要推辭了！如果有多餘的，可分給你鄰里鄉黨的窮人啊！」

㈣子謂仲弓曰：「犂牛❶之子，騂且角❷，雖欲勿用❸，山川❹其舍❺諸？」

【章　旨】此章謂仲弓之德。

【注　釋】❶犂牛　毛色駁雜之牛。即耕田之牛。❷騂且角　騂，純赤色。角，角周全端正。指毛色純赤，角周全端正之牛，適合用來祭祀。❸用　用來祭祀。❹山川　指山川之神。❺舍　同「捨」。

【語　譯】孔子評論仲弓說：「毛色駁雜的牛所生的小牛，牠的毛色純赤而且頭角端正，人們雖想不用牠來做祭牛；但山川之神怎肯捨棄牠呢？」

㈤子曰：「回也，其心三月❶不違仁，其餘，則日月至焉❷而已矣。」

【章　旨】此章稱顏回之仁。

【注　釋】❶三月　指長時間。❷日月至焉　指短時間能達到仁的境地而不能長久。

【語　譯】孔子說：「顏回啊，他的內心能長久不離仁德，其他的弟子，只是一天或一個月能偶然達到仁德罷了。」

㈨子曰：「賢哉回也！一簞❶食❷，一瓢❸飲，在陋巷❹，人不堪❺其憂，回也不改其樂。賢哉回也！」

【章旨】此章讚美顏回能安貧樂道。

【注釋】❶簞　竹器，用以盛飯。❷食　飯。名詞。❸瓢　以瓠做成，用以盛水。❹陋巷　猶陋室。里中道謂之巷，人所居亦謂之巷。❺堪　能承當、忍受。

【語譯】孔子說：「多麼賢良啊，顏回！吃的是一小筐飯，喝的是一瓢水，住在簡陋的小房中，別人都受不了這種貧苦，回啊，卻仍然不改變他向道的樂趣。多麼賢良啊，顏回！」

㈩冉求曰：「非不說❶子之道，力不足也。」子曰：「力不足者，中道而廢❷，今女❸畫❹。」

【章旨】此章勉人力學。

【注釋】❶說　同「悅」。❷中道而廢　猶半途而廢。❸女　同「汝」。❹畫　畫地以自限。指能進而不欲再進。

【語譯】冉求說：「並不是不喜歡老師的道理，實在是我的力量不夠。」孔子說：「力量不夠的人，走到一半便停下來，現在你是畫地自限，不想前進。」

(十二)子游爲武城❶宰。子曰：「女得人焉爾乎❷？」曰：「有澹臺滅明❸者，行不由徑❹，非公事，未嘗至於偃❺之室也。」

【章　旨】此章明澹臺滅明之方正。

【注　釋】❶武城　魯邑名。❷焉爾乎　語助辭，表疑問。❸澹臺滅明　姓澹臺，名滅明，字子羽。後亦爲孔子弟子。❹行不由徑　徑，路之小而捷者。指行爲端正，沒有見小欲速的心思。❺偃　子游名。

【語　譯】子游當武城的邑宰。孔子說：「你在當地有沒有發覺到人才呢？」子游答道：「有個叫澹臺滅明的人，他不走小路捷徑，不是爲了公事，從來沒到過我的房裏來。」

(十三)子曰：「孟之反❶不伐❷，奔❸而殿❹，將入門，策❺其馬，曰：『非敢後也，馬不進也！』」

【章　旨】此章明孟之反不誇己功。

【注　釋】❶孟之反　魯大夫，名側。❷伐　誇功。❸奔　敗走。❹殿　指在軍後。猶言殿後。蓋戰敗而返，以後爲功。❺策　鞭打。

【語　譯】孔子說：「孟之反不誇耀自己的功勞，在抵禦齊國的戰役中，魯軍敗了，他殿後掩護撤退，快進城門時，他鞭著自己的馬，說：『我並不是敢留在後面拒敵，是馬跑得不快啊！』」

⑯子曰：「質❶勝文❷則野❸，文勝質則史❹。文質彬彬❺，然後君子。」

【章　旨】此章言君子宜文質均適。

【注　釋】❶質　樸質。❷文　文采。❸野　鄙陋如野人。❹史　官府掌文書者，多聞習事，而誠或不足。❺文質彬彬　指質樸與文采適均。彬彬，物相雜而適均的樣子。

【語　譯】孔子說：「如果一個人內在的質樸多過外在的文采，那就像個粗鄙的野人；如果外在的文采多過了內在的質樸，那就像個衙門裏掌文書的官吏。質樸和文采調和適當，然後才稱得上是個君子。」

⑱子曰：「知之者❶不如好之者❷，好之者不如樂之者❸。」

【章　旨】此章言人為學，用心深淺之異。

【注　釋】❶知之者　指瞭解學問的人。包咸曰：「學問，知之者不如好之者篤，好之者不如樂之者深。」❷好之者　指內心喜好而未能有得的人。❸樂之者　指內心深好而陶醉其中的人。

【語　譯】孔子說：「對於一種學問，瞭解它的人不如喜愛它的人，喜愛它的人不如嗜好它而陶醉在其中的人。」

⑲子曰：「中人以上，可以語❶上也；中人以下，不可以語上也。」

【章　旨】此章明教人者，當隨其高下而告語之。

【注　釋】❶語　告訴。

【語　譯】孔子說：「中等資質以上的人，可以告訴他高深的道理；中等資質以下的人，不可以告訴他高深的道理。」

⑳樊遲問知❶。子曰：「務民之義❷，敬鬼神而遠之，可謂知矣。」問仁。曰：「仁者先難而後獲❸，可謂仁矣。」

【章　旨】此章闡明知與仁。

【注　釋】❶知　同「智」。❷務民之義　專力於人所當為之事。民，人。❸先難而後獲　遇到艱難的事，爭先去做；遇到能獲得私利的事，卻退居人後。獲，得。

【語　譯】樊遲問怎樣才算明智。孔子說：「專心致力於人所應當做的事，尊敬鬼神而遠離鬼神，不被迷惑，可說是明智了。」又問怎樣才算是有仁德。孔子說：「有仁德的人遇到艱難的事，就爭先去做；遇到能獲得私利的事，卻退居人後，這便可說是有仁德了。」

㉑子曰：「知者樂水❶，仁者樂山❷。知者動，仁者靜。知者樂，仁者壽。」

【章　旨】此章首明知仁之性，次明知仁之用，三明知仁之功。

【注　釋】❶知者樂水　知者達於事理，有似於水，故樂水。樂，喜好。❷仁者樂山　仁者安於義理，而厚重不遷，有似於山，故樂山。

【語　譯】孔子說：「智者喜好水，仁者喜好山。智者好動，常務進取，仁者好靜，少思寡慾。智者功成常樂，仁者恬淡常壽。」

㉔宰我問曰：「仁者，雖告之曰：『井有仁❶焉。』其從之也❷？」子曰：「何爲其然❸也？君子可❹逝❺也，不可陷也❻。可欺❼也，不可罔❽也。」

【章　旨】此章明仁者之心，不昧於事理。

【注　釋】❶仁　當作「人」字。❷其從之也　指仁者是否隨從入井營救。其，指仁者。之，指井中之人。也，與耶同，疑問語助辭。❸然　如此。❹可　可能。下同。❺逝　前往。指往救。❻不可陷也　指不可能使己亦陷之於井。❼欺　指誑之以理之所有。❽罔　指昧之以理之所無。

【語　譯】宰我問道：「有仁德的人，有人告訴他說：『井裏有人掉下去。』他是不是也跟著跳下去救呢？」孔子說：「爲甚麼要這樣做呢？君子可能受騙到井邊去救人；但不可能使自己也被陷入井中。他可能一時受騙，但不可能受不合理的事所蒙蔽。」

㉕子曰：「君子博學於文❶，約之以禮❷，亦可以弗畔❸矣夫❹！」

【章　旨】此章言君子能博文約禮，故不違離正道。

【注　釋】❶博學於文　指君子之學，欲其廣博，故於文章典籍無不考。文，典籍。❷約之以禮　指用禮約束己之行爲。禮，日常行爲之準則。朱熹曰：「守欲其要，故其動必以禮。」❸弗畔　不叛道。❹矣夫　句末語助辭，表感歎。

【語　譯】孔子說：「君子廣泛地研習典籍，再用禮節來約束自己的行爲，就不致於背離正道了！」

㉗子曰：「中庸❶之為德也，其至❷矣乎！民鮮久矣！」

【章　旨】此章言民少能行中庸之德。

【注　釋】❶中庸　指不偏不倚，無過不及，而可常用之道德。❷至　極善。

【語　譯】孔子說：「中庸這種道德，該算是極點了！人們缺少這種道德已經很久了！」

㉘子貢曰：「如有博施❶於民，而能濟眾❷，何如？可謂仁乎？」子曰：「何事於仁❸，必也聖乎！堯舜其猶病❹諸❺！夫仁者，己欲立而立人，己欲達而達人。能近取譬❻，可謂仁之方❼也已。」

【章　旨】此章明求仁之方法。

【注　釋】❶博施　廣施恩惠。❷濟眾　救助大眾。❸何事於仁　指此事何止於仁。❹病　指有所缺憾。即不能完全做到。❺諸　猶之乎。❻能近取譬　指近取諸身，以己所欲，譬之他人。譬，喻。❼方　途徑，方法。

【語　譯】子貢說：「假如有人能廣泛地施予恩惠給民眾，又能普遍救助大眾，這人怎樣？可稱得上仁嗎？」孔子說：「何止是仁，那必定是聖德了！堯舜尚且還有些做不到呢！所謂仁，自己要站得住，同時也使別人站得住；自己要事情行得通，同時也使別人事情行得通。能夠就近拿己身做例子，為別人設想，便可以說是求仁的方法了。」

【問題與討論】

一、「居敬而行簡」是甚麼意思？
二、顏回好學樂道的情形怎樣？
三、孔子評論仲弓說：「犂牛之子，騂且角，雖欲勿用，山川其舍諸？」是甚麼意思？
四、澹臺滅明和孟之反做人的態度是怎樣的？
五、「知之」為甚麼不如「好之」？「好之」為甚麼不如「樂之」？
六、知者和仁者有甚麼不同？
七、「己欲立而立人，己欲達而達人」是甚麼意思？

述而第七　三十七章錄二十三章

㈠子曰：「述而不作❶，信而好古❷，竊比❸於我老彭❹。」

【章　旨】 此章孔子自言著述之謙辭。

【注　釋】❶述而不作　述，闡述舊聞。作，創作。❷古　指古代之文物制度。❸竊比　私自比擬。❹老彭　商代賢大夫。

【語　譯】孔子說：「我僅闡述舊聞而不創作，篤信而且喜愛古代的文物制度，我私自比擬爲商朝的老彭。」

㈡子曰：「默而識之❶，學而不厭，誨❷人不倦，何有於我哉❸？」

【章　旨】此章孔子舉三事以自白。

【注　釋】❶默而識之　不言而存之於心。識，記住。❷誨　教導。❸何有於我哉　指於我有何難。何有，言不難。

【語　譯】孔子說：「把所見所聞的默記在心裏，努力學習而不厭棄，教導別人不倦怠，這些事情對我來說有甚麼難呢？」

㈢子曰：「德之❶不修❷，學之不講❸，聞義不能徙❹，不善不能改，是吾憂也。」

【章　旨】此章孔子以不能進德修業爲憂，藉此以勉人。

【注　釋】❶之　句中語助詞，無義。❷修　修養。❸講　講習。❹徙　遷從。

【語　譯】孔子說：「品德不加修養，學問不加講習，聽到合宜的道理不能遷從，缺點不能改正，這都是我所憂慮的。」

㈣子之燕居❶，申申如❷也，夭夭❸如也。

【章旨】此章言孔子閒居之和適。

【注釋】❶燕居　閒暇無事之時。❷申申如　容態舒適的樣子。如，句末語助詞，猶然，下同。❸夭夭　形容神色愉快。

【語譯】孔子閒居的時候，容態舒適，神色愉快。

㈥子曰：「志❶於道❷，據❸於德，依❹於仁，游❺於藝❻。」

【章旨】此章言孔子志慕、據守、依靠、游憩於道德仁藝之中。

【注釋】❶志　心之所趨。❷道　人倫日用所當行者。❸據　執守。❹依　不違。❺游　游習。❻藝　指禮、樂、射、御、書、數六藝。

【語譯】孔子說：「立志向道，據守著德，不離開仁，游憩於六藝之中。」

㈦子曰：「自行束脩❶以上，吾未嘗無誨焉！」

【章旨】此章言孔子誨人不倦。

【注釋】❶束脩　脩，乾肉，十脡為束，故曰束脩。指微薄的禮物。

【語譯】孔子說：「凡是能自動奉送一些敬師禮品而來的人，我沒有不給予教誨的。」

㈧子曰：「不憤不啟❶。不悱不發❷。舉一隅❸不以三隅反，則不復❹也。」

【章　旨】此章言誨人之法，注重啟發。

【注　釋】❶不憤不啟　憤，心求通而未得。啟，指開其意。❷不悱不發　悱，口欲言而未能發，指達其辭。❸隅　角。方形物有四隅。❹不復　不再教導。

【語　譯】孔子說：「教導學生，不到他心裏想求明白而不得時，我不去啟示他。不到他想說出來卻說不出時，我不去開導他；如果一個四方形的東西，提示他一個角，他卻不能推想到其他三個角，就不再教導他了。」

㈩子謂顏淵曰：「用之則行，舍之則藏❶。唯我與爾有是夫！」子路曰：「子行三軍，則誰與？」子曰：「暴虎❷馮河❸，死而無悔者，吾不與也。必也臨事而懼❹，好謀而成❺者也！」

【章　旨】此章孔子讚顏回行止得宜，而責子路好勇而無謀。

【注　釋】❶用之則行舍之則藏　舍，同「捨」。孔安國曰：「言可行則行，可止則止。」❷暴虎　徒手搏虎。❸馮河　徒足涉河，無舟渡河。❹懼　戒懼，指敬其事。❺好謀而成　指好謀略而能成功。成，指成其謀。

【語　譯】孔子對顏淵說：「有人用我時，我就出來做事，不用我時，我就不出來。只有我和你能這樣罷！」子路說：「如果老師率領三軍出征，將和誰一道兒呢？」孔子說：「赤手空拳打老虎，徒步涉水渡河，死了也不悔悟的人，我是不和他在一道兒。必定要臨事能戒懼小心，事先能計謀，而有成功的把握的人，我才和他在一道兒。」

(十三) 子在齊聞韶❶，三月不知肉味❷。曰：「不圖為樂之至於斯❸也！」

【章　旨】此章孔子讚美韶樂。

【注　釋】❶韶　舜樂名。❷三月不知肉味　三是虛數。三月，指好幾個月。因專心之故而不知肉味。❸至於斯　達到這麼感人的程度。斯，指稱詞。指上文「三月不知肉味」。

【語　譯】孔子在齊國聽到了韶樂，好幾個月來，連吃肉都不知道滋味。他說：「沒想到韶樂居然到了這麼感人的程度！」

(十四) 冉有曰：「夫子為❶衛君❷乎？」子貢曰：「諾❸，吾將問之。」入曰：「伯夷叔齊，何人也？」曰：「古之賢人也。」曰：「怨❹乎？」曰：「求仁而得仁，又何怨？」出，曰：「夫子不為也。」

【章　旨】此章記孔子崇尚仁讓。

【注　釋】❶為　幫助。❷衛君　指出公輒。衛靈公逐其世子蒯聵，靈公死，國人立蒯聵之子輒。於是晉納蒯聵，而輒拒絕，致父子爭奪君位，時孔子適在衛。❸諾　應辭。❹怨　悔恨。

【語　譯】冉有說：「老師會不會幫助衛國國君呢？」子貢說：「好吧，我去問他。」進去見孔子，問道：「伯夷叔齊是甚麼樣的人呢？」孔子說：「是古代的賢人啊。」子貢說：「他們互相推讓，不肯做國君，後來心裏會悔恨嗎？」孔子說：「他們求仁德，而終於得到了仁德，還有甚麼悔恨呢？」子貢走了出來，說：「老師不會幫助衛國國君的。」

㈤子曰：「飯疏食❶，飲水，曲肱而枕之❷，樂亦在其中矣。不義而富且貴，於我如浮雲❸。」

【章旨】此章記孔子安貧樂道。

【注釋】❶飯疏食　飯，動詞，吃的意思。疏食，粗飯。❷曲肱而枕之　指彎曲手臂當枕而臥。肱，手臂。❸於我如浮雲　孔子自言不義之富貴，視之如浮雲。指無所動於心。

【語譯】孔子說：「吃粗米飯，喝水，彎著手臂當枕頭睡，樂趣也在其中了。以不合理的方法求得富貴，對我來說，只像天上的浮雲一般。」

㈦子所雅言❶：詩、書、執禮❷，皆雅言也❸。

【章旨】此章記孔子正言者：詩、書、禮。

【注釋】❶雅言　正言，當時在中國所通行的語言。猶如後世所謂的「官話」，或今人所謂的國語。❷執禮　執，守也。禮獨言執者，以人所執守而言，非徒誦說而已。❸皆雅言也　指孔子平日操魯語，唯誦詩、讀書經、執行禮事，用周之正音。

【語譯】孔子說話，有時採用周室正音：誦詩、讀書、行禮，都用周室正音。

⑱葉公❶問孔子於子路，子路不對。子曰：「女奚不❷曰：『其爲人也，發憤❸忘食，樂以忘憂，不知老之將至云爾❹！』」

【章旨】此章記孔子之為人。

【注釋】❶葉公　姓沈，名諸梁，字子高，爲楚大夫，食邑於葉，僭稱公。❷奚不　何不。❸發憤　勤奮。❹云爾　語助詞。

【語譯】葉公向子路問孔子的爲人，子路一時不曉得怎樣回答。孔子說：「你爲甚麼不這樣說：『他這個人嘛，勤奮起來，連飯都忘了吃；快樂起來，連一切的憂愁都忘掉了；甚至於連快老了都不知道呢！』」

⑲子曰：「我非生而知之者，好古，敏❶以求之者也。」

【章旨】此章勸人勤學。

【注釋】❶敏　敏捷勤奮。

【語譯】孔子說：「我不是生下來就知道許多道理的人，而是喜好古代的文物制度，勤快地求學得來的。」

㉑子曰：「三人行，必有我師焉❶：擇其善者而從之、其不善者而改之。」

【章　旨】此章言學無常師。

【注　釋】❶三人行必有我師焉　三人爲虛數，不必定爲三人。朱熹曰：「三人同行，其一我也，彼二人者，一善一惡，則我從其善而改其惡焉，是二人者皆我師也。」

【語　譯】孔子說：「三人同行，其中必有可做我老師的：選擇他們的長處而學習、他們的短處而改正。」

㉕子曰：「聖人❶，吾不得而見之矣！得見君子❷者，斯可矣。」子曰：「善人❸，吾不得而見之矣！得見有恆者❹，斯可矣。亡而爲有，虛而爲盈，約而爲泰，難乎有恆矣❺！」

【章　旨】此章言成德者少而申言有恆為入德之門。

【注　釋】❶聖人　品德最高之人。❷君子　才德出衆之人。❸善人　指心性、行爲善良之人。❹有恆者　指用心不二、言行有常之人。❺亡而爲有四句　邢昺曰：「時既澆薄，率皆虛矯，以無爲有，將虛作盈，內實窮約，而外爲奢泰，行既如此，難可名之爲有常也。」

【語　譯】孔子說：「聖人，我是不能夠見到了，能夠見到君子，也就可以了。」又說：「善良的人，我是不能夠見到了，能夠見到有恆的人，也就可以了。一般人本來沒有卻裝作有，本來空虛卻裝作充實，本來窮困卻裝作奢華，這樣子要想達到有恆，實在難了！」

㉗子曰：「蓋有不知而作❶之者，我無是也。多聞，擇其善者而從之，多見而識❷之，知之次也❸。」

【章旨】此章孔子自白不妄作。

【注釋】❶不知而作　指不知其理而妄作。❷識　記憶。❸知之次也　指雖不及上智之能創作，亦可次於上智者。知，同「智」。

【語譯】孔子說：「或許有一種自己對事理不明白卻憑空妄作的人，我決不會這樣做。多聽人說，選擇其中好的去依從，多觀察而記在心裏，這樣也可以次於上智的人了。」

㉘互鄉❶難與言。童子見，門人惑❷。子曰：「與❸其進也，不與其退也。唯何甚？人潔❹己以進，與其潔也，不保其往❺也！」

【章旨】此章明聖人待人寬大並明教誨之道。

【注釋】❶互鄉　鄉名。其鄉風俗惡，難與言善。❷惑　疑惑。疑夫子不當接見。❸與　稱許，贊成。下同。❹潔　脩治，即潔身自好。❺不保其往　指不必追究以前之行爲。往，以前。

【語譯】互鄉這個地方的人不講道理，很難跟他們交談。有一個互鄉的小孩求見，孔子居然接見他，弟子們感到疑惑。孔子說：「我贊許他上進，不贊成他後退，又何必太過分呢？人家潔身自好以求上進，我贊許他現在潔身自好以求上進的精神，不必追究他過去行爲的好壞呀！」

㉙子曰：「仁遠乎哉？我欲仁，斯仁至矣！」

【章　旨】此章言求仁不難。

【語　譯】孔子說：「仁德離我們很遠嗎？我想求仁德，仁德也就來了！」

㉝子曰：「若聖與仁，則吾豈敢？抑❶為之不厭，誨人不倦，則可謂云爾❷已矣！」公西華曰：「正唯弟子不能學也！」

【章　旨】此章言孔子不以聖者、仁者自居。

【注　釋】❶抑　或也。轉接之詞。❷云爾　即有此之詞。

【語　譯】孔子說：「如果說我是聖人、仁者，我怎麼敢當？我只不過在這方面不厭煩地學習，不懈怠地教人，倒還可說是這樣吧！」公西華說：「這正是弟子們所學不到的啊！」

㉟子曰：「奢則不孫❶，儉則固❷；與其不孫也，寧固。」

【章　旨】此章言奢儉俱失禮，而奢之害大。

【注　釋】❶孫　同「遜」。謙遜。❷固　固陋，寒傖。

【語　譯】孔子說：「奢侈就顯得不謙遜，太節儉就顯得寒傖，與其不謙遜，寧可寒傖。」

㊱子曰：「君子坦蕩蕩❶，小人長戚戚❷。」

【章旨】此章言君子小人心貌不同。

【注釋】❶坦蕩蕩　坦，平也。蕩蕩，寬廣貌。❷長戚戚　多憂戚。

【語譯】孔子說：「君子心地平坦寬濶，小人心地常憂戚不安。」

㊂子溫而厲❶，威而不猛❷，恭而安。

【章旨】此章言孔子容貌中和。

【注釋】❶厲　嚴肅。❷猛　兇猛。

【語譯】孔子的態度溫和而嚴肅；有威儀，但不兇猛；恭敬，但自然安詳。

【問題與討論】

一、「述而不作」是甚麼意思？

二、從本篇各章中探求孔子學不厭、敎不倦的精神。

三、從本篇各章中探求孔子所憂和所樂的是甚麼？

四、孔子敎人的方法是如何呢？

五、孔子爲甚麼不幫助衞國國君呢？

六、孔子施敎所用的敎材內容分那幾方面？

七、孔子爲甚麼接見互鄉的童子？

八、孔子對奢侈和節儉兩種行爲有甚麼看法？

泰伯第八 二十一章錄九章

(二)子曰：「恭而無禮則勞，愼而無禮則葸❶，勇而無禮則亂，直而無禮則絞❷。君子❸篤於親，則民興於仁。故舊不遺，則民不偸❹。」

【章旨】此章言君子貴禮。

【注釋】❶葸　畏懼。❷絞　急切。刺人之非。❸君子　指在上位者。❹民不偸　指民德歸厚，不澆薄。偸，澆薄，人情淡薄。

【語譯】孔子說：「恭敬而不合禮，便會煩擾徒勞；謹愼而不合禮，便會畏怯多懼；好勇而不合禮，便會犯上作亂；直爽而不合禮，便會急切責人。在上位的人能厚待親屬，那民間也會興起仁愛的風氣。在上位的人能不遺棄故交舊友，那民風也會敦厚不至於澆薄了。」

(三)曾子有疾，召門弟子曰：「啟❶予足！啟予手！詩云：『戰戰兢兢，如臨深淵，如履薄冰❷。』而今而後❸，吾知免夫❹！小子❺！」

【章旨】此章言曾子戒懼謹愼，保全身體，克盡孝道，以示門人。

【注釋】❶啟　開。曾子平日，以爲身體受於父母，不敢毀傷，故使弟子開衾檢視。❷詩云四句　詩經小雅小旻篇之句。喻己常戒愼守身，如臨淵恐墜，如履冰恐陷，不敢一時或懈。戰戰，恐懼貌。兢兢，戒謹貌。❸而今而後　從今以後。❹吾知免夫　指曾子將死，而後知自己得免於毀傷。❺小子　門人。

【語　譯】曾子病重，召門弟子到牀前來，他說：「掀開被子，看看我的腳吧！看看我的手吧！詩經上說：『小心謹慎呀，好像面臨深潭邊，好像行走在薄冰上。』從今以後，我知道身體可以免於被毀傷了！弟子們！」

㊃曾子有疾，孟敬子❶問之。曾子言❷曰：「鳥之將死，其鳴也哀，人之將死，其言也善。君子所貴乎道者三：動容貌❸，斯遠暴慢❹矣；正顏色，斯近信矣；出辭氣❺，斯遠鄙倍❻矣；籩豆之事❼，則有司❽存。」

【章　旨】此章言君子務本，貴在容貌、顏色、言辭之合禮。

【注　釋】❶孟敬子　魯大夫仲孫捷。❷言　自言。❸動容貌　指容貌舉止依禮而動。❹暴慢　粗暴放肆。❺辭氣　言語聲調。❻鄙倍　鄙俗背理。❼籩豆之事　指禮儀中一切器用事物之細節。籩豆，祭祀時用來盛祭品的器皿。籩，用竹子編織而成；豆，用木料製作而成。❽有司　管事者。

【語　譯】曾子病重，孟敬子去探問他。曾子說：「鳥將要死的時候，鳴叫的聲音很悲哀，人將要死的時候，所說的話是良善的。在上位的人，所應重視待人接物的道理有三項：容貌舉止依禮而行，便可避免別人的粗暴和放肆；臉色端莊，便容易使人相信；說話言辭語氣得體，便可避免別人的鄙陋不合理的話；至於禮儀器用瑣碎的事，有專管的人員在，你不必多去操心。」

㊄曾子曰：「以能問於不能，以多問於寡，有若無，實若虛，犯而不校❶。昔者吾友❷，嘗從事於斯矣。」

【章旨】此章曾子美顏回之德，言其能虛己以待人。

【注釋】❶犯而不校　指被侵犯，不予計較。校，計較。❷吾友　馬融曰：「友謂顏淵。」

【語譯】曾子說：「自己有才能，卻去請教才能比他低的人；自己見聞多，卻去請教見聞比他少的人；有學問卻好像沒有學問一樣；自己知識充實卻好像空無所有一樣；被別人侵犯，也不計較。以前我的朋友顏淵，曾經在這方面下過功夫。」

㊅曾子曰：「可以託六尺之孤❶，可以寄百里之命❷，臨大節❸而不可奪❹也。君子人與❺？君子人也！」

【章旨】此章論君子之德行。

【注釋】❶託六尺之孤　指受前君之命輔佐幼主。六尺之孤，十五歲以下之幼主。❷寄百里之命　指把國家政事交給他。百里，指大國。命，政令。❸大節　指生死存亡的重要關頭。❹奪　動搖，改變。❺與　同「歟」，疑問語助詞。

【語譯】曾子說：「可以把輔佐幼主的重任付託給他，可以把大國的政事交付給他，遇到生死存亡的大關頭，他也不會改變操守，這樣的人算得上君子嗎？眞可算是君子人了！」

㈦曾子曰：「士❶不可以不弘毅❷，任重而道遠。仁以爲己任，不亦重乎！死而後已，不亦遠乎！」

【章　旨】此章明士能弘毅，任重道遠。

【注　釋】❶士　指讀書人。即知識分子。❷弘毅　弘大剛毅。非弘大不能勝其重，非剛毅無以致其遠。

【語　譯】曾子說：「讀書人的志氣，不可不弘大而剛毅，因爲他擔當的責任重大，而且他將行走的路程遙遠。把弘揚仁道視爲自己的責任，這責任不是很重大嗎？到死才放下責任，這路程不是很遙遠嗎？」

㈧子曰：「興於詩❶，立於禮❷，成於樂❸。」

【章　旨】此章記人立身成德之法。

【注　釋】❶興於詩　詩本性情之作，感人而易入，故能興發人好善惡惡之心。❷立於禮　禮以恭敬遜讓爲本，故學禮可以立身。❸成於樂　樂可養人性情，蕩滌邪穢，故能成人之性。

【語　譯】孔子說：「詩可以鼓舞人的意志，使人興起向善的心；禮可以端正人的行爲，使人德業卓然有所自立；樂可以涵養人的性情，使人養成完美的人格。」

㈩子曰：「篤信好學，守死善道❶。危邦不入，亂邦不居。天下有道則見❷，無道則隱。邦有道，貧且賤焉，恥也；邦無道，富且貴焉，恥也。」

【章　旨】此章勸人守道。

【注　釋】❶篤信好學守死善道　信，指信道。學，指學道。能篤信，又能好學，然後能堅守至死，保全正道。故朱熹曰：「守死者篤信之效，善道者好學之功。」❷見　同「現」。指出仕。

【語　譯】孔子說：「有篤厚的信念，又能好學，堅守至死，來保全正道。不進入危險的國家，不居住在紊亂的國家。天下太平的時候，就出來做官；混亂的時候，就隱居不出來做官。國家政治清明的時候，如果仍然貧賤，那是可恥的；國家政治黑暗的時候，反而富貴，那也是可恥的。」

㈩子曰：「不在其位❶，不謀❷其政❸。」

【章　旨】此章言不越職侵權。

【注　釋】❶位　官位，職位。❷謀　參與計畫。❸政　指政事。

【語　譯】孔子說：「不在那職位上，就不參與計畫那職位上的政事。」

【問題與討論】

一、「恭」、「愼」、「勇」、「直」四種德行，如果不合禮，會產生甚麼流弊？

二、曾子病重，爲甚麼要他的學生打開被子，看他的手和腳呢？

三、曾子教導孟敬子，在上位的人待人接物，應該注重那三件事情？

四、曾子稱贊顏回具有那些美德？

五、「士不可以不弘毅」是甚麼意思？

六、孔子教人立身成德的方法是怎樣的？

子罕第九　三十章錄十八章

㊃子絕四：毋意❶，毋必❷，毋固❸，毋我❹。

【章旨】此章論孔子絕去四種弊病。

【注釋】❶毋意　毋，同「無」，下同。意，以道為度，故不妄臆。❷必　完全肯定。❸固　固執。❹我　私己。

【語譯】孔子所戒絕的四種毛病：不憑空揣測，不絕對肯定，不固執拘泥，不自以為是。

㊄子畏❶於匡❷。曰：「文王既沒，文❸不在茲乎？天之將喪斯文也，後死者❹不得與❺於斯文也。天之未喪斯文也，匡人其如予何？」

【章旨】此章記孔子以文化傳統為己任，故臨危而不懼。

【注　釋】❶畏　畏懼。❷匡　地名。陽虎曾殘害匡人，孔子貌似陽虎，故受匡人圍困。❸文　指禮樂、法度、教化之迹。猶今所謂傳統文化。❹後死者　孔子自指。❺與　參與。

【語　譯】孔子在匡被群眾圍困，受到一場虛驚。他說：「文王死後，文化傳統不是都在我這裏嗎？如果上天要滅亡這種文化傳統，那麼我這後死的人，就不會參與擔負這一文化傳統了。如果上天不想滅亡這種文化傳統，匡人又能把我怎樣呢？」

㈥大宰❶問於子貢曰：「夫子聖者與❷？何其多能也？」子貢曰：「固天縱❸之將聖❹，又多能也。」子聞之曰：「大宰知我乎！吾少也賤，故多能鄙事。君子多乎哉？不多也！」牢❺曰：「子云：『吾不試❻，故藝。』」

【章　旨】此章論孔子多小藝。

【注　釋】❶大宰　官名。或吳或宋，未可知。❷與　同「歟」，疑問語助詞。❸縱　放縱。指沒有限量。❹將聖　大聖。將，大。❺牢　姓琴，名牢，字子開，孔子弟子。❻不試　指不爲世所用。試，用。

【語　譯】太宰問子貢道：「你們的老師是聖人吧？不然他爲甚麼這樣多才多藝呢？」子貢說：「這是天意縱使他成爲大聖人，又縱使他多才多藝。」孔子聽了後說：「太宰眞是了解我呀！我小時候貧賤，所以能夠做很多粗俗的事。君子是不是要多能的呢？不必要多能的！」琴牢說：「老師說過：『我不爲國家所用，所以才有空去學習這些技藝。』」

⑩顏淵喟然❶歎曰：「仰之彌高，鑽之彌堅❷，瞻❸之在前，忽焉在後！夫子循循❹然善誘❺人：博我以文，約我以禮。欲罷不能，既竭吾才，如有所立卓爾❻，雖欲從之，末由也已❼！」

【章旨】此章記顏淵讚歎孔子學問道德之博大精深。

【注釋】❶喟然　歎聲。❷仰之彌高鑽之彌堅　仰彌高，不可及，鑽彌堅，不可入。之，指孔子之道，亦指其人。彌，益，愈。❸瞻　向前看。❹循循　有次序貌。❺誘　引進，誘導。❻如有所立卓爾　指依然見夫子所立之卓然。卓爾，卓然，立貌。❼末由也已　言無路可由。末由，無從。

【語譯】顏淵喟然歎道：「老師的道理，實在高深，我越仰望它，越顯得高遠；越研鑽它，越顯得堅實；看它好像在前面出現，忽然又到後面去了！夫子很有步驟地一步步誘導我；先教我博學文章典籍，然後教我禮節，以約束我的行爲。我想停止學習，也不可能，已經用盡我的才力，而夫子的道依然卓立在我的面前，我雖然想跟上夫子，但卻無從跟得上啊！」

⑪子貢曰：「有美玉於斯，韞匵❶而藏諸❷？求善賈❸而沽❹諸？」子曰：「沽之哉！沽之哉！我待賈者也！」

【章旨】此章言孔子藏德待用。

【注釋】❶韞匵　指藏在匵中。韞，藏。匵，匵。❷諸　之乎。疑問語助詞。下同。❸善賈　指高價。賈，同「價」。一說：賈，音ㄍㄨˇ，商人。善賈，識貨的商人；比喻賢君。❹沽　出賣。

【語　譯】子貢說：「假如在這兒有一塊美玉，把它放在櫃子裏藏起來呢？還是找個好價錢把它賣掉呢？」孔子說：「賣掉吧！賣掉吧！我只是在等待個好價錢出賣哩！」

㈣子曰：「吾自衛反魯，然後樂正❶，雅頌❷各得其所。」

【章　旨】此章記孔子正樂之事。

【注　釋】❶樂正　把音樂訂正。❷雅頌　詩篇有雅頌之體制，樂亦分雅頌之音律。即正其樂音、音律。

【語　譯】孔子說：「我從衛國回到魯國，然後才把音樂訂正了，使雅、頌的詩樂，恢復原來適當的位置。」

㈤子曰：「出❶則事公卿，入❷則事父兄，喪事不敢不勉，不為酒困❸，何有於我哉？」

【章　旨】此章記孔子言忠順孝悌、哀喪慎酒之事。

【注　釋】❶出　出仕朝廷。❷入　入居家鄉。❸困　困擾，擾亂。

【語　譯】孔子說：「出外在朝廷做官，奉事公卿，竭盡忠誠之心；回到家裏，奉事父兄，竭盡孝悌之心；遇到宗族親戚的喪事，不敢不盡力遵從禮節；飲酒不過量，不被酒所困擾；以上數事，對我來說，又有甚麼困難呢？」

㊆子在川上曰：「逝❶者如斯夫！不舍❷晝夜。」

【章旨】此章記孔子感歎歲月不居，既往不可復。

【注釋】❶逝 往去。❷舍 止息。

【語譯】孔子站在河邊，說：「逝去的就像流水這樣啊！日夜不停地奔流。」

㊇子曰：「譬如爲山，未成一簣❶，止，吾止也！譬如平地，雖覆一簣，進，吾往也！」

【章旨】此章勉人自強不息，不可中道而止，終久必成，其止其往，皆在我而不在人。

【注釋】❶未成一簣 指只少一簣卽可堆成山。簣，竹筐，竹籠，盛土之竹器。

【語譯】孔子說：「譬如堆一座山，只差一筐泥土而未完成，這時停止下來，這是我自己停止下來的啊！譬如在平地上要堆一座山，雖然才倒上一筐泥土，繼續地堆上去，這是我自己繼續堆上去的啊！」

㊈子曰：「語❶之而不惰❷者，其回也與❸！」

【章旨】此章美顏回不懈怠。

【注　釋】❶語　告訴。❷惰　懈怠。❸與　同「歟」。語助詞，表感歎。

【語　譯】孔子說：「把道理告訴他後，便能照著去做而不懈怠的，只有顏回吧！」

⑳子謂顏淵，曰：「惜乎❶！吾見其進也，未見其止也！」

【注　釋】❶惜乎　顏回既死，而孔子以為可惜。

【章　旨】此章追惜顏回生前進德修業，從不懈怠。

【語　譯】孔子提到顏淵，歎道：「可惜呀！我只看到他不斷地求進步，沒有看到他停止過！」

㉑子曰：「苗而不秀❶者，有矣夫！秀而不實❷者，有矣夫！」

【章　旨】此章言學而不至於成，亦有之矣，是以勉人精進不懈。或謂此章亦孔子痛惜顏回早死之辭。

【注　釋】❶苗而不秀　苗，禾苗成長。秀，開花。❷實　結成穀實。

【語　譯】孔子說：「禾苗成長後而不吐穗開花的，有這樣的情形啊！吐穗開花而不結實的，也有這樣的情形啊！」

㉒子曰：「後生可畏❶，焉❷知來者❸之不如今❹也？四十五十而無聞❺焉❻，斯亦不足畏也已！」

【章　旨】此章警人及時勉學。

【注　釋】❶後生可畏　指後生年富力強，足以積學而有待，值得敬畏。後生，指年少後進之人。❷焉　安，怎麼。副詞。❸來者　指後輩。❹今　指今之成人。❺聞　名望，聞名於世。❻焉　語助詞，無義。

【語　譯】孔子說：「年輕人是可敬畏的，怎麼知道他們將來的成就不如現在這一輩人呢？假使到了四十、五十歲仍然沒有名望，那也就不足敬畏了！」

㉔子曰：「法語之言❶，能無從乎！改之為貴。巽與之言❷，能無說❸乎？繹之❹為貴。說而不繹，從而不改，吾末如之何❺也已矣！」

【章　旨】此章勉人虛心接受他人之告誡與勸導，而改過向善。

【注　釋】❶法語之言　嚴正告誡之辭。❷巽與之言　委婉勸導之辭。❸說　同「悅」。❹繹之　尋究委婉勸導話中的微意。繹，尋究。之，指「巽與之言」。❺末如之何　無可奈何。末，無。

【語　譯】孔子說：「嚴正告誡的話，能不聽從嗎？但能眞正改過，才算可貴。委婉勸導的話，能不喜悅嗎？但能尋究話裏的含意，才算可貴。如果只是心中喜悅，而不細心尋思；只是當面聽從，而不眞正改過，我對他也就沒有辦法了！」

㉕子曰：「三軍可奪帥❶也，匹夫不可奪志❷也。」

【章　旨】此章勉人守志不移。

【注釋】❶三軍可奪帥　指三軍雖眾，如人心不一，則可奪取其將帥。❷匹夫不可奪志　指匹夫雖微，苟守其志，則不可得而奪。匹夫，平民。

【語譯】孔子說：「三軍雖衆，可以把他們的主帥俘擄過來；一個普通老百姓，卻不能改變他的志向。」

㉖子曰：「衣敝縕袍❶，與衣狐貉❷者立，而不恥者，其由也與！『不忮不求，何用不臧❸？』」子路終身誦之。子曰：「是道也，何足以臧？」

【章旨】此章讚美子路，並告誡其不可自滿。

【注釋】❶衣敝縕袍　穿著破舊的絲棉袍。衣，穿著。敝，破舊。縕，舊絲棉；一說：亂麻。❷狐貉　以狐貉之皮爲裘，是一種貴重的衣服。❸不忮不求何用不臧　詩經衛風雄雉篇之句。指無嫉人而欲加害人之心，無恥己之無而欲求取於人之心，則何爲不善。忮，忌害。求，貪求。臧，善。

【語譯】孔子說：「穿破舊的袍子，和穿狐貉皮衣的人站在一起，而不覺得慚愧的，恐怕只有仲由能夠吧！詩經上說：『不加害人，不貪求，那還有甚麼不好的呢？』」子路經常誦讀這兩句詩。孔子說：「這只是爲人的起碼道理，何足以爲善呢？」

㉗子曰：「歲寒，然後知松柏之後彫❶也。」

【章旨】此章勉人應有堅貞之氣節。

【注釋】❶彫　同「凋」。凋零的意思。

【語譯】孔子說：「天氣寒冷，然後才知道松柏的堅貞，在所有的草木中是最後落葉的。」

㉖子曰：「知者不惑，仁者不憂，勇者不懼❶。」

【章旨】此章言知、仁、勇三達德。

【注釋】❶知者不惑三句　邢昺曰：「知者明於事，故不惑亂；仁者知命，故無憂患；勇者果敢，故不恐懼。」

【語譯】孔子說：「有智慧的人不會迷惑，有仁德的人不會憂愁，有勇氣的人不會害怕。」

【問題與討論】

一、孔子所沒有的四種毛病是甚麼？

二、孔子說：「天之未喪斯文也，匡人其如予何？」是甚麼意思？

三、在本篇中，顏回怎樣稱贊孔子？孔子怎樣贊美顏回？

四、孔子用爲山作譬喻，來說明甚麼道理？

五、孔子認爲聽到「法語之言」、「巽與之言」，應當怎麼樣？

六、「衣敝縕袍，與衣狐貉者立」，爲甚麼不會覺得羞恥？

七、具備「知」、「仁」、「勇」三種德行的人，他的心志和行爲的表現是怎樣的？

先進第十一

二十五章錄九章

㊁子曰：「從我於陳、蔡❶者，皆不及門❷也。」德行：顏淵、閔子騫❸、冉伯牛、仲弓。言語❹：宰我、子貢。政事：冉有、季路。文學❺：子游、子夏。

【章　旨】此章以孔門四科，記此十門人，幷目其所長。

【注　釋】❶陳蔡　二國名，在今河南、安徽一帶。孔子曾困於陳、蔡，路阻絕糧。❷皆不及門　朱熹曰：「此時皆不在門。」❸閔子騫　姓閔，名損，字子騫，孔子弟子。❹言語　指外交辭令、使命應對而言。❺文學　指詩書禮樂、典章制度而言。

【語　譯】孔子說：「以前跟從我在陳蔡共過患難的學生，現在都不在門下了。」在德行方面，好的有：顏淵、閔子騫、冉伯牛、仲弓。在言語方面，好的有：宰我、子貢。在政事方面，好的有：冉有、子路。在文學方面，好的有：子游、子夏。

㊃子曰：「孝哉閔子騫，人不閒於其父母昆弟之言❶。」

【章　旨】此章美閔子騫之孝行。

【注　釋】❶人不閒於其父母昆弟之言　閒，非議。昆弟，指兄弟。朱注引胡氏曰：「父母兄弟稱其孝友，人皆信之無異詞者，蓋其孝友之實，有以積於中而著於外。」陳群曰：「人不得有非間之言。」

【語譯】孔子說：「閔子騫眞孝順呀，別人對他的父母兄弟稱讚他的話，都沒有異議。」

⑪季路問事鬼神❶。子曰：「未能事人，焉❷能事鬼？」「敢問死？」曰：「未知生，焉知死？」

【章旨】此章明孔子不道無益之語。

【注釋】❶問事鬼神　問奉祀鬼神之道。對天稱神，人歸稱鬼。❷焉　何，怎麼。

【語譯】子路問怎樣奉事鬼神？孔子說：「活人還不能奉事，怎麼能奉事死人呢？」子路又問：「我大膽地請問人死後怎樣？」孔子說：「生前的事尚且不能知道，怎能知道死後的事呢？」

⑫閔子侍側，誾誾如❶也；子路，行行如❷也；冉有、子貢，侃侃如❸也。子樂。「若由也，不得其死然❹。」

【章旨】此章孔子喜四弟子各有其氣象。

【注釋】❶誾誾如　和悅恭敬的樣子。❷行行如　剛強的樣子。❸侃侃如　溫和快樂的樣子。❹不得其死然　然，未定之辭。子路剛強，恐不得以壽終。後來子路果然死於衛孔悝之難。

【語譯】閔子騫侍奉在孔子身旁，有和悅恭敬的氣象；子路，有武勇剛強的氣象；冉有、子貢，有溫和快樂的氣象。孔子感到高興。他說：「像仲由這樣，我怕他不得善終啊！」

⑭子曰：「由之瑟❶，奚為❷於丘之門？」門人不敬子路。子曰：「由也升堂矣，未入於室❸也！」

【章　旨】此章言子路之學，不可因一事之失而遽忽之。

【注　釋】❶由之瑟　瑟，樂器名。馬融曰：「子路鼓瑟，不合雅頌。」朱注引家語云：「子路鼓瑟，有北鄙殺伐之聲。」指其聲不中和。❷奚為　何為。❸升堂矣未入於室　指已到達正大高明之領域，但未深入精微之境界。古時先入門，次升堂，最後入室。比喻為學之層次、入道之次第。

【語　譯】孔子說：「仲由彈瑟，彈出那一種音調，為甚麼在我這裡彈奏呢？」弟子們因此不敬重子路。孔子說：「仲由的學問，已到達正大高明的境界，只是未進入精深的境域罷了！」

⑮子貢問：「師與商也孰賢？」子曰：「師也過❶，商也不及❷。」曰：「然則師愈❸與？」子曰：「過猶不及❹。」

【章　旨】此章明子張、子夏才性之優劣。

【注　釋】❶師也過　師，孔子弟子顓孫師，字子張。子張才高意廣，而好為苟難，故常過中。❷商也不及　商，孔子弟子卜商，字子夏。子夏篤信謹守，而規模狹隘，故常不及。❸愈　勝。❹過猶不及　指均不得中理。因過與不及，皆不合中庸之道。

【語　譯】子貢問道：「子張和子夏兩個人，誰比較賢能呢？」孔子說：「子張超過了些，子夏又有所不及。」子貢接著說：「那麼，子張賢能些嗎？」孔子說：「過與不及，同樣都不好。」

(十六)季氏❶富於周公❷，而求也爲之聚斂而附益之❸。子曰：「非吾徒也，小子鳴鼓而攻之❹可也！」

【章　旨】此章責備冉求為季氏家臣而重賦稅。

【注　釋】❶季氏　魯臣，諸侯之卿。❷周公　周公旦之後，世襲周王室之公爵而留於王朝者。❸求也爲之聚斂而附益之　指冉求爲季氏宰，爲他加賦稅，以增多財富。聚斂，搜括。❹鳴鼓而攻之　擊起鼓來攻擊他，公開聲討的意思。攻，責備。

【語　譯】季氏比周天子王朝的周公還要富有，而冉求擔任季氏的家臣，還替他搜括而使他更富有。孔子說：「他不是我的門徒，弟子們，可以揭發他的罪行，公開聲討他！」

(十七)子路問：「聞斯行諸❶？」子曰：「有父兄在，如之何其聞斯行之？」冉有問：「聞斯行諸？」子曰：「聞斯行之。」公西華曰：「由也問『聞斯行諸』？子曰：『有父兄在。』求也問『聞斯行諸』？子曰：『聞斯行之。』赤也惑，敢問？」子曰：「求也退❷，故進之；由也兼人❸，故退之。」

【章　旨】此章記孔子因材施教，使之無過不及之患。

【注　釋】❶聞斯行諸　指聞義就當付諸實施嗎。斯，此，指所聞之義。諸，之乎。❷退　畏縮不前。鄭玄曰：「冉有性謙退。」❸兼人　勝過別人。

【語　譯】子路問道：「聽到一件合於義理的事，就去做嗎？」孔子說：「父親哥哥還活著，怎麼可以（不先請教他們）聽到了就去做呢？」冉有問道：「聽到一件合於義理的事，就去做嗎？」孔子說：「聽到了就去做。」公西華說：「仲由問『聽到一件合於義理的事，就去做嗎？』您回答說：『還有父兄在上。』冉求問『聽到一件合於義理的事就去做嗎？』您回答說：『聽到了就去做。』我感到迷惑，我大膽地請問其中的道理何在？」孔子說：「冉求畏縮不前，所以鼓勵他進取；仲由好勇過人，所以抑制他退讓些。」

㉕子路、曾皙❶、冉有、公西華侍坐。子曰：「以吾一日長乎爾❷，毋吾以也❸。居❹則曰：『不吾知也！』如或知爾，則何以哉❺？」

子路率爾❻而對曰：「千乘之國，攝❼乎大國之閒，加之以師旅❽，因❾之以饑饉❿，由也爲之，比及⓫三年，可使有勇，且知方也。」夫子哂⓬之。

「求，爾何如？」對曰：「方六七十，如⓭五六十，求也爲之，比及三年，可使足民⓮；如其禮樂，以俟⓯君子。」

「赤，爾何如？」對曰：「非曰能之，願學焉！宗廟之事⓰，如會同⓱，端章甫⓲，願爲小相⓳焉。」

「點，爾何如？」鼓瑟希⑳，鏗爾㉑，舍瑟而作㉒；對曰：「異乎三子者之撰㉓。」子曰：「何傷乎？亦各言其志也。」曰：「莫春㉔者，春服㉕既成，冠者㉖五六人，童子六七人，浴乎沂㉗，風乎舞雩㉘，詠㉙而歸。」夫子喟然歎曰：「吾與㉚點也！」

三子者出，曾皙後。曾皙曰：「夫三子者之言何如？」子曰：「亦各言其志也已矣！」曰：「夫子何哂由也？」曰：「爲國以禮，其言不讓，是故哂之。」「唯求則非邦也與？」「安見方六七十，如五六十，而非邦也者？」「唯赤則非邦也與？」「宗廟會同，非諸侯而何？赤也爲之小，孰能爲之大㉛！」

【章旨】 此章孔子趁閒暇時，四弟子侍坐，因使各言其志，以觀其器能，末並道出孔子之志，亦在乎教化。

【注釋】 ❶曾皙　姓曾，名點，曾參父，孔子之弟子。❷以吾一日長乎爾　指我雖年稍長於你們。❸毋吾以也　指你們不必以我年長而難言。❹居　平居，平日。❺何以哉　指將何以爲用。以，用。❻率爾　輕率的樣子。❼攝　脅迫。❽師旅　指侵伐之事。古二千五百人爲師，五百人爲旅。❾因仍，接連。❿饑饉　饑荒。穀不熟稱饑，菜不熟稱饉。⓫比及　將及。⓬哂　微笑。⓭如　或。⓮足民　使民富足。⓯俟　等待。⓰宗廟之事　指祭祀。⓱會同　諸侯相會見。⓲端章甫　端，玄端，古代禮服。章甫，古代禮帽。⓳小相　相，儐相，贊禮的人。言小，謙辭。⓴希　指瑟聲希落。㉑鏗爾　鏗然，形容金石相擊聲。在此指瑟聲。㉒舍瑟而作　舍，捨去。指推開瑟而起立。㉓撰　具。指所具之志。㉔莫春　卽暮春，農曆三月。㉕春服　春天穿著的衣服。㉖冠者　古男子二十而冠，指成年人。㉗浴乎沂　指浴於沂水之上。浴，盥濯。指洗面、洗手。㉘風乎舞雩　指乘涼於舞雩之下。風，乘涼。相當於今之兜風。舞雩，地名。爲魯國祭天禱雨之處，風光明麗，可供遊賞。㉙詠　歌詠。㉚與　贊同。㉛赤也爲之小孰能爲之大　孔安國曰：「赤謙言小相耳，誰能爲大相。」

【語　譯】子路、曾皙、冉有、公西華四人陪侍孔子坐著。孔子說：「不必因爲我的年紀比你們稍大些你們就拘束起來。平時你們常說：『沒有人瞭解我！』如果有人瞭解你們，能用你們，那麼你們將怎樣辦呢？」

子路連忙答道：「假定有個千乘之國，被大國所脅迫，外面有軍隊來侵伐它，國內又鬧饑荒，讓我來治理這個國家，只要三年，便可使老百姓有勇氣，並且懂得一些大道理。」孔子微微地向他一笑。

「冉求，你怎樣呢？」冉有答道：「假定有六七十里或再小點五六十里的小國家，讓我來治理，只要三年，可以使老百姓人人富足；至於修明禮樂，只好等待有才德的人來設施了。」

「公西赤，你怎樣呢？」公西華答道：「我不敢說能做得怎麼好，但願學習這些！像宗廟裏的祭祀，諸侯相會見，穿著禮服，戴著禮帽，我願在那裏做個小司儀。」

「曾點，你怎樣呢？」曾皙正在彈瑟，聽得老師叫他，便停止彈瑟，隨卽鏗的一聲，推開瑟站了起來。回答道：「我和他們三位的抱負不同。」孔子說：「那有甚麼關係呢？只是各人說說自己的志願罷了。」曾皙說：「暮春的時候，穿上春天的衣服，邀青年人五六個，小孩六七個，到沂水邊玩玩水，洗洗手臉，再到舞雩那兒去兜兜風，然後唱著歌回來。」孔子喟然歎道：「我同意曾點的主張啊！」

三個弟子都走了，曾皙留在後面。曾皙問：「他們三位說得怎麼樣？」孔子說：「不過各人說說自己的志願罷了！」曾晳問：「那麼老師爲甚麼笑仲由呢？」孔子說：「治國以禮，他講話沒有一點禮讓，所以才笑他。」「那麼冉求所說的，好像不是治理一個國家呀？」孔子說：「怎見得六七十里或五六十里的土地，就不夠是一個國家呢？」「公西赤所說的，也不像治理一個國家呀？」孔子說：「宗廟會同這些事，不是諸侯的事是甚麼？公西赤願意只做個小相，那麼又有誰能夠做大相呢？」

【問題與討論】

一、孔子教導學生分那幾科？各科中有那些傑出的學生？

二、孔子對鬼神和生死的看法是怎樣的？

三、孔子批評子張和子夏的才性有甚麼不同？

四、子路和冉求同以「聞斯行諸」問孔子，孔子爲甚麼有不同的答覆？

五、孔子要學生各自敘述他的志願，他爲甚麼對子路微笑，而卻贊同曾點的主張？

顏淵第十二

二十四章錄二十章

㈠顏淵問仁。子曰：「克己❶復禮❷爲仁❸。一日克己復禮，天下歸仁❹焉。爲仁由己，而由人乎哉？」顏淵曰：「請問其目❺？」子曰：「非禮勿❻視，非禮勿聽，非禮勿言，非禮勿動。」顏淵曰：「回雖不敏，請事斯語❼矣！」

【章旨】此章說明實踐仁德，在克己復禮。

【注釋】❶克己　克制己身之私慾。❷復禮　指踐行禮節。復，踐行。禮，禮節。❸仁　本心之全德。行仁的人，必定要勝私慾而踐於禮，才能使本心之德呈顯出來。❹歸仁　指一日克己復禮，則天下之人，皆稱許你是仁人。極言效果之迅速而至大。歸，猶與，有稱許之意。❺目　條目。❻勿　禁止之辭。❼請事斯語　敬事此語而行。

【語譯】顏淵問怎樣做才是實踐仁德。孔子說：「抑制自己的慾望，使言語行動都合於禮便是仁。果眞有一天能做到這樣，那麼天下的人都會稱讚你是個仁者了。實踐仁德要憑自己來下功夫，難道還憑別人嗎？」顏淵說：「請問實踐的條目？」孔子說：「不合禮的事不要看，不合禮的話不要聽，不合禮的話不要說，不合禮的事不要做。」顏淵說：「我顏回雖然魯鈍，願照這些話去做！」

㈡仲弓問仁。子曰：「出門如見大賓❶，使民如承❷大祭❸。己所不欲，勿施於人❹。在邦❺無怨，在家❻無怨。」仲弓曰：「雍雖不敏，請事斯語矣！」

【章旨】此章說明實踐仁德，在敬以持己，恕以及物，則私意無所容而心德全。

【注釋】❶大賓　公侯之賓。❷承　承奉，承當。❸大祭　指郊禘之祭。❹己所不欲勿施於人指己所不欲之事，勿施予他人。即恕道，盡己之謂忠，推己及人之謂恕。❺在邦　在諸侯之國。❻在家　在卿、大夫之家。

【語　譯】仲弓問怎樣去實踐仁德。孔子說：「出門工作像會見貴賓一樣，使用民力像承當重大的祭祀一樣。自己所不喜歡的事物，不要加在別人身上。這樣仕於諸侯的邦國沒有人怨恨，仕於卿、大夫的家也沒有人怨恨。」仲弓說：「冉雍雖然魯鈍，願照這些話去做！」

㊂司馬牛❶問仁。子曰：「仁者，其言也訒❷。」曰：「其言也訒，斯謂之仁已乎？」子曰：「為之難，言之得無訒乎？」

【章　旨】此章說明實踐仁德，在於出言謹慎，若有所忍，不宜浮躁多言。

【注　釋】❶司馬牛　姓司馬，名犂，字子牛，孔子弟子。史記仲尼弟子列傳：「司馬耕，字子牛。牛，多言而躁。」❷其言也訒　指仁者言談之間若有所忍而不賣弄口舌。訒，忍，難。

【語　譯】司馬牛問怎樣做才是實踐仁德。孔子說：「有仁德的人，他說話有所忍耐不輕易出口。」司馬牛反問道：「說話有所忍耐不輕易出口，這就能算是仁嗎？」孔子說：「做的時候既然很難，說的時候又怎能不考慮而輕率出口呢？」

㊃司馬牛問君子。子曰：「君子不憂不懼。」曰：「不憂不懼，斯謂之君子已乎？」

子曰：「內省不疚❶，夫何憂何懼！」

【章　旨】此章明君子之道，能心安理得，不憂不懼。

【注　釋】❶內省不疚　指反省平日所爲，無愧於心。疚，病。

【語　譯】司馬牛問怎樣做才算君子。孔子說：「君子不憂愁、不害怕。」司馬牛又問道：「不憂愁、不害怕，就可稱爲君子嗎？」孔子說：「自我反省，沒有愧疚，那有甚麼可憂愁、可害怕的呢！」

㊄司馬牛憂曰：「人皆有兄弟，我獨亡❶！」子夏曰：「商❷聞之矣：『死生有命，富貴在天。』君子敬而無失，與人恭而有禮，四海之內❸，皆兄弟也。君子何患乎無兄弟也？」

【章　旨】此章明天下之人，皆可愛敬之如兄弟。

【注　釋】❶我獨亡　亡，同「無」。司馬牛有兄向魋、向巢，弟子頎、子車，皆在宋國作亂，司馬牛憂慮他們爲亂而死，而自己卻逃亡在外，故云「人皆有兄弟，我獨亡。」❷商　子夏名。❸四海之內　指天下之人。

【語　譯】司馬牛憂愁地向子夏說：「人家都有好兄弟，唯獨我沒有！」子夏說：「我曾聽人說過：『生死命中註定，富貴由天安排。』君子對事敬愼而不出差錯，對人恭敬而有禮貌，那麼天下的人，都可以做你的兄弟。君子何必憂慮沒有好兄弟呢？」

⑥子張問明❶。子曰：「浸潤之譖❷，膚受之愬❸，不行焉，可謂明也已矣。浸潤之譖，膚受之愬，不行焉，可謂遠❹也已矣。」

【章旨】此章論人之明察事理，且能見識深遠。

【注釋】❶明　明察，明智。❷浸潤之譖　指譖言毀人，如水之浸物，漸漸浸透。譖，毀謗。❸膚受之愬　指訴冤之辭，似有切身之痛，則聽者易信爲眞。愬，訴己冤。❹遠　指見識深遠。

【語譯】子張問怎樣才算明察。孔子說：「像水逐漸滲透那樣的毀謗，像切身之痛那樣的訴冤，在他面前行不通，這可算爲明察了。像水逐漸滲透那樣的毀謗，像切身之痛那樣的訴冤，在他面前行不通，這可算是見識深遠了。」

⑦子貢問政。子曰：「足食，足兵，民信之矣❶。」子貢曰：「必不得已而去❷，於斯三者何先？」曰：「去兵。」子貢曰：「必不得已而去，於斯二者何先？」曰：「去食。自古皆有死，民無信不立❸。」

【章旨】此章明為政之道，在於政府能得民眾之信任。

【注釋】❶足食足兵民信之矣　指倉廩實，而軍備修，然後教化行，而受到人民的信任。兵，兵器，軍備。❷去　去掉，減除。❸民無信不立　指治國不可失信於民，失信於民，則政教無以建立。

【語譯】子貢問怎樣去治理政事。孔子說：「充足糧食，充足軍備，然後使人民信任政府。」子貢說：「如果必不得已，在這三項中應該先去那一項呢？」孔子說：「去掉軍備。」子貢說：「如果必不得已，在剩下的二項中該先去那項呢？」孔子說：「去掉糧食。自古以來，人都免不了死亡；假使人民不信任政府，國家就站不起來。」

㈧棘子成❶曰：「君子質而已矣，何以文為？」子貢曰：「惜乎，夫子❷之說君子也，駟不及舌❸！文猶質也，質猶文也。虎豹之鞟，猶犬羊之鞟❹？」

【章旨】此章明君子之於文質二者，不宜偏廢。

【注釋】❶棘子成　衛大夫。❷夫子　指棘子成。古時大夫都可以被尊稱為夫子。❸駟不及舌　指過失之言一出口，則駟馬不能追。❹虎豹之鞟猶犬羊之鞟　指虎豹之皮所以別於犬羊之皮，在於毛之文采不同。鞟，皮去毛者。

【語譯】棘子成說：「君子只要有好的本質就夠了，又何必要禮樂的文采來修飾呢？」子貢說：「可惜啊，棘夫子這樣解釋君子，話說出來，就連用四匹馬駕的快車也難以追趕回來！文采和本質是互相關連，同等重要。如果把虎豹和犬羊皮上有文采的毛除掉，那麼虎豹的革不是和犬羊的革一樣了嗎？」

㈨哀公問於有若曰：「年饑，用不足，如之何？」有若對曰：「盍❶徹❷乎？」曰：「二❸，吾猶不足，如之何其徹也？」對曰：「百姓足，君孰❹與不足？百姓不足，君孰與足？」

【章 旨】此章論稅法。

【注 釋】❶盍 何不。❷徹 稅法。指田賦取十分之一之稅。❸二 指加倍，即取十分之二。❹孰 相當於如今之「怎麼」。疑問副詞。

【語 譯】魯哀公向有若問道：「年成歉收，國家的財用不夠，將怎麼辦呢？」有若答道：「爲甚麼不實行十分抽一的稅收呢？」哀公說：「十分抽二的稅，我還感到不夠用，怎麼可以只收十分之一呢？」有若答道：「百姓富足了，國君怎麼會不富足呢？假使百姓不富足，國君又怎麼會富足呢？」

㊉子張問崇德❶、辨惑❷。子曰：「主忠信❸，徙義❹，崇德也。愛之欲其生，惡之欲其死；既欲其生，又欲其死，是惑也！」（誠不以富，亦祇以異❺。）

【章 旨】此章言人當有常德，能崇德辨惑。

【注 釋】❶崇德 指尊崇品德。崇，尊崇。❷辨惑 指明辨疑惑。辨，辨別。❸主忠信 親近忠信者。主，親。一說：以忠信爲主。❹徙義 猶言遷善。即使行爲趨向於道義。❺誠不以富亦祇以異 此爲詩經小雅我行其野篇詩句。朱注引程子曰：「此錯簡，當在第十六篇齊景公有馬千駟之上，因此下文亦有齊景公字而誤也。」

【語 譯】子張問怎樣提高品德，明辨疑惑。孔子說：「親近忠信的人，使自己的行爲趨向於道義，便可以提高品德。喜歡一個人的時候，便要他活，討厭他的時候，便要他死；既然要他活，又要他死，這就是迷惑！」

⑪齊景公❶問政於孔子。孔子對曰：「君君，臣臣，父父，子子❷。」公曰：「善哉！信如君不君，臣不臣，父不父，子不子，雖有粟❸，吾得而食諸❹？」

【章旨】此章明治國之道，在於能明人倫。

【注釋】❶齊景公　名杵臼，齊國國君，諡爲景。魯昭公末年，孔子適齊。❷君君臣臣父父子子　指爲君者盡君道，爲臣者盡臣道，爲父者盡父道，爲子者盡子道。❸粟　指糧餉、俸祿。❹諸　之乎。

【語譯】齊景公問孔子治國的道理。孔子答道：「當國君的要盡國君的道理，當臣子的要盡臣子的道理，做父親的要盡父親的道理，做子女的要盡子女的道理。」景公說：「好極了！要是君不盡君道，臣不盡臣道，父不盡父道，子不盡子道，縱然有糧餉俸祿，我怎能來享用它呢？」

⑬子曰：「聽訟❶，吾猶人也❷。必也，使無訟乎！」

【章旨】此章言孔子以使民無訟為貴。

【注釋】❶聽訟　審判案件。❷吾猶人也　指與人相同。

【語譯】孔子說：「審判案件，我也和人一樣；但最好必須使民眾不興訴訟！」

⑯子曰：「君子成人之美❶，不成人之惡；小人反是❷。」

【章旨】此章言君子小人之用心不同。

【注釋】❶成人之美　指人家的好事，則誘掖獎勸以促成它。成，成全。美，善。❷反是　與此正好相反。

【語譯】孔子說：「君子成全別人的好事，不成全別人的壞事；小人卻剛好相反。」

㈦季康子問政於孔子。孔子對曰：「政者正也❶，子帥❷以正，孰❸敢不正？」

【章旨】此章言為政在乎修己。

【注釋】❶政者正也　指爲政必以正道。正，正道。❷帥　領導。❸孰　誰。

【語譯】季康子問孔子爲政的道理。孔子答道：「政字的意義，就是中正，您依正道而行，來領導民眾，誰敢不依正道來做呢？」

㈥季康子患盜，問於孔子。孔子對曰：「苟子之不欲❶，雖賞之不竊❷！」

【章旨】此章言民從上而化，明在上位者不貪欲，則可以遏止盜竊之風。

【注釋】❶苟子之不欲　如果你不貪欲。子，指季康子。❷賞之不竊　賞民使之爲盜，民亦知恥而不竊。

【語譯】季康子憂慮國內的盜賊多，向孔子求教。孔子答道：「如果您自己不貪求財貨，雖獎勵人民去行竊，他們也不會去做啊！」

㈨季康子問政於孔子曰：「如殺無道，以就❶有道，何如？」孔子對曰：「子爲政，焉❷用殺？子欲善，而民善矣。君子❸之德風；小人❹之德草；草上之風必偃❺。」

【章　旨】此章言為政不須刑殺，但在上自正行仁，則人民自然受仁德之感化，歸向於善。

【注　釋】❶就　成。❷焉　何。❸君子　指在位者。❹小人　指庶民，百姓。❺偃　仆。

【語　譯】季康子問爲政於孔子道：「如殺掉無道的壞人，成就有道的善人，怎麼樣呢？」孔子答道：「你治理政治，爲甚麼要用殺戮的辦法呢？你自己想爲善，老百姓也就向善了。在位者的德性好比風，老百姓的德性好比草，風向那邊吹，草必定向那邊倒！」

㈩子張問：「士何如斯可謂之達❶矣？」子曰：「何哉，爾❷所謂達者？」子張對曰：「在邦必聞❸，在家必聞。」子曰：「是聞也，非達也。夫達也者：質直而好義，察言而觀色，慮以下人❹，在邦必達，在家必達。夫聞也者：色取仁而行違❺，居之不疑❻，在邦必聞，在家必聞。」

【章　旨】此章論士行，子張以聞為達，孔子告以聞與達二者有別。

【注　釋】❶達　通達。指德孚於人而行無不得。❷爾　汝，你。❸聞　名譽著聞。❹慮以下人　指時以對人謙讓爲念。❺色取仁而行違　顏色和善以取於仁，而行實相違背。❻居之不疑　自以爲是，專務虛僞，更不自疑。

【語　譯】子張問道：「一個士人要怎樣做，才可算得上通達呢？」孔子說：「你所說的通達是甚麼意思？」子張答道：「在諸侯的邦國，一定有名望，在卿、大夫的家，一定有名望。」孔子說：「這是名望，不是通達。所謂通達的人：本質正直而講求道義，又能分析別人的言語，觀察別人的容色，總是想到謙退，處處居於人下，這樣他在邦國內，必然通達，在大夫之家，也必然通達。所謂有名望的人：只是表面上似乎愛好仁德，而行爲卻不如此，自己竟以仁人自居而不加疑惑，這種人，他在邦國內，一定會騙取名望，在大夫之家，也一定會騙取名望。」

㉑ 樊遲從遊於舞雩之下，曰：「敢問崇德、脩慝❶、辨惑。」子曰：「善哉問！先事後得❷，非崇德與？攻其惡，無攻人之惡，非脩慝與？一朝之忿❸，忘其身以及其親，非惑與？」

【章　旨】此章言修身之事。

【注　釋】❶脩慝　袪除己心之惡念。脩，整治去除。慝，藏在心中的惡念。❷先事後得　猶言先難後獲。爲所當爲之事，而不計其功利，則德日積而不自知。❸一朝之忿　指一旦之憤怒。

【語　譯】樊遲跟隨孔子在舞雩臺下遊覽，問道：「請問怎樣提高品德、排除惡念、明辨迷惑的方法。」孔子說：「問得好極了！先做應做的事，而不計較報酬，不就是提高品德嗎？批判自己的過失，不批判人家的過失，不就是排除自己的惡念嗎？一旦發怒，忘了自己生命的安危，甚至忘了父母家屬，不是迷惑嗎？」

㈢樊遲問仁。子曰：「愛人。」問知❶。子曰：「知人。」樊遲未達❷。子曰：「舉直錯諸枉，能使枉者直❸。」樊遲退，見子夏曰：「鄉❹也，吾見於夫子而問知。子曰：『舉直錯諸枉，能使枉者直。』何謂也？」子夏曰：「富哉言乎！舜有天下，選於眾，舉皐陶❺，不仁者遠矣；湯有天下，選於眾，舉伊尹❻，不仁者遠矣。」

【章　旨】此章闡明仁德和明智之真諦。

【注　釋】❶知　同「智」。❷未達　未明。❸舉直錯諸枉二句　舉，舉拔。錯，安置。朱熹曰：「舉直錯枉者，知也。使枉者直，則仁矣。」❹鄉　同「嚮」。指前時。❺皐陶　舜之賢臣。❻伊尹　湯之賢相。

【語　譯】樊遲問怎樣才算仁德？孔子說：「愛護眾人。」又問怎樣才算明智。孔子說：「能明察人的好壞。」樊遲未明白孔子的意思。孔子說：「提拔正直的人放置在不正直的人上面，能使不正直的人也正直。」樊遲退出，又去找子夏，說道：「前些時候，我在老師那邊問怎樣才算明智。老師說：『提拔正直的人放置在不正直的人上面，能使不正直的人也正直。』這是甚麼道理呢？」子夏說：「這話說得好極了！舜有了天下，在眾人之中選用皐陶，作爲他的臣子，那些不仁的人也就遠離了；湯有了天下，在眾人之中選用伊尹，作爲他的相，那些不仁的人也就遠離了。」

㈣曾子曰：「君子以文❶會友；以友輔仁❷。」

【章旨】此章論交友之道。

【注釋】❶文　指詩書禮樂。❷輔仁　輔助自己培養仁德。

【語譯】曾子說：「君子以禮樂文章來結交朋友，以朋友來輔助自己培養仁德。」

【問題與討論】

一、「克己復禮」是甚麼意思？要怎樣實行？
二、「內省不疚」怎麼會不憂不懼？
三、「浸潤之譖，膚受之愬」是甚麼意思？
四、子貢問政，孔子認為可以去兵、去食，但是不可以讓人民對政府失去信心，為甚麼？
五、子貢認為君子應當文質並重，他用甚麼譬喻來說明？
六、「崇德」、「脩慝」、「辨惑」是甚麼意思？
七、「聞」和「達」有甚麼不同？

子路第十三　三十章錄二十一章

㈠子路問政。子曰：「先之，勞之❶。」請益❷。曰：「無倦❸。」

【章旨】此章言為政在先施德澤。

【注　釋】❶先之勞之　指以德教民，必身先其民而行，必身先其民而勞。之，指人民。朱注引蘇軾曰：「凡民之行，以身先之，則不令而行；凡民之事，以身勞之，則雖勤不怨。」❷益　增加，補充。❸無倦　持之有恆，始終如一。

【語　譯】子路問爲政的道理。孔子說：「領導民眾，凡事自己比他們先實行，先勞苦。」子路請求再說詳細些。孔子說：「只要持久不倦就夠了。」

㈡仲弓爲季氏宰，問政。子曰：「先有司❶，赦小過，舉賢才❷。」曰：「焉知賢才而舉之？」曰：「舉爾所知，爾所不知，人其舍諸❸？」

【章　旨】此章言為政在舉賢才。

【注　釋】❶先有司　指以身先率百官而行。先，以身作則。有司，百官。❷賢才　有德、有能者。❸舍諸　捨棄他嗎。諸，之乎。

【語　譯】仲弓做了季氏的家臣，問爲政的道理。孔子說：「凡事自己比百官先躬行，他們偶有小過失當寬赦，舉用有德有能的人。」仲弓接著說：「何以知道誰有賢才而舉用他呢？」孔子說：「舉用你所知道的人，你所不知道的，別人會捨棄他而不推薦給你嗎？」

㈢子路曰：「衛君❶待子而爲政，子將奚先❷？」子曰：「必也正名❸乎！」子路曰：

「有是哉？子之迂❹也。奚其正？」子曰：「野❺哉，由也！君子於其所不知，蓋闕如❻也。名不正，則言不順❼；言不順，則事不成；事不成，則禮樂不興；禮樂不興，則刑罰不中❽；刑罰不中，則民無所措手足。故君子名之必可言也，言之必可行也。君子於其言，無所苟❾而已矣！」

【章旨】 此章論為政在先正名。

【注釋】 ❶衛君　指出公輒，父蒯聵出亡在外，衛人欲立輒而遭拒。是時魯哀公十年，孔子自楚反至衛。❷奚先　何者爲先。奚，何。❸正名　正名分，即正君臣、父子之名分。❹迂　迂濶。指遠於事情，不切實際。❺野　鄙俗。責子路率爾妄對。❻闕如　擱置一邊而不談。闕，缺。如，語助詞，無義。❼言不順　指言不順理。❽中　中理，合於理。❾無所苟　指一名一言，皆不可輕率苟且。

【語譯】 子路說：「衛君等待老師去輔助他治理國政，老師準備首先做甚麼事呢？」孔子說：「那一定要先正名分！」子路說：「有此必要嗎？老師眞是迂遠不切實際！何必要正名分呢？」孔子說：「眞是粗俗，仲由啊！君子對於他所不知道的事，擱置而不說。要知道名分不正，說出來的話就不能合理；話不合理，做事便不能成功；做事不能成功，禮樂便不能推行；禮樂不能推行，刑罰便不得當；刑罰不得當，老百姓便不知道怎樣做才好。所以君子先定下名分，才可以說得出口，話說得出口，事才辦得通；君子對於自己所說的話，都不敢隨便苟且啊！」

(四)樊遲請學稼❶。子曰：「吾不如老農。」請學爲圃❷。曰：「吾不如老圃。」樊遲出，子曰：「小人❸哉，樊須也！上好禮，則民莫敢不敬；上好義，則民莫敢不服❹；上好信，則民莫敢不用情❺。夫如是，則四方之民，襁❻負其子而至矣，焉用稼？」

【章旨】此章言禮義信為治民之要。

【注釋】❶稼　樹植五穀。❷圃　種植菜蔬。❸小人　指細民。即不識大體、志氣平庸之小民。❹服　服從。❺用情　情，誠實。指民以誠實對其上。❻襁　織縷做成，用以負小兒於背的東西。

【語譯】樊遲請學種五穀的方法。孔子說：「我不如老農夫。」又請學種菜蔬的方法。孔子說：「我不如種菜的人。」樊遲退出，孔子說：「真是個不識大體的小民，樊須啊！在上位的人好禮，民眾不敢不恭敬；在上位的人好義，民眾不敢不服從；在上位的人好信，民眾不敢不誠實。能做到這樣子，四方的民眾，都會背著他們的孩子來歸服你，何必自己去種五穀呢？」

(五)子曰：「誦詩三百，授之以政，不達❶；使於四方，不能專對❷；雖多，亦奚以爲？」

【章旨】此章言人之才學貴於適用。

【注釋】❶不達　不能明達。❷專對　單獨應對。指以己意應對。專，獨。

【語譯】孔子說：「讀了詩經三百首，授給他政事，不能夠把政事治理好。派他出使到各國去，不能單獨作主應對；雖然讀得多，又有甚麼用處呢？」

㈥子曰：「其身正❶，不令❷而行；其身不正，雖令不從。」

【章旨】此章言為政者，當先正己身。

【注釋】❶正　端正。❷令　教令。

【語譯】孔子說：「為政的人本身的行為端正，不發命令，事情也行得通；如果本身的行為不端正，雖下教令，人民也不會聽從。」

㈨子適❶衛，冉有僕❷。子曰：「庶❸矣哉！」冉有曰：「既庶矣，又何加焉？」曰：「富之。」曰：「既富矣，又何加焉？」曰：「教之。」

【章旨】此章言治民之法。

【注釋】❶適　往。❷僕　駕車。❶庶　眾多。指人口眾多。

【語譯】孔子前往衛國，冉有替他駕車子。孔子說：「衛國人口眾多呀！」冉有說：「人口多了，進一步要做甚麼？」孔子說：「使人民富有。」冉有說：「人民富有了，進一步要做甚麼？」孔子說：「教化他們。」

㈩子曰：「苟有用我者，期月❶而已可也，三年有成。」

【章　旨】此章孔子歎當時莫能用己。

【注　釋】❶期月　即一週年。

【語　譯】孔子說：「如果有人用我來治理國家政事，一週年便差不多了，三年便會很有成績。」

⑬子曰：「苟正其身矣，於從政乎何有❶？不能正其身，如正人何❷？」

【章　旨】此章言為政先正己。

【注　釋】❶何有　何難之有，有甚麼困難。❷如正人何　「如何正人」之倒裝句，怎樣能端正別人。

【語　譯】孔子說：「執政的人如果能端正自己的言行，對於從事政治工作又有甚麼困難呢？如果不能端正自己的言行，又怎能去端正別人呢？」

⑮定公問：「一言而可以興邦，有諸？」孔子對曰：「言不可以若是其幾也❶！人之言曰：『為君難，為臣不易。』如知為君之難也，不幾乎❷一言而興邦乎？」曰：「一言而喪邦，有諸？」孔子對曰：「言不可以若是其幾也！人之言曰：『予無樂乎為君，唯其言而莫予違也❸。』如其善而莫之違也，不亦善乎？如不善而莫之違也，不幾乎一言而喪邦乎？」

【章　旨】此章言為君之難，不可一言苟忽。

【注　釋】❶言不可以若是其幾也　指一言之間，未可以期望必定如此。幾，期望。❷幾乎　近乎。❸予無樂乎爲君二句　指爲君別無可樂，唯可樂者，無人敢違抗自己的言論。

【語　譯】定公問道：「一句話便可以使國家興盛，有這回事嗎？」孔子答道：「話不可以期望它必然這樣！有人說過：『做國君艱難，做臣子也不容易。』如果知道國君不容易做，不是幾乎一句話便可以使國家興盛嗎？」定公又問：「一句話便可以使國家喪亡，有這回事嗎？」孔子答道：「話不可以期望它必然這樣！有人說過：『做國君沒有可快樂的，唯一可快樂的，只是我說的話沒人敢違抗。』如果國君說的話正確而沒人敢違抗，那不是很好嗎？如國君說的話不正確，而沒人敢違抗，那不幾乎是一句話便可以使國家喪亡嗎？」

(十六)葉公問政。子曰：「近者說，遠者來❶。」

【章　旨】此章言行仁政，能使近者悅服，遠者來歸。

【注　釋】❶近者說遠者來　朱熹曰：「被其澤則說，聞其風則來。」

【語　譯】葉公問爲政的道理。孔子說：「使鄰近的人民歡悅，遠方的人民來歸附。」

(十七)子夏爲莒父❶宰，問政。子曰：「無欲速❷，無見小利❸；欲速則不達，見小利則大事不成。」

【章　旨】此章言為政宜依次而進，不宜貪圖小利。

【注　釋】❶莒父　魯國邑名。❷欲速　欲事速成。❸見小利　見當前之小利。

【語　譯】子夏當了莒父邑宰，問孔子該怎樣施政。孔子說：「不要求速成，不要只看到小利；求速成就不能達成任務，只看到小利就不能成大事。」

㈨樊遲問仁。子曰：「居處❶恭，執事❷敬，與人忠。雖之❸夷狄❹，不可棄也。」

【章　旨】此章明仁者之行。

【注　釋】❶居處　指日常起居。❷執事　行事。❸之　往。❹夷狄　指未開化之國家。

【語　譯】樊遲問爲仁的道理。孔子說：「平常起居要恭謹，做事要敬慎，待人要忠誠。雖是到蠻夷之邦，也是不可以廢棄以上的三點原則。」

㉀子貢問曰：「何如斯可謂之士矣？」子曰：「行己有恥❶，使於四方，不辱君命❷，可謂士矣。」曰：「敢問其次？」曰：「宗族稱孝焉，鄉黨稱弟焉。」曰：「敢問其次？」曰：「言必信，行必果❸；硜硜然❹，小人❺哉！抑亦可以爲次矣。」曰：「今之從政者何如？」子曰：「噫！斗筲之人❻，何足算也！」

【章　旨】此章明士之行。

【注　釋】❶行己有恥　己之行事，能知恥而有所不爲。❷不辱君命　指臣子出使，不辱沒國君託付之使命。❸行必果　指所欲行，必果敢踐行。❹硜硜然　小石堅確貌。指能堅然自守。❺小人　指識量淺狹之人。❻斗筲之人　比喻才短量淺之人。斗，量名，容十升；筲，竹器，容斗二升，指器之小者。

【語　譯】子貢問道：「怎樣做才可以稱爲士呢？」孔子說：「自己行事能知恥，出使外國，能夠達成任務，便可以稱爲士了。」子貢道：「敢問次一等的怎樣？」孔子說：「宗族中的人都稱贊他孝順父母，鄉里中的人都稱贊他恭敬尊長。」子貢道：「敢問再次一等的怎樣？」孔子說：「說話一定信實，做事一定果斷，堅確自守，是個識量狹小的人，也可算是次一等的了。」子貢說：「現在從政的人怎樣？」孔子說：「唉！這些才短量淺的人，怎能算得上呢！」

㉑子曰：「不得中行❶而與之❷，必也狂狷❸乎！狂者進取，狷者有所不爲也。」

【章　旨】此章孔子歎所交不得中行者，故思次等如狂者、狷者。

【注　釋】❶中行　言行能合乎中庸者。❷與之　和他同處。之，他。❸狂狷　包咸曰：「狂者，進取於善道。狷者，守節無爲。」

【語　譯】孔子說：「我得不到言行合於中庸的人和他在一起，那只有求次一等的狂狷的人了！狂放的人雖好高騖遠，但有進取心，狷介的人拘謹保守，但不肯做不合義理的事。」

㉓子曰：「君子和❶而不同❷，小人同而不和。」

【章　旨】此章辨別君子與小人。

【注　釋】❶和　無乖戾之心。❷同　有阿比之意。

【語　譯】孔子說：「君子與人意見調和但不願苟且贊同，小人曲從人意，而不能做到中正和平。」

㉕子貢問曰：「鄉人皆好❶之，何如？」子曰：「未可也。」「鄉人皆惡❷之，何如？」子曰：「未可也。不如鄉人之善者好之，其不善者惡之。」

【章　旨】此章言觀察善惡者之道。

【注　釋】❶好　喜歡。❷惡　討厭。

【語　譯】子貢問道：「一鄉的人都喜歡他，這個人怎樣？」孔子說：「還不可以說他是好人。」子貢又問：「一鄉的人都討厭他，這個人怎樣？」孔子說：「還不可以說他是壞人。倒不如一鄉的好人喜歡他，同時壞人討厭他，這才是眞正的好人。」

㉖子曰：「君子泰❶而不驕❷，小人驕而不泰。」

【章　旨】此章辨別君子與小人。

【注　釋】❶泰　安舒。❷驕　驕傲。

【語　譯】孔子說：「君子安詳舒泰而不驕傲，小人驕傲而不安祥舒泰。」

㉗子曰：「剛毅木訥❶，近仁。」

【章　旨】此章言具此四者之質，近乎仁人。

【注　釋】❶剛毅木訥　王肅曰：「剛，無欲。毅，果敢。木，質樸。訥，遲鈍。」與巧言令色相反。

【語　譯】孔子說：「意志剛強、行爲果斷、性情質樸、說話遲鈍，具有這四種品德的人近於仁人。」

㉙子曰：「善人教民❶七年，亦可以即戎❷矣。」

【章　旨】此章言善人為政之法。

【注　釋】❶教民　教民之事很多，如教之以孝悌忠信之行、務農講武之法等。❷即戎　就陣作戰。即，就。戎，兵。

【語　譯】孔子說：「善人主政，教導民眾七年之久，也可以使他們上戰場作戰。」

㉚子曰：「以不教民戰，是謂棄之❶。」

【章　旨】此章明講武備為治國要件之一。

【注　釋】❶以不教民戰是謂棄之　以，用。不教民，指未經訓練之民眾。朱熹曰：「言用不教之民以戰，必有敗亡之禍，是棄其民也。」

【語　譯】孔子說：「用沒有經過訓練的民眾去作戰，就是等於拋棄他們。」

【問題與討論】

一、「先之勞之」、「無倦」是甚麼意思？
二、爲政爲甚麼一定要先正名？
三、樊遲請學稼、學爲圃，孔子爲甚麼說他是小人呢？
四、士可分爲幾等？
五、「中行」、「狂」、「狷」各是怎樣的一種人？
六、「和」與「同」，「泰」與「驕」有甚麼不同？
七、就本篇論政各章，探討孔子的政治學說。

憲問第十四 四十七章錄二十五章

㈠憲❶問恥。子曰：「邦有道穀，邦無道穀，恥也❷。」

【章旨】此章論恥。

【注釋】❶憲　原思名。孔子弟子。❷邦有道穀三句　穀，俸祿。朱熹曰：「邦有道，不能有爲；邦無道，不能獨善，而但知食祿，皆可恥也。」

【語譯】原憲問甚麼是可恥的？孔子說：「在國家太平的時候，只知食祿而沒有建樹，在國家紛亂的時候，也只知食祿而不能獨善，都是可恥的事。」

㈢子曰：「士❶而懷居❷，不足以爲士矣！」

【章旨】此章明士當志於道，不求安居。

【注釋】❶士　指讀書人。❷懷居　指繫戀所居而偷安耽樂。

【語譯】孔子說：「一個讀書人，若是貪圖安居享受，便不配做一個讀書人了！」

㈣子曰：「邦有道，危❶言危行；邦無道，危行言孫❷。」

【注釋】❶危　正直。❷言孫　言語謙順。孫，謙遜。

【語譯】孔子說：「國家太平時，言語和行爲正直；國家紛亂時，仍然行爲正直，但言語謙遜。」

【章旨】此章教人處世之道。

㈤子曰：「有德者必有言，有言者不必有德。仁者必有勇，勇者不必有仁❶。」

【章旨】此章言有德有仁者之行。

【注釋】❶有德者必有言四句　朱注引尹氏曰：「有德者必有言，徒能言者，未必有德也。仁者必有勇，徒能勇者，未必有仁也。」

【語譯】孔子說：「有道德的人必定會說話，會說話的人不一定有道德。有仁德的人必定勇敢，勇敢的人不一定有仁德。」

(八)子曰：「愛之，能勿勞乎？忠焉，能勿誨乎❶？」

【章旨】此章論忠愛之心。

【注釋】❶愛之四句　朱注引蘇軾曰：「愛而知勞之，則其爲愛也深矣，忠而知誨之，則其爲忠也大矣。」

【語譯】孔子說：「愛護他，能夠不使他勤勞嗎？忠於他，能夠不教誨他嗎？」

(十一)子曰：「貧而無怨，難；富而無驕，易。」

【章旨】此章教人處貧賤、富貴之道。

【語譯】孔子說：「貧窮卻沒有怨恨，很難；富有卻不驕傲，比較容易做到。」

(十二)子路問成人❶。子曰：「若臧武仲❷之知，公綽❸之不欲，卞莊子❹之勇，冉求之藝，文❺之以禮樂，亦可以爲成人矣！」曰：「今之成人者，何必然？見利思義，見危授命❻，久要❼不忘平生之言❽，亦可以爲成人矣！」

【章旨】此章論成人之行。

【注釋】❶成人　人格完備者。❷臧武仲　即臧孫紇。魯大夫。有智慧。❸公綽　即孟公綽。魯大夫。能廉靜寡慾。❹卞莊子　魯卞邑大夫。有勇。❺文　修飾。❻授命　獻出生命。指不愛其生，可與赴危難。❼久要　舊約，長久以前的約定。❽平生之言　平日所許之諾言。

【語　譯】子路問怎樣才算人格完備的人。孔子說：「要像臧武仲那樣的智慧，孟公綽的不貪慾，卞莊子的勇敢，冉求的才藝，再加上禮樂的薰陶，也可算是人格完備的人了！」又說：「現在人格很好的人，又何必要這樣完備呢？只要做到看見利益，能夠顧到義理；遇到危難，能交出自己的生命；跟人有舊約，不要忘掉平日許人的諾言；這也可算是人格完備的人了！」

⑭子問公叔文子❶於公明賈❷，曰：「信乎？夫子❸不言不笑不取乎？」公明賈對曰：「以告者過也！夫子時然後言，人不厭其言；樂然後笑，人不厭其笑；義然後取，人不厭其取。」子曰：「其然！豈其然乎❹？」

【章　旨】此章言衛大夫公孫拔之德行。

【注　釋】❶公叔文子　衛大夫公孫拔，左傳作公孫發。諡文。❷公明賈　姓公明，名賈。也是衛人。❸夫子　指公孫拔。❹其然豈其然乎　指文子雖賢，但可能做不到這樣。

【語　譯】孔子問公明賈關於公叔文子的爲人，說：「公孫大夫不說話，不笑，不取，是眞的嗎？」公明賈回答道：「那是告訴你的人說得太過分了！公孫大夫應該說話的時候才說話，所以人家不會討厭他說的話；快樂的時候才笑，所以人家不會討厭他的笑；應該取才取，所以人家不會討厭他的收取。」孔子說：「是這樣嗎！他眞能做到這樣嗎？」

⑯子曰：「晉文公❶譎而不正❷，齊桓公❸正而不譎。」

【章旨】此章論晉文公和齊桓公二霸之事。

【注釋】❶晉文公　名重耳。❷譎而不正　譎，權變。正，常道。劉寶楠曰：「譎，權也。正，經也。言晉文能行權而不能守經；齊桓能守經而不能行權，各有所長。」❸齊桓公　名小白。

【語譯】孔子說：「晉文公能運用權變而不能守常道，齊桓公能守常道而不能運用權變。」

⑰子路曰：「桓公殺公子糾，召忽死之，管仲不死❶。」曰：「未仁乎？」子曰：「桓公九合諸侯❷，不以兵車❸，管仲之力也。如❹其仁！如其仁！」

【章旨】此章讚管仲相桓公，尊王攘夷。

【注釋】❶桓公殺公子糾三句　齊襄公無道，鮑叔牙奉公子小白奔莒，管仲、召忽奉公子糾奔魯。及公子無知弒襄公，雍林人殺無知，小白先入齊，是爲桓公。使魯殺糾而請管、召，召忽因此自殺，而管仲請囚。後鮑叔牙力薦管仲賢能，桓公以爲相。❷九合諸侯　指多次主持諸侯盟會。九，表示多次。❸不以兵車　指不憑藉武力。❹如　乃。

【語譯】子路問道：「齊桓公殺齊公子糾，召忽自殺而死，管仲卻不肯死。這樣看來，管仲該不是有仁德的人吧？」孔子說：「齊桓公多次合會諸侯，不憑他的武力，完全是管仲的功勞。這就是管仲的仁德，這就是管仲的仁德！」

⑱子貢曰：「管仲非仁者與？桓公殺公子糾，不能死，又相之。」子曰：「管仲相桓

公，霸諸侯，一匡天下❶，民到于今受其賜；微❷管仲，吾其被髮左衽❸矣！豈若匹夫匹婦❹之爲諒❺也，自經❻於溝瀆❼，而莫之知❽也！」

【章　旨】此章論管仲之功。

【注　釋】❶一匡天下　使天下一切得到匡正。指尊周室、攘夷狄等而言。匡，匡正。❷微　無，沒有。❸被髮左衽　披散頭髮，衣襟向左開，皆夷狄之俗。按：胡人風俗成人不束髮，故云被髮。胡人衣襟向左，故云左衽。衽，衣襟。❹匹夫匹婦　指庶人。❺諒　小信。❻自經　自縊。❼溝瀆　田間水溝。❽莫之知　指無人知曉。

【語　譯】子貢說：「管仲不是個仁人吧？桓公殺了公子糾，管仲當糾的太傅，不能守節而死，反而輔佐桓公。」孔子說：「管仲輔佐齊桓公，稱霸於諸侯，使天下一切得到匡正，民衆到現在還受他的恩惠；如果沒有管仲，我們都會披散著頭髮，衣襟向左開，淪爲夷狄了！管仲難道跟一般的小民一樣守小節，在田間水溝中自殺，不被人知道他是誰嗎！」

㊂子曰：「其言之不怍❶，則爲之也難！」

【章　旨】此章責時人大言不慚。

【注　釋】❶怍　慚愧。

【語　譯】孔子說：「一個人說大話不感到慚愧，那麼要他實踐就難了！」

㉓子路問事君。子曰：「勿欺❶也，而犯之❷。」

【章　旨】此章言事君之道。

【注　釋】❶欺　欺瞞，矇蔽。❷犯之　指君有過，可犯顏諫諍。朱熹曰：「犯，謂犯顏諫爭。」

【語　譯】子路問奉事國君之道。孔子說：「不要欺瞞君上，卻可以犯顏諫諍。」

㉔子曰：「君子上達❶，小人下達❷。」

【章　旨】此章言君子小人所曉達不同。

【注　釋】❶上達　君子循天理，故日近於高明。❷下達　小人追求人欲，故日趨於汙下。

【語　譯】孔子說：「君子循天理，日求上進；小人追求私慾，日趨汙下。」

㉕子曰：「古之學者爲己❶，今之學者爲人❷。」

【章　旨】此章言古今學者不同。

【注　釋】❶爲己　欲得之於己。❷爲人　欲見知於人。

【語　譯】孔子說：「古代的學者是爲充實自己而學習的，現在的學者是爲了給別人知道而學習的。」

㉙子曰：「君子恥其言而❶過其行。」

【章　旨】此章勉人言行相副。

【注釋】❶而 之。

【語譯】孔子說：「君子以他的言語超過他的行為為可恥。」

㉚子曰：「君子道者三，我無能焉：仁者不憂，知❶者不惑，勇者不懼。」子貢曰：「夫子自道❷也！」

【章旨】此章論君子之道。

【注釋】❶知 通「智」。❷自道 自述。道，說。

【語譯】孔子說：「君子有三種美德，我都未能做到：仁德的人不憂慮，智慧的人不疑惑，勇敢的人不畏懼。」子貢說：「這三種美德，正是老師的自述啊！」

㉛子曰：「不患人之不己知，患其不能也。」

【章旨】此章勉人脩德。

【語譯】孔子說：「不愁別人不知道自己，但愁自己沒有真實的才學。」

㉜子曰：「不逆詐❶，不億不信❷，抑❸亦先覺者，是賢乎！」

【章旨】此章戒人不可逆料人之詐，不可臆度人之不信。

【注釋】❶逆詐 指事先預料別人詐我。逆，預料。❷億不信 指猜測別人不信實。億，猜測。❸抑 反語辭。猶今之「但是」。

【語　譯】孔子說：「不事先預料別人的欺詐，不預先揣度別人會失信，但是卻能早先發覺，這樣的人是一位賢者吧！」

㊱或曰：「以德❶報怨，何如？」子曰：「何以報德？以直❷報怨，以德報德。」

【章　旨】此章論酬恩報怨之法。

【注　釋】❶德　恩惠。❷直　至公無私。

【語　譯】有人問道：「以恩惠去回報怨恨，這樣做怎樣呢？」孔子說：「那又以甚麼去回報對你有恩德的人呢？應該以公正回報怨恨，以恩德回報恩德。」

㊲子曰：「莫我知也夫！」子貢曰：「何為其莫知子也？」子曰：「不怨天，不尤人❶，下學而上達❷，知我者，其天乎！」

【章　旨】此章孔子自明其志。

【注　釋】❶不怨天不尤人　指己不用於世，而不怨天，人不知己，亦不非人。尤，非，責怪。❷下學而上達　下學人事，上達天理。

【語　譯】孔子說：「沒有人能知道我呀！」子貢說：「為甚麼沒人知道老師呢？」孔子說：「我既不怨恨天，也不責怪人，只是從人事上去學習，順天理，日求上進，能知道我的，只有天吧！」

㊳子路宿於石門❶。晨門❷曰：「奚自❸？」子路曰：「自孔氏。」曰：「是知其不

可而爲之者與？」

【章　旨】此章記守門者譏孔子之言。然不知孔子之視天下，無不可為之時。

【注　釋】❶石門　地名。鄭玄注云：「魯城外門也。」❷晨門　掌晨啟城門者。是一個隱退的賢人。❸奚自　從何而來。

【語　譯】子路在石門城外住了一夜。第二天一早進城，守門的人問：「你從何處來的？」子路說：「從孔家來。」守門的人說：「就是明知不可爲而爲的那個人嗎？」

㊷子擊磬❶於衛。有荷蕢❷而過孔氏之門者，曰：「有心哉，擊磬乎！」既而曰：「鄙哉，硜硜乎❸！莫己知也，斯已而已矣！『深則厲，淺則揭❹。』」子曰：「果哉！末之難矣❺！」

【章　旨】此章記隱者荷蕢之言。

【注　釋】❶磬　石製樂器。十二個一組，懸於架上，敲擊成聲。❷荷蕢　指擔草器者。也是個隱士。蕢，用草編成的筐。❸鄙哉硜硜乎　硜硜乎，石聲，即堅實之意。指不隨世宜而避去，故云鄙哉。❹深則厲淺則揭　詩經衛風匏有苦葉篇之句。指遇深水，則當以衣涉水；遇淺水，則攝衣涉水。比喻應世深淺適宜。厲，不脫衣涉水。揭，撩起衣裳涉水。❺果哉末之難矣　指果於忘世，如此,則無可非難。

【語　譯】孔子在衛國，一天正在擊磬。有一個挑草筐子的人，從孔子的門口走過，他說：「眞有救世的誠心啊，那個擊磬的人！」過一會兒，又說：「鄙陋啊，從他硜硜然堅實的磬聲聽得出來，他的心志是那樣固執，世人既然不賞識你，這也算了！詩經上不是說：『遇到深水，便和衣涉水過去，遇到淺水，撩起衣裳，涉水過去。』人處世也是一樣，要適應時宜。」孔子說：「這人果決地把世事忘得一乾二淨，我對他也無可非難了。」

㊹子曰：「上好禮，則民易使也。」

【語　譯】孔子說：「在上位的人事事遵照禮節去做，那麼民眾就容易聽從指使了。」

【章　旨】此章言君上好禮，民受化而易使。

㊺子路問君子。子曰：「脩己以敬❶。」曰：「如斯而已乎？」曰：「脩己以安人❷。」曰：「如斯而已乎？」曰：「脩己以安百姓。脩己以安百姓，堯舜其猶病諸❸！」

【章　旨】此章言君子之道，在修己安人。

【注　釋】❶脩己以敬　用恭敬來修養自己。❷安人　使他人安樂。❸病諸　孔安國曰：「病，猶難也。」諸，猶「之」。

【語　譯】子路問怎樣才算君子。孔子說：「持恭敬的態度修養自己。」子路又問：「這樣就夠了嗎？」孔子說：「修養自己，進而使一般人安樂。」子路又問：「這樣就夠了嗎？」孔子說：「修養自己，再進一步使所有百姓都得到安樂。修養自己，使所有百姓都得到安樂，連堯舜恐怕都還做不到呢！」

【問題與討論】

一、為甚麼「邦有道」則「危言危行」；「邦無道」則「危行言孫」？
二、「德」和「言」，「仁」和「勇」有甚麼關係？
三、甚麼叫做「成人」？需要具備甚麼德行？
四、在歷史上，管仲建立了甚麼大功？
五、「君子上達，小人下達」是甚麼意思？
六、孔子為甚麼不贊成以德報怨？
七、晨門和荷蕢者怎樣批評孔子？

衛靈公第十五　四十一章錄三十二章

㈠衛靈公問陳❶於孔子。孔子對曰：「俎豆❷之事，則嘗聞之矣；軍旅❸之事，未之學也。」明日遂行。在陳絕糧。從者病，莫能興❹。子路慍見，曰：「君子亦有窮乎？」子曰：「君子固窮❺，小人窮斯濫❻矣。」

【章　旨】此章記孔子去衛適陳，困於陳之事。

【注　釋】❶陳　同「陣」，指軍隊佈陣作戰的方法。❷俎豆　盛祭品之禮器。❸軍旅　猶言軍隊。此指戰伐。❹與　起。❺固窮　指君子本來就有窮困之時。❻濫　泛濫。指行爲放肆，如水泛濫。

【語　譯】衛靈公問孔子關於軍隊佈陣作戰的方法。孔子回答道：「關於禮儀的事，我曾經聽過；關於軍隊戰伐的事，我卻沒學過。」第二天，孔子便離開衛國。走到陳國時，斷絕了糧食，跟隨的弟子們都餓病了，爬不起牀來。子路心裡不快，來見孔子說：「君子也有這樣的窮困嗎？」孔子說：「君子本來就有窮困的時候，但小人窮困時，便不守本分亂來了。」

㈡子曰：「賜❶也，女以予爲多學而識❷之者與❸？」對曰：「然，非與？」曰：「非也，予一以貫之❹。」

【章　旨】此章言道與學仍當一貫。

【注　釋】❶賜　子貢名。❷識　記。指記在心裡。❸與　同「歟」，疑問語助詞。❹一以貫之　指學問雖博，皆可會通而歸於一貫。貫，串。

【語　譯】孔子說：「賜啊，你以爲我是個博學而强記的人嗎？」子貢回答道：「正是，難道不是嗎？」孔子說：「不是的，我是用一個基本道理將所學的貫通起來。」

㈣子曰：「無爲而治❶者，其舜也與❷！夫何爲哉？恭己正南面❸而已矣。」

【章　旨】此章美舜之言。

【注　釋】❶無爲而治　無所作爲而天下平治。❷與　語助詞，表感歎。❸恭己正南面　恭以自守，任官得人，居於面南的君位。

【語　譯】孔子說：「不必有甚麼作爲，就能使天下太平的人，大概只有舜吧！他做些甚麼呢？不過恭敬自守，端正地坐在朝向南方的天子之位罷了。」

㈤子張問行。子曰：「言忠信，行篤敬❶，雖蠻貊之邦❷行矣。言不忠信，行不篤敬，雖州里❸行乎哉？立，則見其❹參於前❺也；在輿❻，則見其倚於衡❼也。夫然後行。」子張書諸紳❽。

【章　旨】此章言可常行之行。

【注　釋】❶篤敬　篤厚謹慎。❷蠻貊之邦　南蠻北貊，皆異族之邦。❸州里　猶言鄉里。五家爲鄰，五鄰爲里，二千五百家爲州。❹其　指忠信、篤敬。❺參於前　列於前。❻輿　車。❼倚於衡　倚於衡軛。指忠信篤敬，隨其所在不離。❽書諸紳　指將孔子之言寫在衣帶上。紳，衣之大帶。

【語　譯】子張問怎樣做才可以使自己到處行得通。孔子說：「說話忠誠信實，行事篤厚謹慎，雖是在野蠻的國家也行得通。說話不忠誠信實，行事不篤厚謹慎，雖是在鄉里間行得通嗎？站著時，就好像忠信篤敬也站在你前面一樣；在車上，就好像忠信篤敬也靠在車前橫軛一樣。能夠這樣，自然到處行得通了。」子張把孔子的話，立刻記在衣帶上。

㈥子曰：「直哉史魚❶！邦有道，如矢❷；邦無道，如矢。君子哉蘧伯玉！邦有道，則仕；邦無道，則可卷而懷之❸。」

【章　旨】此章美衛二大夫。

【注　釋】❶史魚　衛大夫，名鰌，字子魚。史魚臨死囑咐他的兒子不要在正室辦理他的喪事，以勸告衛靈公進用蘧伯玉而斥退彌子瑕。事見韓詩外傳卷七。❷如矢　形容正直。❸卷而懷之　指可收而懷藏。卷，收。懷，藏。

【語　譯】孔子說：「史魚眞是個正直的人！在國家政治清明時，他的言行像箭般正直；在國家政治黑暗時，他的言行也像箭般正直。蘧伯玉可算是個君子呀！在政治清明時，便出來做官；在政治黑暗時，便引退而把自己的才能收藏起來。」

㈦子曰：「可與❶言，而不與之言，失人；不可與言，而與之言，失言。知❷者不失人，亦不失言。」

【章　旨】此章言智者不失人，亦不失言。

【注　釋】❶與　和。連詞。下同。❷知　同「智」。

【語　譯】孔子說：「可以和他談卻不和他談，便是錯過了值得交談的人。不可以和他談而和他談了，便是說錯了話。聰明的人既不會錯過值得交談的人，也不會說錯話。」

㈧子曰：「志士❶仁人❷，無求生以害仁，有殺身以成仁❸。」

【章　旨】此章言志士仁人，能殺身成仁。

【注　釋】❶志士　有志之士。❷仁人　成德之人。❸殺身以成仁　爲仁義而犧牲生命。意同孟子之捨生取義。

【語　譯】孔子說：「有志於仁道之士和具有仁德的人，不會爲了保全生命而傷害仁德，只有犧牲生命而來成全仁德。」

㈨子貢問爲仁。子曰：「工欲善其事，必先利其器❶。居是邦也，事其大夫之賢者，友❷其士之仁者。」

【章　旨】此章明為仁之方。

【注　釋】❶工欲善其事必先利其器　指工匠無利器，不能做好工作。比喻人們不積德，則不能盡仁。利其器，使他的工具鋭利。❷友　交友，動詞。

【語　譯】子貢問怎樣去培養仁德。孔子說：「工人要想做好他的工作，必先使他的工具鋭利。居住在一個國家，必先奉事這國中的賢大夫，結交這個國家中有仁德的士人。」

㈩子曰：「人無遠慮❶，必有近憂❷。」

【章旨】此章戒人當思患而預防之。

【注釋】❶遠慮　長遠的謀慮、計畫。❷近憂　眼前的憂患。

【語譯】孔子說：「一個人如果沒有久遠的謀慮，一定會遭受眼前的憂患。」

(十四)子曰：「躬自厚❶，而薄責於人❷，則遠怨矣！」

【章旨】此章言修身宜責己嚴而寬待人。

【注釋】❶躬自厚　嚴於律己。❷薄責於人　寬於責人。

【語譯】孔子說：「嚴格地要求自己，對別人的過錯卻輕微地指責，這樣別人就不會對你怨恨了！」

(十五)子曰：「不曰『如之何，如之何❶』者，吾末❷如之何也已矣！」

【章旨】此章戒人不妄行。

【注釋】❶如之何如之何　熟思而審處之辭。❷末　無。

【語譯】孔子說：「如果一個人做事前不這麼說：『這事要怎麼辦，怎麼辦。』對這種人，我也不知道怎麼辦了。」

(十六)子曰：「群居❶終日，言不及義，好行小慧❷，難矣哉❸！」

【章旨】此章貴義。

【注釋】❶群居　群處。指群集一處。❷小慧　小聰明。❸難矣哉　鄭玄曰：「言終無成。」

【語譯】孔子說：「大夥兒整天聚在一起，沒說一句正經話，喜歡耍小聰明，這種人是很難有甚麼成就的。」

(十七)子曰：「君子義以爲質❶，禮以行之，孫❷以出之，信以成之，君子哉！」

【章旨】此章論君子之道在義。

【注釋】❶質　本質。❷孫　同「遜」，謙遜。

【語譯】孔子說：「君子爲人處事，以適宜、合理作爲原則，用禮節去實踐它，用謙遜的言語表達出來，用信實的態度完成它，這樣，眞是個君子！」

(十八)子曰：「君子病❶無能焉，不病人之不己知也。」

【章旨】此章勉人修德。

【注釋】❶病　憂慮。

【語譯】孔子說：「君子但愁自己沒有才能，不愁別人不知道自己。」

(十九)子曰：「君子疾❶沒世❷而名不稱❸焉。」

【章旨】此章勸人修德。

【注釋】❶疾　憂慮。❷沒世　指身沒以後。❸稱　稱揚，稱道。

【語譯】孔子說：「君子深怕死後他的名聲不被人稱道。」

⑳子曰：「君子求❶諸❷己，小人求諸人。」

【章旨】此章言君子責己，小人責人。

【注釋】❶求　責。❷諸　之於。下同。

【語譯】孔子說：「君子要求自己，小人要求別人。」

㉑子曰：「君子矜❶而不爭，羣而不黨❷。」

【章旨】此章言君子莊敬自持，不結黨營私。

【注釋】❶矜　莊以持己。❷不黨　不阿比。

【語譯】孔子說：「君子莊敬自守，但不與人發生爭執；與人和諧共處，但不結黨營私。」

㉒子曰：「君子不以言舉人，不以人廢言。」

【章旨】此章言君子用人取其善。

【語譯】孔子說：「君子不因爲一個人的話說得好，便提拔他；也不因爲一個人的行爲不好，而輕視他說的話。」

㉓子貢問曰：「有一言❶而可以終身行之者乎？」子曰：「其恕❷乎！己所不欲，勿施於人。」

【章旨】此章明可終身奉行之恕道。

【注釋】❶一言　一字。❷恕　指推己及人之心。

【語譯】子貢問道：「有一個字可以終身奉行的嗎？」孔子說：「大概就是恕字吧！自己所不喜歡的事，不要加在別人身上。」

㉕子曰：「吾之於人也，誰毀誰譽❶？如有所譽者，其有所試❷矣。斯民❸也，三代❹之所以直道❺而行也。」

【章旨】此章論正直之道。

【注釋】❶誰毀誰譽　毀，稱人之惡而損其真。譽，揚人之善而過其實。❷其有所試　試，證驗。包咸曰：「所譽者，輒試以事，不虛譽而已。」❸斯民　此民。即今人。❹三代　夏、商、周。❺直道　無私曲。

【語譯】孔子說：「我對於別人，毀謗過那一個？讚譽過那一個呢？如果有被我讚譽的人，那必定經我考驗證實過的。現在的這些人民，都是經過夏、商、周三代用正直之道教養下來的人，我怎能隨意批評呀！」

㉖子曰：「巧言亂德❶。小不忍❷，則亂大謀❸。」

【章　旨】此章戒人慎口忍事。

【注　釋】❶巧言亂德　花言巧語，聽了使人敗壞道德。❷小不忍　指小事不能忍耐。❸大謀　猶言大事。

【語　譯】孔子說：「聽花言巧語，會使人失掉原來的德性。小事不能忍耐，就足以敗壞了大事。」

㉘子曰：「眾惡之，必察焉；眾好之，必察焉。」

【章　旨】此章論知人之事。

【語　譯】孔子說：「大家所討厭的人，必定要細加考察；大家所喜愛的人，也必定要細加考察。」

㉙子曰：「過而不改，是謂過矣！」

【章　旨】此章勉人改過。

【語　譯】孔子說：「有了過失而不肯改正，那才是眞正的過失！」

㉚子曰：「吾嘗終日不食，終夜不寢，以思；無益，不如學也。」

【章　旨】此章勸人求學。

【語　譯】孔子說：「我曾經整天不吃飯，整夜不睡覺，來思考；可是沒有益處，倒不如去學習好。」

㉜子曰：「君子謀道❶不謀食。耕也，餒在其中❷矣；學也，祿在其中矣。君子憂道不憂貧。」

【章旨】此章勸人為學，志在求道，不以祿食貧賤為憂。

【注釋】❶謀道　謀求人生的眞理。❷餒在其中　指耕所以謀食，而遇荒年亦未必得食。餒，餓。

【語譯】孔子說：「君子所謀求的是人生的眞理，不謀求個人的衣食。耕田，有時也難免要挨餓；學習有成就，俸祿自然就可獲得。君子只愁得不到眞理，不愁貧困不得食。」

㉝子曰：「知及之❶，仁不能守之，雖得之，必失之。知及之，仁能守之，不莊以涖之❷，則民不敬。知及之，仁能守之，莊以涖之，動之不以禮，未善也。」

【章旨】此章論居官臨民之法。

【注釋】❶知及之　指才智足以治國。包咸曰：「知能及治其官。」知，同「智」。之，指治民之道。❷莊以涖之　指以莊重臨民。涖，蒞臨。

【語譯】孔子說：「一個在位者才智足以治理國事，如果他的仁德不能保持它，雖然得到職位，必然會喪失掉的。才智足以治理國事，仁德也能保持它，如果他不能以莊重的態度治理民眾，民眾也不會對他尊敬。才智足以治理國事，仁德也能保持它，又能以莊重的態度治理民眾，如果他的舉動不合禮，也不能算是完善啊。」

㊴子曰：「民之於仁也，甚於水火。水火，吾見蹈而死者矣，未見蹈仁而死者也。」

【語　譯】孔子說：「一般人對於仁道的需要，比水火的需要還重要。水火，我見過有人去赴蹈它而死的，但還沒見過赴蹈仁道而死的。」

【章　旨】此章勸人行仁。

㊵子曰：「當仁不讓於師❶。」

【注　釋】❶當仁不讓於師　朱熹曰：「當仁，以仁爲己任也。雖師亦無所遜，言當勇往而必爲也。」

【章　旨】此章勉人為仁。

【語　譯】孔子說：「如遇行仁的事，雖對師長，也不必謙讓。」

㊶子曰：「君子貞而不諒❶。」

【章　旨】此章貴正道而輕小節。

【注　釋】❶貞而不諒　孔安國曰：「貞，正。諒，信也。君子之人，正其道耳，言不必小信。」

【語　譯】孔子說：「君子堅守正道，不固執小信。」

㊷子曰：「有教無類❶。」

【章　旨】此章言教育機會均等。

【注釋】❶有教無類　類，等類，階級。馬融曰：「言人所在見教，無有種類。」

【語譯】孔子說：「受教育不分貴賤、賢愚，機會均等。」

㊴子曰：「道不同❶，不相爲謀。」

【章旨】此章言理想、意見不同，不能相為謀。

【注釋】❶道不同　指彼此志行不同。道，各人所秉持之道術德業。

【語譯】孔子說：「各人的理想、主張如果不同，那便無法在一起互相謀慮了。」

㊵子曰：「辭❶，達❷而已矣！」

【章旨】此章謂辭取達意而止，不以富麗為工。

【注釋】❶辭　指言辭、文辭。❷達　通達，達意。

【語譯】孔子說：「言語文辭，只求達意就夠了。」

【問題與討論】

一、衛靈公問孔子關於列陣作戰的事，孔子爲甚麼不回答？

二、「君子固窮，小人窮斯濫矣」是甚麼意思？

三、「多學而識之」和「一以貫之」兩者有甚麼不同？

四、「無爲而治」是甚麼意思？

五、史魚和蘧伯玉兩人處世的態度有甚麼不同？

六、甚麼叫做「失人」？甚麼叫做「失言」？

七、綜合討論本篇各章所述君子的德行。

八、「有教無類」是甚麼意思？

季氏第十六

十四章錄九章

㈠季氏將伐顓臾❶。冉有季路見於孔子曰：「季氏將有事❷於顓臾。」孔子曰：「求！無乃爾是過與？夫顓臾，昔者先王以爲東蒙主❸，且在邦域之中❹矣，是社稷之臣❺也，何以伐爲❻？」冉有曰：「夫子❼欲之，吾二臣者，皆不欲也。」孔子曰：「求！周任❽有言曰：『陳力就列，不能者止❾。』危而不持，顛❿而不扶，則將焉用彼相⓫矣？且爾言過矣！虎兕⓬出於柙⓭，龜玉毀於櫝⓮中，是誰之過與？」冉有曰：「今夫顓臾，固⓯而近於費⓰；今不取，後世必爲子孫憂。」孔子曰：「求！君子疾夫舍曰欲之⓱，而必爲之辭⓲。丘也，聞有國有家者，不患寡而患不均，不患貧而患不安⓳。蓋均無貧，和無寡，安無傾。夫如是，故遠人不服，則修文德⓴以來㉑之。既來之，則安之。今由與求也，相夫子，遠人不服而不能來也；邦分崩離析㉒，而不能守也；而謀動干戈㉓於邦內。吾恐季孫之憂，不在顓臾，而在蕭牆之內㉔也！」

【章旨】此章論魯卿季氏專恣征伐之事。

【注釋】❶顓臾　國名，魯之附庸國。❷有事　指攻伐之事。❸東蒙主　蒙，山名，在魯東，故稱東蒙。指先王封顓臾於此山之下，使他主持祭祀。❹邦域之中　指在魯國境內。❺社稷之臣　即國家之屬臣。社稷，指國家。❻爲　語末助詞，表疑問。❼夫子　此指季氏。❽周任　古之良史。❾陳力就列不能者止　指居其位當盡才力而爲，不能施展才力，則當辭去。陳，布。列，位。止，去位。❿顛　仆。⓫相　扶導盲者之人。⓬兕　野牛。⓭柙　柵欄。⓮櫝　匣。⓯固　指城郭完備堅固。⓰費　地名。季氏之私邑。⓱舍曰欲之　不說自己貪利。舍，同捨。朱熹曰：「欲之謂貪其利。」⓲辭　指飾辭。⓳不患寡而患不均二句　當作「不患貧而患不均，不患寡而患不安」，見俞樾古書疑義舉例。指不患財乏，而患財富不平均；不患民戶少，而患不能相安。⓴文德　指文治之德。㉑來　招徠，招致。㉒分崩離析　指民有異心，欲去，不可會聚。指各懷異心，不能團結。㉓干戈　指戰爭。干，楯。戈，戟。㉔蕭牆之內　國君的門屏之內，指魯君。蕭，肅敬。牆，門屏。君臣相見之禮，至屏而加肅敬，故稱蕭牆。朱熹曰：「言不均不和，內變將作，其後哀公果欲以越伐魯而去季氏。」

【語　譯】季氏準備去討伐顓臾。冉有子路來見孔子，說：「季氏準備出兵討伐顓臾。」孔子說：「冉求啊！這豈不是你的過失嗎？那顓臾，從前我們的先王封他爲東蒙山的主祭人，而且在魯國的境內，也是魯國的臣屬，爲何還要討伐他呢？」冉有說：「這是季孫想要這樣做，我們兩個人本來都不同意的。」孔子說：「冉求啊！從前周任說過：『擔任一項職務，當盡力去做，如果不能盡才力，便當辭去該職位。』譬如扶導盲人，到了危險的地方不扶持他，快跌倒了不扶住他，那又何必要扶導盲人的人呢？況且你這話已錯了！好比老虎野牛從柵欄裏跑掉，龜和玉在匣子裏毀壞了，這不是管理的人失職，又是誰的過失呢？」冉有說：「如今的顓臾，城郭堅固，又靠近季氏的私邑費縣；現在不攻取，後代必定成爲子孫們的禍害。」孔子說：「冉求啊！君子最討厭的，就是不說自己貪利，而還要爲自己說些掩飾的話。我聽人講過，一個諸侯的國，或卿、大夫的家，不愁財富少，只愁財富不能平均，不愁人民少，只愁上下不能相安。因爲財富平均，就無所謂貧窮；人民和諧相處，就不會覺得人少；境內安定，就不會傾覆。能這樣，遠方的人還不歸服，便整頓禮樂文教來招致他們。他們既然來了，更要安頓他們。現在仲由和冉求，你們輔佐季氏，遠方的人不歸服，卻不能招致；國家分離瓦解，卻不能保持完整，反而想在國內發動戰爭，我恐怕季孫的憂患，並不在顓臾，而在國君的門屏之內哩！」

㈣孔子曰：「益者三友，損者三友：友直❶，友諒❷，友多聞，益矣；友便辟❸，友善柔❹，友便佞❺，損矣。」

【章旨】此章戒人謹慎擇友。

【注釋】❶直　正直。❷諒　誠信。❸便辟　指習於威儀而不直。❹善柔　指工於媚說而少誠信。❺便佞　指習於口語而無聞見之實。

【語譯】孔子說：「有益的朋友有三種，有害的朋友也有三種：和正直的人交友，和信實的人交友，和博學多聞的人交友，便有益了；和慣於逢迎而不正直的人交友，和工於阿諛而不信實的人交友，和善於口辯而無實爲的人交友，便有害了。」

㈤孔子曰：「益者三樂❶，損者三樂：樂節禮樂❷，樂道人之善，樂多賢友，益矣；

樂驕樂❸，樂佚遊❹，樂宴樂❺，損矣。」

【章　旨】此章言人心好樂有益有損，戒人當謹慎之。

【注　釋】❶樂　心有所愛好。❷節禮樂　指凡所行事，皆得禮樂之節。❸驕樂　以侈肆驕縱爲樂。❹佚遊　閒散遊蕩，出入不節。❺宴樂　宴飲作樂。

【語　譯】孔子說：「使人受益的有三種愛好，使人受損的也有三種愛好：愛好行事以禮樂爲節度，愛好稱道人的好處，愛好多交接有賢德的朋友，都可以使人受益；愛好意氣驕慢以爲樂，愛好閒散遊蕩，愛好沈迷酒食以爲樂，都可以使人受損。」

㈥孔子曰：「侍於君子❶有三愆❷：言未及之而言，謂之躁❸；言及之而不言，謂之隱❹；未見顏色而言，謂之瞽❺。」

【章　旨】此章戒人得時而言。

【注　釋】❶君子　有才德的人。❷愆　過失。❸躁　急躁不安靜。❹隱　隱瞞，不盡情實。❺瞽　無目，不能察言觀色。

【語　譯】孔子說：「侍奉君子時，容易犯的三種過失：不該說話，卻搶著說話，叫做急躁；該他說話，卻又不說話，叫做隱瞞；不看清對方的顏色，而輕率發言，叫做瞎眼睛。」

㈦孔子曰：「君子有三戒：少之時，血氣❶未定，戒之在色；及其壯也，血氣方剛，戒之在鬥；及其老也，血氣既衰，戒之在得❷。」

【章旨】此章言君子自少至老，宜慎戒之三事。

【注釋】❶血氣　人的精力意氣。❷得　貪得。

【語譯】孔子說：「君子有三件應該警惕戒備的事：少年時，血氣未固定，應該警戒，不要把精力放縱在女色上；到壯年時，血氣正旺盛，應該警戒，不要動怒毆鬥；到老年時，血氣已經衰退，應該警戒，不要貪得無厭。」

㈨孔子曰：「生而知之者❶，上也；學而知之者，次也；困❷而學之，又其次也；困而不學，民斯爲下矣！」

【章旨】此章言天賦資質不同，勉人力學為可貴。

【注釋】❶生而知之者　指不學而能者。❷困　指有所不通。

【語譯】孔子說：「生下來就知道的，那是上等資質的人；經過學習然後知道的，那是次一等資質的人；遇到困難然後才苦學的，那是又次一等的人；遇到困難後依然不學，這種人是最下等的了！」

㈩孔子曰：「君子有九思❶：視思明，聽思聰，色思溫，貌思恭，言思忠，事思敬，疑思問，忿思難❷，見得思義。」

【章　旨】此章言君子有九種事，當用心思慮使合於禮義。

【注　釋】❶思　用心思慮。❷忿思難　心有所忿怒，不可輕易發作，當思其後果，有無禍害。難，指患難、禍害。

【語　譯】孔子說：「君子有九種當用心思慮的事：看要想看得明白，聽要想聽得清楚，臉色要想表現得溫和，待人容貌要想到謙恭，說話要想到忠實，行事要想到認眞，疑惑要想到發問，忿怒要想到事後的禍害，見得財利要想到是否應得。」

(十二)孔子曰：「『見善如不及❶，見不善如探湯❷。』吾見其人矣，吾聞其語矣！『隱居以求其志❸，行義以達其道❹。』吾聞其語矣，未見其人也！」

【章　旨】此章言善人難得。

【注　釋】❶見善如不及　見別人善良行爲，好像怕趕不上似的。❷見不善如探湯　見惡事，如探試熱湯，一定會迅速避開。❸隱居以求其志　邢昺曰：「謂隱遯幽居以求遂其己志也。」❹行義以達其道　邢昺曰：「謂好行義事以達其仁道也。」

【語　譯】孔子說：「『看見別人善良的行爲，好像怕趕不上似的；見別人的不善處，像摸熱湯，惟恐避開不夠快似的。』我看過這種人，也聽過這種話！『避世隱居來成全我的心志，出仕行義來達成我的理想。』我聽過這種話，但沒見過這種人！」

(十三)陳亢❶問於伯魚❷曰：「子亦有異聞❸乎？」對曰：「未也。嘗獨立❹，鯉趨❺而過庭。曰：『學詩乎？』對曰：『未也。』『不學詩，無以言！』鯉退而學詩。他日，又獨立，鯉趨而過庭。曰：『學禮乎？』對曰：『未也。』『不學禮，無以立！』鯉退而學禮。聞斯二者。」陳亢退而喜曰：「問一得三：聞詩，聞禮，又聞君子之遠其子❻也。」

【章　旨】此章勉人學詩學禮。

【注　釋】❶陳亢　字子禽。孔子弟子。❷伯魚　孔子的兒子，名鯉。❸異聞　不同的見聞。指得自孔子的特別傳授。陳亢懷疑孔子教自己的兒子有特別的地方，所聞當有異。❹嘗獨立　指孔子曾獨自站立，左右無人。❺趨　疾走。古禮過長者身旁必趨。❻君子之遠其子　指孔子教自己的兒子，無異於門人。遠，沒有私下厚待。

【語　譯】陳亢問伯魚道：「你有沒有聽到你父親教你的另一套呢？」伯魚答道：「沒有。有一次，我父親一個人站在堂前，我很快地穿過庭院。我父親說：『你學過詩沒有？』我說：『沒有。』我父親說：『不學詩，不懂得怎樣講話。』於是我退下便去學詩。過些日子，我父親又一個人站在堂前，我很快地穿過庭院。我父親說：『你學過禮沒有？』我說：『沒有。』我父親說：『不學禮，不能在社會上立身。』於是我退下便去學禮。我私下只聽到這兩項教訓。」陳亢退下而高興地說：「我問一件事，知道三件事：知道學詩的道理，學禮的道理，還知道君子對自己的孩子也沒有偏私厚待。」

【問題與討論】

一、「均無貧，和無寡，安無傾」是甚麼意思？

二、益友有那三種？損友有那三種？

三、對人有益的愛好有那三種？有害的愛好有那三種？

四、甚麼叫做「三愆」？

五、君子有那三件當警惕戒備的事情？

六、甚麼叫做「九思」？

七、孔子爲甚麼教他的兒子學詩、學禮呢？

陽貨第十七

二十六章錄十六章

㈠陽貨❶欲見孔子，孔子不見，歸❷孔子豚。孔子時其亡❸也，而往拜之，遇諸塗❹。謂孔子曰：「來，予與爾言。」曰：「懷其寶而迷其邦❺，可謂仁乎？」曰：「不可。」「好從事而亟失時❻，可謂知乎？」曰：「不可。」「日月逝矣，歲不我與❼！」孔子曰：「諾，吾將仕矣！」

【章旨】此章論家臣專恣，孔子遜辭遠害之事。

【注釋】❶陽貨　陽虎，季氏家臣。季氏幾代以來把持魯國之政權，陽貨這時又把持季氏的權柄，欲見孔子，希望孔子出任官職。❷歸　饋，以物相贈。❸時其亡　指伺陽虎不在家時。❹塗　同「途」。道路。❺懷其寶而迷其邦　指懷藏道德，而不救國家之迷亂。❻亟失時　屢次失去機會。亟，屢。❼日月逝矣歲不我與　指孔子年老，歲月已往，不復留待我，當急求仕。逝，往。與，待。

【語譯】陽貨要會見孔子，孔子不想見他，於是他送孔子一隻蒸熟的小豬。孔子找個陽貨不在家的時候，去回拜他，不巧他們在路上遇到了。陽貨對孔子說：「來，我跟你說話。」於是陽貨問道：「一個人懷藏道德才能而不救國家的迷亂，這可以說是仁愛嗎？」孔子說：「不可以。」陽貨又問：「喜歡出來做事，卻屢次錯失機會，這可以說是明智嗎？」孔子說：「不可以。」陽貨道：「時光一去不再回來，歲月不會等待我們的！」孔子說：「好吧，我打算出來做官了。」

(二)子曰：「性❶相近也，習相遠也。」

【章旨】此章言人之本性相近，惟習始有善惡之異。

【注釋】❶性　指人之本性，包括氣質而言。朱熹曰：「此所謂性，兼氣質而言者也。氣質之性，固有美惡之不同矣，然以其初而言，則皆不甚相遠也，但習於善則善，習於惡則惡，於是始相遠耳。」

【語譯】孔子說：「人的本性本來是相近的，由於各人的習染不同，就相差很遠了。」

(三)子曰：「唯上知與下愚❶不移。」

【章旨】此章承上章而言，人之氣質相近之中，又有美惡一定，而非習之所能移者。何晏集解與上章合為一章，朱注本分為兩章，今從朱注本。

【注釋】❶上知與下愚　孔安國曰：「上知不可使爲惡，下愚不可使強賢。」

【語譯】孔子說：「只有上智和下愚的人，氣質是不可能遷移的。」

㊃子之❶武城❷，聞弦歌之聲❸，夫子莞爾❹而笑曰：「割雞焉用牛刀❺？」子游對曰：「昔者，偃❻也聞諸❼夫子曰：『君子學道則愛人，小人❽學道則易使❾也。』」子曰：「二三子！偃之言是也，前言戲之耳！」

【章旨】此章記子游能行聖門治民之道以教民。

【注釋】❶之　前往。❷武城　魯邑。時子游爲武城宰。❸弦歌之聲　指以禮樂爲教，故邑人皆弦歌。❹莞爾　微笑的樣子。❺割雞焉用牛刀　指殺雞何必用牛刀。比喻治小邑，何必用禮樂之大道。❻偃　子游之名。❼諸　之於。❽小人　庶民。❾易使　容易聽從在上位者之教令。

【語譯】孔子到武城去，聽到弦歌的聲音，夫子微笑著說：「殺雞怎用得上牛刀呢？」子游答道：「以前，我聽老師說過：『在上位的君子學了禮樂之道，就能愛恤人民，庶民學了禮樂之道，就容易聽從教令。』」孔子說：「諸位！偃講得很對，我剛才說的只是開玩笑的啊！」

㊅子張問仁於孔子。孔子曰：「能行五者於天下❶，爲仁矣。」「請問之❷？」曰：「恭、寬、信、敏、惠。恭則不侮，寬則得眾，信則人任❸焉，敏則有功，惠則足以使人。」

【章旨】此章明仁。

【注釋】❶天下　指每個地方，包括夷狄之邦。❷之　指五者之目。❸任　倚仗。

【語譯】子張向孔子問爲仁之道。孔子說：「能實行五種品德於天下，便算是仁了。」子張問：「請告訴我那五種品德？」孔子說：「恭、寬、信、敏、惠。對人恭敬，就不會遭受侮辱；待人寬厚，就可以得到大眾的擁護；與人信實，別人就可以倚仗你；做事敏捷，才容易成功；施惠給人，才足以叫人爲你效勞。」

⑧子曰：「由也，女❶聞六言六蔽❷矣乎？」對曰：「未也。」「居❸！吾語❹女：好仁不好學，其蔽也愚；好知不好學，其蔽也蕩❺；好信不好學，其蔽也賊❻；好直不好學，其蔽也絞❼；好勇不好學，其蔽也亂；好剛不好學，其蔽也狂❽。」

【章旨】此章勸學，並列舉六項美德，如徒好之而不好學，則無以達成。

【注釋】❶女　同「汝」。❷六言六蔽　六言，指六事：仁、知、信、直、勇、剛。蔽，壅蔽。六蔽指愚、蕩、賊、絞、亂、狂。六言皆美德，但徒然喜好而不學以明其理，則各有所蔽。❸居　坐。❹語　告訴。❺蕩　放蕩。❻賊　傷害於物，而扞文犯義。❼絞　急切。❽狂　躁率。

【語譯】孔子說：「仲由啊，你聽過六言六蔽嗎？」子路答道：「沒有。」孔子說：「坐下！我告訴你：只喜歡仁德不喜歡學習，所受的蒙蔽是愚昧；只喜歡才智不喜歡學習，所受的蒙蔽是放蕩；只喜歡誠信不喜歡學習，所受的蒙蔽是賊害；只喜歡正直不喜歡學習，所受的蒙蔽是急切；只喜歡勇敢不喜歡學習，所受的蒙蔽是狂躁。」

㊈子曰：「小子！何莫❶學夫詩？詩，可以興，可以觀，可以羣，可以怨❷；邇❸之事父，遠之事君；多識❹於鳥、獸、草、木之名。」

【章　旨】此章勸人學詩。

【注　釋】❶何莫　何不。❷可以興四句　感發志意爲興，考見得失爲觀，和而不流爲群，怨而不怒爲怨。四者不出溫柔敦厚之道。❸邇　近。❹識　記。

【語　譯】孔子說：「弟子們！爲甚麼不學詩經呢？詩可以激發人的心志，可以觀察時政的得失，可以溝通大眾的情志，可以抒暢個人的憂怨；就近處來說，可以運用其中道理來奉事父母，就遠處來說，可以用來服事君上；還能多記識鳥、獸、草、木的名稱。」

㊉子謂伯魚曰：「女爲❶周南、召南❷矣乎？人而❸不爲周南、召南，其猶正牆面而立❹也與！」

【章　旨】此章亦勸人學詩。

【注　釋】❶爲　學習，研究。❷周南召南　詩經國風首二篇名。❸而　如果。❹正牆面而立　喻一物無所見，一步不可行。

【語　譯】孔子對伯魚說：「你學過詩經中的周南召南嗎？一個人如果沒學過周南召南的詩，他就好比面對著牆壁而站著啊！」

⑪子曰：「禮云禮云，玉帛❶云乎哉？樂云樂云，鐘鼓❷云乎哉？」

【章旨】此章明禮樂徒具虛文，則失禮樂之意義。

【注釋】❶玉帛　玉，圭璋之屬。帛，束帛之屬。禮主敬，玉帛爲禮之虛文。❷鐘鼓　樂器名。樂貴和，鐘鼓爲樂之工具。

【語譯】孔子說：「禮啊禮啊，難道只是指玉帛這些禮品嗎？樂啊樂啊，難道只是指鐘鼓這些樂器嗎？」

⑬子曰：「鄉原❶，德之賊也！」

【章旨】此章責同流合汙、媚世僞善者。

【注釋】❶鄉原　鄉里中謹厚、貌似君子而實僞善者。原，同「愿」。

【語譯】孔子說：「外表忠厚而同流合汙的僞君子，眞是戕害道德的敗類啊！」

⑭子曰：「道聽而塗說❶，德之棄也！」

【章旨】此章言傳述不實之言，是自棄德。

【注釋】❶道聽而塗說　指傳述不實之言論。塗，同「途」。馬融曰：「聞之於道路，則傳而說之。」

【語譯】孔子說：「在路上聽來不確實的話，就照樣在路上講出去，這是自己拋棄應守的道德啊！」

㊄子曰：「鄙夫❶！可與事君也與哉？其未得之也，患得之❷；既得之，患失之。苟患失之，無所不至❸矣！」

【章旨】此章論鄙夫之行。

【注釋】❶鄙夫　庸俗惡劣者。❷患得之　擔心不能得到。❸無所不至　指人志在富貴，則無所不爲。

【語譯】孔子說：「一個卑鄙的人，可和他共同事君嗎？在他還沒得到富貴時，就唯恐得不到；等到已經得到後，又怕失掉。如果怕失掉富貴，那甚麼事他都敢做出來！」

㊅子曰：「惡紫❶之奪朱❷也，惡鄭聲❸之亂雅樂❹也，惡利口❺之覆❻邦家者。」

【章旨】此章記孔子惡邪奪正。

【注釋】❶紫　間色。古人以赤、黃、青、白、黑爲正色，其餘皆視爲雜色。❷朱　正色之一。❸鄭聲　鄭國之音。指淫靡之聲。❹雅樂　正統的音樂。❺利口　擅於口給之佞者。❻覆　傾敗。

【語　譯】孔子說：「我討厭紫色奪去了大紅色的光彩，討厭鄭國淫靡的音樂擾亂了先王雅正的音樂，討厭巧辯顚倒是非而把國家傾覆了的人。」

㈢宰我問：「三年之喪，期已久矣！君子三年不爲禮，禮必壞❶；三年不爲樂，樂必崩❷。舊穀既沒❸，新穀既升❹，鑽燧改火❺，期❻可已❼矣。」子曰：「食夫稻，衣夫錦❽，於女安乎？」曰：「安！」「女安，則爲之！夫君子之居喪，食旨❾不甘，聞樂不樂，居處不安，故不爲也。今女安，則爲之！」宰我出。子曰：「予❿之不仁也！子生三年，然後免⓫於父母之懷⓬。夫三年之喪，天下之通喪⓭也，予也，有三年之愛於其父母乎？」

【章　旨】此章論三年之喪。

【注　釋】❶壞　敗壞，廢棄。❷崩　墜失，失傳。❸沒　盡。❹升　登場。❺鑽燧改火　古人以鑽木取火。取火之木，春用榆柳，夏用棗杏、桑柘，秋用柞楢，冬用槐檀，隨四時而改易，故稱改火。燧，取火之木。❻期　週年。❼已　止。❽食夫稻衣夫錦　北方以稻米爲貴，居喪者不食。錦爲采衣，居喪者服素，不宜穿錦衣。❾旨　美味。❿予　宰我名。⓫免　離。⓬懷　懷抱。⓭通喪　通天下之人皆採行之喪禮。

【語　譯】宰我問：「父母死了，守喪三年，爲期已太久了！君子三年不習禮儀，禮儀一定會廢棄；三年不習樂，音樂一定會生疏。而且舊的穀子已吃完，新的穀子又已登場，鑽木取火的木頭也經過一個輪迴，守喪一年也就可以了。」孔子說：「父母死去，不到三年，你吃稻米飯，穿花緞衣，你的心安不安呢？」宰我回答說：「安！」孔子說：「你能心安，那你就去做吧！君子人守喪，吃美味的東西，也不覺得甘美，聽音樂，也不覺得快樂，住在家裏，也不覺得安適，所以才不這樣做。現在你既然覺得心安，那就去做吧！」宰我出去後。孔子說：「宰我眞是不仁啊！兒女生下來，三年後，才能脫離父母的懷抱。替父母守喪三年，是天下通行的喪禮。宰我難道就沒有從他父母那裏得到三年懷抱的愛護嗎？」

㉓子路曰：「君子尚勇乎？」子曰：「君子義以爲上。君子有勇而無義爲亂，小人有勇而無義爲盜❶。」

【章旨】此章教子路崇尚道義之勇。

【注釋】❶君子有勇而無義爲亂二句　朱熹曰：「君子爲亂，小人爲盜，皆以位而言者也。」

【語譯】子路問道：「君子崇尚勇敢嗎？」孔子說：「君子以義爲最重要。在上位的君子只有勇而沒有義，將會作亂；普通人只有勇而沒有義，將會做强盜。」

㉔子貢曰：「君子亦有惡乎？」子曰：「有惡。惡稱人之惡者，惡居下流❶而訕❷上者，惡勇而無禮者，惡果敢而窒❸者。」曰：「賜也亦有惡乎？」「惡徼❹以爲知者，惡

不孫❺以爲勇者，惡訐❻以爲直者。」

【章　旨】此章言聖賢所厭惡之人。

【注　釋】❶居下流　指居下位。❷訕　毀謗。❸窒　不通事理。❹徼　孔安國曰：「徼，抄也。抄人之意，以爲己有。」❺孫　謙讓。❻訐　攻發人之陰私。

【語　譯】子貢說：「君子也有厭惡的事嗎？」孔子說：「有的。厭惡一味傳播別人壞處的人，厭惡在下位毀謗在上位的人，厭惡勇敢卻不懂禮節的人，厭惡果敢而不通事理的人。」孔子反問道：「賜啊，你也有厭惡的人嗎？」子貢答道：「厭惡襲取別人的成績而自以爲聰明的人，厭惡不謙讓而自以爲勇敢的人，厭惡揭發人的陰私而自以爲正直的人。」

【問題與討論】

一、陽貨要見孔子，孔子爲甚麼不見他？
二、「懷其寶而迷其邦」、「好從事而亟失時」是甚麼意思？
三、甚麼叫做「六言六蔽」？
四、學詩對人有甚麼益處？
五、鄉原是怎樣的人？爲甚麼是德之賊呢？
六、鄙夫爲甚麼不可跟他共同侍奉國君呢？
七、孔子和子貢所厭惡的是那種人？

微子第十八

十一章錄七章

㈡柳下惠❶為士師❷，三黜❸。人曰：「子未可以去乎？」曰：「直道而事人，焉往而不三黜？枉道而事人，何必去父母之邦❹？」

【章　旨】此章論柳下惠之行。

【注　釋】❶柳下惠　姓展，名獲，字禽，魯大夫，食邑於柳下，有賢名。死後謚為惠。❷士師　獄官。❸三黜　多次被黜退。黜，革職。❹父母之邦　指故國。

【語　譯】柳下惠任典獄官，多次被免職。有人說：「你不可以離開魯國嗎？」柳下惠說：「我以正直的態度去事奉人君，到那一個國家不會多次被免職呢？如果我以不正直的態度去事奉人君，又何必要離開祖國呢？」

㈢齊景公待❶孔子，曰：「若季氏則吾不能，以季、孟之閒❷待之。」曰：「吾老矣。不能用也。」孔子行。

【章　旨】此章記孔子失所去齊。

【注　釋】❶待　遇。指以祿位接遇孔子。❷季孟之閒　季氏和孟孫氏之間。魯三卿，季氏最貴。

孟，指孟孫氏。指齊君欲以魯君待季氏與孟孫氏之間之禮待孔子。

【語譯】齊景公談到對待孔子的禮節，說：「要我像魯君對待季氏般對待孔子，那我是不能這樣做，我將以魯君對待季氏與孟孫氏之間的禮節對待孔子。」後來齊景公又說：「我老了，不能重用孔子了。」於是孔子離開齊國。

(四)齊人歸女樂❶，季桓子❷受之，三日不朝，孔子行。

【章旨】此章記孔子不能在魯行道而去國。

【注釋】❶齊人歸女樂　魯定公十四年，孔子爲魯司寇，攝相事，齊人懼，贈女樂於魯君。歸，饋贈。❷季桓子　卽季孫斯，魯大夫。魯定公到哀公初年爲上卿。

【語譯】齊國送了一批歌姬舞女給魯國，季桓子接受了，一連三天魯君不上朝處理政事，孔子便辭官離開魯國。

(五)楚狂接輿❶，歌而過孔子，曰：「鳳兮❷！鳳兮！何德之衰❸？往者不可諫❹，來者猶可追❺。已而❻！已而！今之從政者殆❼而！」孔子下❽，欲與之言。趨而辟❾之，不得與之言。

【章旨】此章記接輿佯狂以諷孔子。

【注釋】❶楚狂接輿　楚之賢人，佯狂避世，孔子時將往楚，故接輿以歌辭表達勸止的意思。❷

鳳兮　靈鳥，有道則見，無道則隱，以比孔子。❸何德之衰　指今無道，而譏孔子不能隱，爲德衰。❹往者不可諫　已往所行，不可復諫止。❺來者猶可追　指及今尚可避亂隱居。❻已而　已，止。而，語助辭。猶今「罷了」。❼殆　危。❽下　下車。❾辟　同「避」。

【語　譯】楚國的狂人接輿，唱著歌走過孔子的車前，唱道：「鳳凰啊！鳳凰啊！你的德行爲甚麼這樣衰敗？過去的不能再挽回了，未來的還可補救。算了吧！算了吧！現在從政的人都很危險！」孔子下車，想和他談話。他卻很快地躲開，終於孔子不能和他交談。

㈥長沮、桀溺❶耦❷而耕。孔子過之，使子路問津❸焉。長沮曰：「夫執輿者❹爲誰？」子路曰：「爲孔丘。」曰：「是魯孔丘與？」曰：「是也。」曰：「是知津矣！」

問於桀溺，桀溺曰：「子爲誰？」曰：「爲仲由。」曰：「是魯孔丘之徒❺與？」對曰：「然。」曰：「滔滔❻者，天下皆是也，而誰以易❼之？且而❽與其從辟人之士❾也，豈若從辟世之士❿哉？」耰而不輟⓫。

子路行以告，夫子憮然⓬曰：「鳥獸不可與同羣！吾非斯人之徒與而誰與⓭？天下有道，丘不與易也⓮。」

【章　旨】此章記孔子周遊天下，為隱者所識。

【注釋】❶長沮桀溺　楚國二隱者。❷耦　並耕。❸問津　探問渡口的地點。❹執輿者　在車上執轡的人。即駕車的人。❺徒　門徒。指弟子。❻滔滔　亂貌。❼易　指天下皆亂，誰將改變這種局面。❽而　汝。指子路。❾辟人之士　指孔子。❿辟世之士　桀溺自稱。⓫耰而不輟　指覆種而不停止，也不告以津處。耰，覆種。輟，止。⓬憮然　悵惘失意貌。⓭吾非斯人之徒與而誰與　指所當與同群者，斯人而已，豈可絕人逃世自潔呢。⓮天下有道丘不與易也　指天下平治，則我不用改革，正因天下無道，故欲以道來從事改革。

【語譯】長沮和桀溺，兩人一起在田裏耕作。孔子從楚國到蔡國，經過那兒，叫子路去問他們過河的渡口在那邊。

長沮問子路說：「那車上拉著轡繩的人是誰？」子路答道：「是孔丘。」長沮說：「是魯國的孔丘嗎？」子路說：「是的。」長沮說：「那麼他應該曉得渡口在那兒了！」

子路去問桀溺，桀溺說：「你是誰？」子路答道：「我是仲由。」桀溺說：「是魯國孔丘的門徒嗎？」子路回答道：「是的。」桀溺說：「滔滔大亂，天下都是如此，誰能改變這種局面呢？你與其跟從逃避壞人的人，倒不如跟從我們這些逃避亂世的人呢？」說完，仍然不停地犁土覆種。

子路回來告訴了孔子，孔子悵然地說：「人不可能跟山林的鳥獸同群！我不跟世人生活在一起，跟誰在一起呢？天下如果太平的話，那我孔丘也不用出來改變這局勢了。」

㈦子路從而後，遇丈人❶，以杖荷蓧❷。子路問曰：「子見夫子乎？」丈人曰：「四體不勤，五穀不分❸，孰爲夫子？」植❹其杖而芸❺。

子路拱而立❻。止❼子路宿，殺雞爲黍而食❽之，見其二子焉。

明日，子路行以告。子曰：「隱者也。」使子路反見之。至，則行❾矣。

子路曰：「不仕無義。長幼之節，不可廢也；君臣之義，如之何其廢之？欲潔其身，而亂大倫❿。君子之仕也，行其義也⓫。道之不行，已知之矣！」

【章旨】此章記隱者與子路相識之語。

【注釋】❶丈人　老年人。也是個隱士。❷荷蓧　負一竹器。蓧，除草的竹器。❸四體不勤五穀不分　指四肢不勞動，菽麥不辨。責怪子路不事農業而從師遠遊。一說：此二句爲丈人自述其不遑暇及，四肢不及勤勞，五穀不及施糞。❹植　拄著，扶持。❺芸　通「耘」，除草。❻拱而立　指斂手而立，以示敬。拱，斂手。❼止　留。❽食　作動詞，給人食物。❾行　指丈人出行不在。❿大倫　人倫之大者。指父子有親、君臣有義、夫婦有別、長幼有序、朋友有信。⓫行其義也　指出仕，所以行君臣之義。

【語譯】子路跟隨著孔子出行而落後了，途中遇見一老人，他用枴杖挑著除草的竹器。子路上前問道：「你看見到我的老師嗎？」老人說：「你手足不勞動，五穀也不能分辨，誰是你的老師？」便扶著枴杖去除草。

子路拱著手恭敬地站著。後來老人留子路在家過夜，還殺雞做飯來招待子路，又叫他的兩個兒子出來拜見子路。

第二天，子路辭行，趕上孔子，並把昨天的事告訴了他。孔子說：「那是個隱士啊！」叫子路回去看他。到老人的家，老人卻出去了。

子路便對老人的兩個孩子說：「不出來替國家做事就是廢棄了君臣的大義。長幼的禮節，不可以廢棄，君臣的大義，又怎麼可以廢棄呢？爲了想保持自身的高潔，而悖亂了君臣的大倫。所以君子出來做事，是實行君臣的大義。至於政治理想的不能實現，那是我早已知道的了！」

㈩周公謂魯公❶曰：「君子不施❷其親，不使大臣怨乎不以❸，故舊無大故❹，則不棄也，無求備❺於一人。」

【章　旨】 此章記周公戒魯公之語。

【注　釋】 ❶魯公　周公旦之子伯禽。因受封於魯，故稱魯公。❷施　或作弛。遺棄的意思。❸以　任用。❹大故　罪惡、叛逆等重大事故。❺備　完備。

【語　譯】 周公訓戒他的兒子說：「君子不遺棄他的親人，不使大臣埋怨不任用他，老臣、老親友如沒有重大的過錯，不應該廢棄他們，不要對一個人責求十全十美。」

【問題與討論】

一、柳下惠三次被免職，爲甚麼不離開祖國呢？

二、孔子爲甚麼要離開魯國？

三、接輿怎樣勸告孔子呢？

四、桀溺怎樣批評孔子呢？

五、周公怎樣訓戒魯公？

子張第十九

二十五章錄十七章

㈠子張曰：「士見危致命❶，見得思❷義，祭思敬，喪思哀，其可已矣。」

【章旨】此章論士之行。

【注釋】❶致命　猶言授命。獻出生命。❷思　想，考慮。

【語譯】子張說：「一個讀書人，遇到國家危險時，要獻出生命去解救危難，遇著有利可得時，當想到是否合於道義，祭祀當想到恭敬，居喪當想到盡哀，能這樣便可以了。」

㈡子張曰：「執德不弘，信道不篤，焉能爲有？焉能爲亡❶？」

【章旨】此章言守德信道宜弘且篤，否則不足爲輕重。

【注釋】❶焉能爲有焉能爲亡　皇侃曰：「世無此人，則不足爲輕；世有此人，亦不足爲重。」

【語譯】子張說：「守德不去弘大，信道不能篤實，這樣的人，可有可無，有了他，怎能算是有？沒有他，又怎能算是無呢？」

㈢子夏之門人，問交❶於子張。子張曰：「子夏云何？」對曰：「子夏曰：『可者與之，其不可者拒之。』」子張曰：「異乎吾所聞：『君子尊賢而容眾，嘉善而矜❷不能。』我之大賢與，於人何所不容？我之不賢與，人將拒我，如之何其拒人也？」

【章　旨】此章論與人結交之道。

【注　釋】❶問交　問交友。❷矜　哀矜，憐憫。

【語　譯】子夏的弟子，問交友之道於子張。子張說：「你們的老師子夏是怎麼說的？」那弟子回答道：「我們的老師說：『可交的便和他做朋友，不可交的便拒絕和他交往。』」子張說：「這和我所聽到的不同：『君子尊敬賢人而容納普通人，獎勵善良的人而同情那些無能的人。』我如果是個大賢人，對任何人有甚麼不能容納的呢？我如果是個不賢的人，人家將拒絕我，我怎麼能去拒絕別人呢？」

㈤子夏曰：「日知其所亡，月無忘其所能❶，可謂好學也已矣！」

【章　旨】此章言溫故知新，亦可謂好學。

【注　釋】❶日知其所亡二句　日知其所亡，指不斷求取新知；月無忘其所能，指既學之後，當經常溫習，使它不忘。亡，無，指己之所未有。

【語　譯】子夏說：「每天求取一些自己所不知道的知識，每月溫習一下我所學會的，不把它忘掉，能這樣就可稱得上是好學了！」

㈥子夏曰：「博學而篤志❶，切問❷而近思❸，仁在其中矣。」

【章旨】此章言學問思辨以求仁。

【注釋】❶篤志　篤守志向。一說：牢記所學的東西。志，同識，記憶的意思。❷切問　切實問清於己所學未悟之事。❸近思　思己所能及之事。朱熹引程子曰：「近思者，以類而推。」

【語譯】子貢說：「廣博地學習，堅守自己的志向，有疑問要切實的問清楚，從淺近的地方去思索推究，仁德便在這裡面了。」

㈦子夏曰：「百工居肆❶以成其事，君子學以致❷其道。」

【章旨】此章言學以致道。

【注釋】❶肆　製作器物的場所。又市廛貨物陳列之所，也稱肆。❷致　獲得。

【語譯】子夏說：「各種行業的人在各種製作的場所，完成他們的工作，君子從事學習，以求得一切的道理。」

㈧子夏曰：「小人之過也必文❶。」

【章旨】此章言小人有過不改，反加以掩飾。

【注釋】❶文　掩飾，掩過自欺。

【語譯】子夏說：「小人有了過失，必定加以掩飾。」

㈨子夏曰：「君子有三變：望之儼然❶，即之也溫，聽其言也厲❷。」

【章　旨】此章論君子之德。

【注　釋】❶儼然　端莊貌。❷厲　鄭玄曰：「厲，嚴正。」

【語　譯】子夏說：「君子的容貌儀態有三種不同的變化：遠遠望他，容貌端莊；接近他後，覺得他和藹可親；聽他說話，言辭嚴正。」

㈩子夏曰：「君子信❶而後勞其民；未信，則以爲厲❷己也。信而後諫；未信，則以爲謗❸己也。」

【章　旨】此章論君子以誠信使民事君。

【注　釋】❶信　使人信任。❷厲　病，虐待。❸謗　毀謗。

【語　譯】子夏說：「在位的君子先得到民眾的信任，然後才使他們服勞役；如果沒得到民眾的信任，而要他們服勞役，他們會以爲是虐待他們。先得到君主的信任，然後才進諫；如果沒得到信任便進諫，君主會以爲是毀謗他。」

⑪子夏曰：「大德不踰閑，小德出入可也❶。」

【章　旨】此章子夏教人堅守大節，不拘小節。故小節不妨稍有出入。

【注　釋】❶大德不踰閑二句　大德、小德，猶言大節、小節。閑，界限，範圍。

【語　譯】子夏說：「人的重大節操不能越出範圍，小節稍微放鬆是可以的。」

⑫子游曰：「子夏之門人小子，當洒掃應對❶進退則可矣，抑❷末也；本之則無，如之何？」子夏聞之曰：「噫！言游過矣！君子之道，孰先傳焉？孰後倦焉❸？譬諸草木，區以別矣❹。君子之道，焉可誣也❺？有始有卒❻者，其惟聖人乎！」

【章　旨】此章論人學業有先後之法。

【注　釋】❶應對　應言對答。❷抑　可是。轉接連詞。❸孰先傳焉孰後倦焉　指君子之道，非以其末爲先而傳授，非以其本爲後而倦教。傳，傳授。倦，厭倦。❹譬諸草木區以別矣　指教人亦如栽種各種草木，必加以區分漑種。❺焉可誣也　指教人宜因材施教，豈可不問其深淺而概以高遠的道理告訴他們？如此，則是欺罔他們。誣，欺罔。❻有始有卒　指有始有終，由淺入深，教人有序。

【語　譯】子游說：「子夏的學生，做些灑掃庭院，應答賓客，進退儀節的工作，那是可以的；可是這些只是末節，至於做人根本的道理卻沒有學到，這怎麼可以呢？」子夏聽到後，便說：「唉！言游的話錯了！君子教人，那些是放在前面傳授的呢？那些是放在後面的，教倦了就不教了呢？好比栽種草木一樣，要加以分別。君子教人，怎麼可以不分先後深淺來欺騙人呢？有始有終有本有末，只有聖人才能做到吧！」

⑬子夏曰：「仕❶而優❷則學❸，學而優則仕。」

【章　旨】此章言仕與學之事雖異而理則同。

【注　釋】❶仕　入官從職者。指仕而學，則所以資其事者益深。❷優　有餘力。❸學　指學習。動詞。

【語　譯】子夏說：「做官，有餘力，便應該去研究學問；學習，有餘力，便應該出來做官。」

㈥曾子曰：「吾聞諸夫子：『孟莊子❶之孝也，其他可能也，其不改父之臣與父之政❷，是難能也。』」

【章　旨】此章論魯大夫仲孫速之孝行。

【注　釋】❶孟莊子　魯大夫，姓仲孫，名速。其父孟獻子，名蔑。❷其不改父之臣與父之政　學而篇第十一章：「子曰：『父在，觀其志；父沒，觀其行；三年無改於父之道，可謂孝矣。』」

【語　譯】曾子說：「我聽老師說過：『孟莊子的孝行，別的都能做到，只有不改變他父親所任用的人和各種政事，這是別人所不容易做到的。』」

㈦子貢曰：「紂❶之不善，不如是之甚也。是以君子惡居下流❷，天下之惡皆歸焉。」

【章　旨】此章戒人為惡。

【注　釋】❶紂　殷王帝乙之子，名辛，字受，商之暴君。❷下流　地形卑下之處，眾流之所歸。比喻人有不善，則惡名會集中在他身上。

【語　譯】子貢說：「紂王的壞，並不像後世所傳說的那麼厲害。所以君子不可以居於下流，因為一居下流，天下的壞名聲都會集中在他的身上。」

㉑子貢曰：「君子之過也，如日月之食❶焉。過也，人皆見之；更❷也，人皆仰❸之。」

【章　旨】此章言君子之過，似日月之食。

【注　釋】❶食　同「蝕」，虧蝕。❷更　改。❸仰　仰望。

【語　譯】子貢說：「君子的過失，好比日蝕月蝕一樣。有了過失，人人都看得見；他改過了，人人都仰望著。」

㉓叔孫武叔❶語大夫於朝曰：「子貢賢於仲尼。」子服景伯❷以告子貢。子貢曰：「譬之宮牆❸：賜之牆也及肩，窺見室家之好；夫子之牆數仞❹，不得其門而入，不見宗廟❺之美，百官❻之富。得其門者或寡矣！夫子❼之云，不亦宜乎？」

【章　旨】此章記子貢美孔子之德。

【注　釋】❶叔孫武叔　魯大夫，叔孫氏，名州仇，謚為武。❷子服景伯　魯大夫，子服氏，名何，字伯，謚為景。❸宮牆　猶言圍牆。❹仞　八尺為仞。❺宗廟　祭祀祖先之所。❻官　房舍。俞樾羣經平議卷三曰：「官，即古館字。」❼夫子　指武叔。

【語　譯】叔孫武叔在朝廷上向大夫們說：「子貢的學問道德勝過他的老師仲尼。」子服景伯把這番話告訴子貢。子貢說：「譬如屋子的圍牆：我端木賜的圍牆，高度只到肩膀，從牆外便可以看到房子裡面的美好；我老師的圍牆，卻有好幾丈高，如果找不到大門走進去，就看不到裡面宗廟裝飾的輝煌，房舍的多種多樣。能夠找到大門進去的人或許很少吧！武叔不瞭解我的老師，說我勝過他，不是很自然的嗎？」

㉕陳子禽謂子貢曰：「子為恭❶也，仲尼豈賢於子乎？」子貢曰：「君子一言以為知，一言以為不知，言不可不慎也！夫子之不可及也，猶天之不可階❷而升也。夫子之得邦家❸者，所謂『立之斯立❹，道之斯行❺，綏之斯來❻，動之斯和❼，其生也榮，其死也哀』。如之何其可及也？」

【章　旨】此章亦記子貢美孔子之德。

【注　釋】❶恭　恭敬，謙讓。❷階　梯。❸得邦家　得邦為諸侯，得家為卿、大夫。❹立之斯立　指孔子為政，立之以禮，則民無不立。❺道之斯行　指導之以德，則民莫不從。道，引。❻綏之斯來　指安撫民眾而遠人聞風來歸。綏，安。❼動之斯和　指役使民眾，則民眾和穆順從。動，役使。

【語　譯】陳子禽對子貢說：「你是特別尊敬老師罷了，仲尼的學問道德難道真的勝過你嗎？」子貢說：「君子由一句話表現他的聰明，也由一句話表現他的不聰明，因此說話不可不謹慎！我們的老師的崇高不可及，好比天無法用梯子爬上去一樣。如果我們的老師有機會掌理國家政事，那就像古人所說的：『教人民自立，人民便能夠自立；引導人民行德，人民便能夠跟從；安撫民眾，民眾便來歸附；役使他們，他們也和樂順從；生前人人尊敬他，死後人人哀悼他。』這樣別人如何能及得上他呢？」

【問題與討論】

一、子夏和子張論交朋友之道有甚麼不同？

二、「日知其所亡，月無忘其所能」是甚麼意思？

三、比較「小人之過也必文」和「君子過則勿憚改」的意思，同時加以申述。

四、君子爲甚麼要以誠信使民事君？

五、子夏和子游教人之道有甚麼不同？

六、子貢怎樣推崇孔子？

堯曰第二十

三章錄一章

㈡子張問於孔子曰：「何如斯可以從政矣？」子曰：「尊五美，屏❶四惡，斯可以從政矣。」

子張曰：「何謂五美？」子曰：「君子惠而不費❷，勞而不怨，欲而不貪，泰而不驕，威而不猛。」

子張曰：「何謂惠而不費？」子曰：「因民之所利而利之，斯不亦惠而不費乎？擇可勞而勞之，又誰怨？欲仁而得仁，又焉貪？君子無眾寡，無小大，無敢慢，斯不亦泰而不驕乎？君子正其衣冠，尊其瞻視❸，儼然人望而畏之，斯不亦威而不猛乎？」

子張曰：「何謂四惡？」子曰：「不教而殺謂之虐；不戒視成❹謂之暴；慢令致期❺謂之賊；猶之與人❻也，出納之吝，謂之有司❼。」

【章　旨】此章論為政之理。

【注　釋】❶屏　除去。❷惠而不費　指使民得惠而上無所耗費。惠，恩惠。費，耗費。❸尊其瞻視　儀容莊重，使人民敬仰他。❹不戒視成　不先告戒，而臨時責求成效。❺慢令致期　發令遲緩，而後刻期不許寬假。❻猶之與人　指同是以物與人。猶之，猶言均之。與，給。❼有司　掌一職之小官員。

【語　譯】子張問孔子道：「怎麼樣才可以治理國家的政事呢？」孔子說：「尊崇五種美德，屏除四種惡政，才可以治理國家的政事。」

子張說：「甚麼是五種美德呢？」孔子說：「在上位的君子能施恩惠給民眾，而自己卻無所耗費；勞役民眾，而民眾卻不怨恨；心有仁義的嗜慾，卻不貪求；胸襟舒泰，卻不驕傲；有威嚴，卻不兇猛。」

子張說：「何謂施給恩惠而自己卻無所耗費呢？」孔子說：「就民眾所應獲得的利益而讓他們獲得，這不是施恩惠給民眾，而自己卻無所耗費嗎？選擇農暇時，使健壯的人服勞役，又有誰會抱怨呢？君子所求的是仁而獲得仁，又有甚麼可貪求的呢？在位的君子無論人多人少，無論勢力大小，都不敢怠慢，這不是胸襟舒泰而不驕傲嗎？在位的君子端正自己的衣冠，莊重自己的儀容，使人看了而對他生出敬畏的心理，這不是有威嚴而不兇猛嗎？」

子張說：「甚麼是四種惡政呢？」孔子說：「不教導民衆，等他們犯罪，便加以殺戮，這叫做虐；不先告誡民衆，到時便要看他們的成果，這叫做暴；發佈教令遲緩，到期又不寬假，這叫做賊；同樣是散發財物給人民，但在發放的時候顯得吝嗇，這叫做像小官員般的氣度。」

【問題與討論】

一、甚麼叫做「五美」？

二、甚麼叫做「四惡」？

孟子

梁惠王篇上

七章錄六章

一　仁義而已

㊀孟子見梁惠王❶。王曰：「叟❷！不遠千里❸而來，亦將有以利吾國乎？」

孟子對曰：「王何必曰利？亦有仁義❹而已矣。王曰：『何以利吾國？』大夫❺曰：『何以利吾家❻？』士庶人❼曰：『何以利吾身？』上下交征❽利，而國危矣。萬乘之國❾，弒❿其君者，必千乘之家；千乘之國，弒其君者，必百乘之家。萬取千焉，千取百焉，不爲不多矣；苟爲後義而先利，不奪不饜⓫。未有仁而遺其親者也；未有義而後其君者也⓬。王亦曰仁義而已矣，何必曰利？」

【意　旨】孟子見時人唯利是求，以致社會混亂，列國紛爭；乃倡言仁義，以救其弊。

【注　釋】❶梁惠王　魏侯罃。都大梁，僭稱王，諡惠。孟子見梁惠王，當在周慎靚王元年辛丑（西元前三二〇年），即惠王後元之十五年。❷叟　長老之稱。猶今言老先生。❸不遠千里　指不以千里之長途爲遠。❹仁義　朱注：「仁者，心之德，愛之理。義者，心之制，事之宜也。」易言之，愛人愛物謂之仁，待人接物俱合理宜謂之義。❺大夫 官稱。三代之官，分爲卿、大夫、士三級，天子、諸侯皆設置。但古書稱大夫，例多含卿而言。❻家 指卿大夫爲統轄其采邑而設之行政機構，不是家庭之家。桓公二年左傳云：「天子建國，諸侯立家。」指諸侯受封於天子而有「國」，卿、大夫食采於諸侯而有「家」。❼庶人 卽老百姓。庶，衆。❽交征 朱注：「征，取也。上取乎下，下取乎上，故曰交征。」❾萬乘之國 指可出兵車萬乘之大國。古時天子畿內，地方千里，出車萬乘；諸侯大國地方百里，出車千乘。萬乘本非諸侯之號，但因梁齊等國，當時皆侵地廣大，僭號稱王，故稱萬乘。乘，車數。❿弒 朱注：「下殺上也。」⓫饜 滿足。⓬未有仁而遺其親者也二句 朱注：「遺，猶棄也。後，不急也。言仁者必愛其親，義者必急其君，故人君躬行仁義，而無求利之心，則其下化之，自親戴於己也。」

【語 譯】孟子去見梁惠王，王說：「老先生，您不辭千里長途來到這裏，是不是有甚麼辦法能使我梁國得利呢？」

孟子答道：「王何必說利呢？也另有仁義好談的啊！王說：『怎麼使我的國得利？』大夫說：『怎麼使我的家得利？』士和老百姓說：『怎麼使我本身得利？』像這樣上上下下交相取利，國家就危險了！所以在可出萬輛兵車的大國裏，那殺死國君的，必定是享有采地、擁有千輛兵車的大夫；在可出千輛兵車的小國中，那殺死國君的，必定是享有采地、擁有百輛兵車的大夫了。大夫在一萬輛兵車的大國中擁有一千輛，在一千輛兵車的小國中擁有一百輛，不能算不多了；假如是臣下不講義理，只重私利，當然不篡奪君位便不會滿足。

從來沒有講仁愛卻遺棄父母的人，也從來沒有守義理卻把君上拋在腦後的人。請王還是只談談仁義好了，何必要說利呢？」

二　王道之始

㊂梁惠王曰：「寡人之於國也，盡心焉耳❶矣！河內❷凶❸，則移其民於河東❹，移其粟於河內；河東凶，亦然。察鄰國之政，無如寡人之用心者；鄰國之民不加少❺，寡人之民不加多，何也？」

孟子對曰：「王好戰，請以戰喻：塡然❻鼓之，兵刃既接，棄甲曳兵❼而走❽，或百步而後止，或五十步而後止。以五十步笑百步，則何如？」

曰：「不可，直❾不百步耳！是亦走也！」

曰：「王如知此，則無望民之多於鄰國也。

不違農時，穀不可勝食❿也；數罟⓫不入洿池⓬，魚鱉不可勝食也；斧斤⓭以時⓮入山林，材木不可勝用也。穀與魚鱉不可勝食，材木不可勝用，是使民養生喪死⓯無憾也。養生喪死無憾，王道之始也。

五畝之宅，樹之以桑，五十者可以衣帛矣；雞豚狗彘⓰之畜，無失其時⓱，七十者可以食肉矣；百畝之田，勿奪其時⓲，數口之家，可以無飢矣。謹庠序⓳之教，申之以孝悌之義，頒白者⑳不負戴㉑於道路矣。七十者衣帛食肉，黎民㉒不飢不寒，然而不王者，未之有也。

狗彘食人食而不知檢㉓；塗有餓莩㉔而不知發㉕。人死，則曰：『非我也，歲㉖也。』是何異於刺人而殺之，曰：『非我也，兵也。』王無罪歲，斯天下之民至焉。」

【章旨】此章論王化之本，在於使民養生喪死足備，然後導之以禮義，責己矜窮，則天下之民集矣。

【注釋】❶焉耳　句末語氣詞。❷河內　今河南省黃河以北地，舊時通稱爲河內；而稱黃河以南爲河外。❸凶　凶年，荒年。朱注：「凶，歲不熟也。」❹河東　黃河流經山西省境，自北而南，故舊時通稱山西省境內黃河以東地爲河東。❺加少　焦循曰：「加多是增多，則加少是增少。」增少卽日益減少之意。❻塡然　鼓音充盛的樣子。趙岐注：「塡，鼓音也。兵以鼓進，以金退。」金指鉦。❼曳兵　拖著兵器。曳，拖。❽走　指退逃。❾直　但，祇。❿不可勝食　猶言食不盡。比喻米糧多。勝，盡。⓫數罟　數，細密。罟，網。古時魚不滿尺不得捕食；罟必有四寸之目，然後入川澤。趙注：「密細之網，所以捕小魚鼈者也，故禁之不得用。」⓬洿池　大的池沼。洿，大。⓭斤　斧的一種。橫刃，作用與鋤钁相似。⓮以時　指依一定之時令。禮記王制云：「草木零落，然後入山林。」⓯喪死　指葬送死者。⓰彘　豬。⓱時　指懷孕生育之時。⓲勿奪其時　指勿以徭役奪其稼穡之時。⓳庠序　皆鄉學之名。殷稱序，周稱庠。⑳頒白者　指髮半白半黑之老人。頒，髮色半黑半白。㉑負戴　以背任物稱負，以首任物稱戴。㉒黎民　指黑髮少壯之人民。黎，黑。㉓檢　斂。指樂歲斂粟於官，以備荒年。㉔餓莩　餓死之人。莩，諸書或作「殍」，音義同。㉕發　發倉廩以賑貸。㉖歲　凶年。

【語　譯】梁惠王說：「寡人對於國政，眞是把全部心力都用上去了。譬如河內發生饑荒，就把那兒少壯的人民遷移到河東去，又把河東的粟米輸送一些到河內，救濟留在那兒的老弱婦孺；要是河東發生饑荒，也這樣處理。徧察鄰國的行政，沒有像寡人這般用心愛民的；可是鄰國的人民不日益減少，寡人的人民也不逐漸增多，是甚麼道理呢？」

孟子答道：「王很喜好戰鬬，請讓我用作戰來說明吧：當您鼕鼕地擂動戰鼓，揮兵進攻時，雙方兵器一經接觸，他們卻丟盔棄甲，拖著兵器退逃下來，有的跑了一百步才站住，有的跑了五十步才站住；可是跑五十步的竟譏笑跑百步的膽小，行不行呢？」

惠王說：「不行，祇不過沒跑到一百步罷了！這也是逃走啊！」

孟子說：「王如果知道這道理，那就不要希望人民會比鄰國多了；彼此都一樣啊！

如果能不耽誤農人耕作的時節，五穀就吃不完了；不用細密的網子在大池裏捕魚，魚鼈就吃不完了；帶了斧斤，在適當的季節到山林裏去砍伐，材木就用不完了。五穀和魚鼈吃不完，材木也用不盡，這就能使人民在養生送死方面都沒有遺憾；能使人民養生送死沒有遺憾，便是推行王道的開始了。

本著這項原則，使每戶農家在五畝大住宅區的空地上，種些桑樹養蠶，五十歲的老人，就可以穿絲織的衣服了；飼養雞、狗、大小豬隻，不要誤失牠們滋生蕃育的時期，七十歲的人，日常就可以吃肉類了；每家配給一百畝田，不要用徭役奪取他們耕作的時間，有幾口人的家庭，就可以不挨餓了。然後謹慎地辦理學校教育，反覆用孝順父母、恭敬兄長的道理開導學生，那麼頭髮花白的老人，就不至於在道路上親自背負重擔行走了。七十歲的老人可以穿絲織的衣服、吃各種肉類，年輕的人不挨餓、不受凍，像這樣還不能完成王業，那是從來沒有的事。

但是如今的國君，當五穀豐登，糧食過剩，豬狗也吃人食的時候，卻不知道收購餘糧，防備饑荒；遇到荒年，路上已有餓死的窮人了，也不知道打開穀倉，把存糧拿出來救濟。人民被餓死了，卻推諉道：『不是我的責任，是荒年啊！』這和用刀把人刺死，卻說：『不是我殺的，是這把刀！』有甚麼不同呢？君王只要自己負起責任，不把罪過推卸到年歲凶荒上去，那麼普天之下的人民，都會來歸服了。」

三　率獸食人

㊃梁惠王曰：「寡人願安❶承教。」

孟子對曰：「殺人以梃❷與刃，有以異乎？」

曰：「無以異也。」

「以刃與政❸，有以異乎？」

曰：「無以異也。」

曰：「庖❹有肥肉，廄❺有肥馬；民有飢色，野有餓莩❻；此率獸而食人也！獸相食，且人惡之；爲民父母行政，不免於率獸而食人，惡在❼其爲民父母也？仲尼曰：『始作俑❽者，其無後乎！』爲其象❾人而用之也。如之何其使斯民飢而死也？」

【章　旨】此章言王者為政，生民為首。以政殺人，猶以白刃也。

【注　釋】❶安　樂意。對事物感到習慣、滿足爲安。❷梃　杖，木棍。❸政　指暴政。❹庖　廚房。❺廄　馬舍。❻餓莩　餓死的人。❼惡在　朱注：「猶言何在也。」❽俑　殉葬用的土偶、木偶。春秋以前王公貴族每以活人殉葬，後改用俑。孔子恨人俑，咒他斷子絕孫；其恨用人，不言而喻。❾象　法，模倣。一說：同「像」。

【語　譯】梁惠王對孟子說：「寡人樂意接受您的指教。」

孟子答道：「用木棍殺人和用刀殺人，有不同的地方嗎？」

惠王說：「沒有甚麼不同。」

孟子又說：「用刀殺人和用暴政殺人，有不同的地方嗎？」

惠王說：「也沒有甚麼不同。」

孟子說：「如今的國君，廚房裏有肥肉，馬房裏有肥馬；但人民有飢餓的臉色，野外有餓死的窮人。這養肥禽獸、餓死人民的作風，簡直是領著禽獸吃人嘛！禽獸互相吞食，人尚且要憎惡；而身爲人民父母的國君，推行政教的時候，卻免不了有率領禽獸吃人的情形，那麼他爲民父母的資格，究竟在那兒呢？孔子說：『第一個做木偶人殉葬的，大概要斷子絕孫吧！』只爲了他模倣眞人製成木偶，卻用來殉葬啊。這樣尚且不可，又怎麼可以使這些人民活活餓死呢？」

四　仁者無敵

㈤梁惠王曰：「晉國❶，天下莫強焉，叟之所知也。及寡人之身，東敗於齊，長子死焉❷；西喪地於秦七百里❸；南辱於楚❹。寡人恥之，願比死者一洒之❺，如之何則可？」

孟子對曰：「地方百里，而可以王。王如施仁政於民，省刑罰，薄稅斂；深耕易耨❻；壯者以暇日修其孝悌忠信❼，入以事其父兄，出以事其長上；可使制❽梃以撻❾秦楚之堅甲利兵矣。彼❿奪其民時，使不得耕耨，以養其父母；父母凍餓，兄弟妻子離散。彼陷溺其民⓫，王往而征之，夫誰與王敵？故曰：『仁者無敵。』王請勿疑。」

【章旨】此章論仁君無敵於天下。

【注釋】❶晉國　朱注：「魏本晉大夫魏斯，與韓氏、趙氏共分晉地，號曰三晉，故惠王猶自謂晉國。」❷長子死焉　惠王二十九年（西元前三四一年），使龐涓爲將，而令太子申爲上將軍，與齊人戰，敗於馬陵。齊虜太子申，殺龐涓。❸西喪地於秦七百里　惠王後元五年（西元前三三〇年），秦敗魏龍賈軍，魏割河西之地與秦。七年（西元前三二八年），魏盡獻上郡十五縣與秦。❹南辱於楚　惠王後元十二年（西元前三二三年），當楚懷王六年，楚攻梁，破梁於襄陵，得八邑。❺願比死者一洒之　指願代死者專一洗雪其恥辱。比，代。洒，洗滌；今通作「洗」。❻易耨　易，疾速。一說：簡易。耨，芸，除草。趙注：「芸苗令簡易也。」❼忠信　朱注：「盡己之謂忠，以實之謂信。」❽制　與「

掣」通，曳、取的意思。一說：制，作。趙注：「制，作也。王如行此政，可使國人作杖，以捶敵國之堅甲利兵。」❾撻 打。❿彼 指秦、楚、齊等敵國。⓫陷溺其民 指殘害自己人民，如使陷於阱、溺於水。

【語　譯】梁惠王對孟子說：「晉國，在天下是沒有比她更強大的了，這是你老先生所知道的；可是傳到寡人身上，在東方被齊國打敗，我的長子不幸被俘而死；在西方割讓了七百里的土地給秦國；在南方又受到楚國的侮辱；這些事使寡人感到羞恥，希望替那些戰死的人，好好洗雪一下，要怎麼樣才可以做到呢？」

孟子答道：「只要有一百方里的土地，就可以完成王業，何況梁還是個大國呢！王如果能對人民普施仁政，減輕刑罰，薄收賦稅；教人民努力生產，耕土須深，除草求速；使年輕人在農事空閒的日子，修習那孝悌和忠信的道理，在家裏用來事奉父兄，在外面用來事奉長上；這樣，可以使他們只提著木棍，就能用來痛擊秦、楚兩國裝備精良的軍隊了。那些敵國的國君，奪取了人民耕作的時間，使他們不能耕田除草、種植五穀來奉養父母；以致父母受凍挨餓，兄弟妻子分散到四方去自謀生計。那敵國的國君，殘害自己的人民，如同把人民驅進陷阱裏、淹在深水裏，人民自然痛恨；王在這時候派兵去征伐，還有誰能和王對抗？所以古人說：『仁君無敵於天下。』請王不要懷疑。」

五　天下定于一

㈥孟子見梁襄王❶。出語❷人曰：「望之不似人君，就之而不見所畏焉。卒然❸問曰：『天下惡乎定？』吾對曰：『定于一❹。』『孰能一之？』對曰：『不嗜殺人者能一之。』『孰能與之❺？』對曰：『天下莫不與也。王知夫苗❻乎？七八月❼之間旱，則苗槁❽矣。天油然❾作雲，沛然❿下雨，則苗浡然⓫興之矣。其如是，孰能禦⓬之？今夫天下之人牧⓭，未有不嗜殺人者也；如有不嗜殺人者，則天下之民，皆引領⓮而望之矣。誠如是也，民歸之，由⓯水之就下，沛然誰能禦之？』」

【章旨】此章言定天下者，一道而已。不貪殺人，民則歸之。

【注釋】❶梁襄王　惠王子，名赫。❷語　告訴。❸卒然　朱注：「急遽之貌。」卒，通「猝」。❹定于一　指天下歸於大一統，就會安定。朱注：「王問列國分爭，天下當何所定？孟子對以必合於一然後定也。」❺與之　從之，歸之。❻苗　禾苗。未開花結實之禾。❼七八月　此就周曆言，約今農曆五六月。❽槁　乾枯。❾油然　雲盛貌。❿沛然，雨盛貌，水盛貌。⓫浡然　興起貌。⓬禦　禁止。⓭人牧　治理人民者。即國君。⓮引領　延頸。⓯由　與「猶」通。

【語譯】孟子晉見梁襄王，出宮後告訴人說：「遠遠望見他，就覺得毫無風度，不像個國君的樣子；走到他面前，又覺得毫無威嚴，看不出使人敬畏的地方。他見到我，突然發問道：『天下怎樣才能安定？』我答道：『在統一的局面下才能安定。』他問：『誰能統一天下？』我答道：『不好殺人的國君能夠。』他又問：『誰能歸服不好殺人的國君呢？』我答道：『天下沒有不歸服的。王可知道那禾苗嗎？七八月之間久不下雨，禾苗就乾枯了；但當天上濃密地興起了烏雲，滂沱地下起了大雨，禾苗馬上就蓬勃地生長起來了。國君能像時雨似的解救民困，誰能阻止人民前來歸附呢？如今天下的國君，沒有一個不喜歡殺人的；假使有一個不喜歡殺人的國君，那麼天下的人民，全都要伸長了脖子，盼望他了。要是真能這樣，人民歸服他，便像水向低處奔流一樣，浩浩蕩蕩，誰能阻止得了呢？』」

六　保民而王

㈦齊宣王❶問曰：「齊桓、晉文之事，可得聞乎？」

孟子對曰：「仲尼之徒，無道桓、文之事者❷，是以後世無傳焉，臣未之聞也。無以❸，則王❹乎。」

曰：「德何如，則可以王矣？」

曰：「保❺民而王，莫之能禦也。」

曰：「若寡人者，可以保民乎哉？」

曰：「可。」

曰：「何由知吾可也？」

曰：「臣聞之胡齕❻曰：『王坐於堂上，有牽牛而過堂下者，王見之，曰：「牛何之？」對曰：「將以釁鐘❼。」王曰：「舍之！吾不忍其觳觫❽，若無罪而就死地。」對曰：「然則廢釁鐘與？」曰：「何可廢也？以羊易之！」』不識有諸？」

曰：「有之。」

曰：「是心足以王矣。百姓皆以王爲愛⑨也，臣固知王之不忍也。」

王曰：「然！誠有百姓者。齊國雖褊小，吾何愛一牛？即不忍其觳觫，若無罪而就死地，故以羊易之也。」

曰：「王無異⑩於百姓之以王爲愛也。以小易大，彼惡知之？王若隱⑪其無罪而就死地，則牛羊何擇⑫焉？」

王笑曰：「是誠何心哉？我非愛其財，而易之以羊也。宜乎百姓之謂我愛也！」

曰：「無傷⑬也，是乃仁術也。見牛未見羊也。君子之於禽獸也，見其生，不忍見其死；聞其聲，不忍食其肉。是以君子遠⑭庖廚也。」

王說曰：「詩⑮云：『他人有心，予忖度⑯之。』夫子之謂也。夫我乃行之，反而求之，不得吾心；夫子言之，於我心有戚戚⑰焉。此心之所以合於王者，何也⑱？」

曰：「有復⑲於王者曰：『吾力足以舉百鈞⑳，而不足以舉一羽；明足以察秋毫之末㉑，而不見輿薪。』則王許㉒之乎？」

曰：「否！」

「今恩足以及禽獸，而功不至於百姓者，獨何與？然則一羽之不舉，爲不用力焉；輿薪之不見，爲不用明焉；百姓之不見保，爲不用恩焉。故王之不王，不爲也，非不能也。」

曰：「不爲者與不能者之形㉓，何以異？」

曰：「挾太山以超㉔北海㉕，語人曰『我不能』，是誠不能也；爲長者折枝㉖，語人曰『我不能』，是不爲也，非不能也。故王之不王，非挾太山以超北海之類也；王之不王，是折枝之類也。

老㉗吾老，以及人之老；幼㉘吾幼，以及人之幼；天下可運於掌㉙。詩㉚云：『刑㉛于寡妻㉜，至于兄弟，以御㉝于家邦。』言舉斯心加諸彼而已。故推恩，足以保四海；不推恩，無以保妻子。古之人所以大過人者，無他焉，善推其所爲而已矣。今恩足以及禽獸，而功不至於百姓者，獨何與？

權㉞，然後知輕重；度㉟，然後知長短。物皆然，心爲甚；王請度之！

抑㊱王興甲兵，危士臣，構㊲怨於諸侯，然後快於心與？」

王曰：「否，吾何快於是？將以求吾所大欲㊳也。」

曰：「王之所大欲，可得聞與？」王笑而不言㊴。

曰：「爲肥甘不足於口與？輕煖不足於體與？抑㊵爲采色不足視於目與？聲音不足聽於耳與？便嬖㊶不足使令於前與？王之諸臣，皆足以供之；而王豈爲是哉？」

曰：「否，吾不爲是也！」

曰：「然則王之所大欲，可知已：欲辟㊷土地，朝㊸秦楚，莅㊹中國，而撫四夷也。以若所爲㊺，求若所欲，猶緣木而求魚也。」

王曰：「若是其甚與？」

曰：「殆有甚焉！緣木求魚，雖不得魚，無後災；以若所爲，求若所欲，盡心力而爲之，後必有災㊻。」

曰：「可得聞與？」

曰：「鄒人與楚人戰，則王以爲孰勝？」

曰：「楚人勝。」

曰：「然則小固不可以敵大，寡固不可以敵眾，弱固不可以敵彊。海內之地，方千里者九㊼，齊集有其一㊽；以一服八，何以異於鄒敵楚哉？蓋亦反其本㊾矣。

今王發政施仁，使天下仕者皆欲立於王之朝，耕者皆欲耕於王之野，商賈皆欲藏於王之市，行旅皆欲出於王之塗；天下之欲疾其君者，皆欲赴愬於王。其若是，孰能禦之？」

王曰：「吾惛[50]，不能進於是矣。願夫子輔吾志，明以教我，我雖不敏，請嘗試之。」

曰：「無恆產[51]而有恆心[52]者，惟士爲能。若民，則無恆產，因無恆心；苟無恆心，放辟邪侈[53]，無不爲已。及陷於罪，然後從而刑之，是罔[54]民也。焉有仁人在位，罔民而可爲也？是故明君制民之產，必使仰足以事父母，俯足以畜妻子；樂歲終身飽，凶年免於死亡；然後驅而之善，故民之從之也輕[55]。

今也，制民之產，仰不足以事父母，俯不足以畜妻子；樂歲終身苦，凶年不免於死亡；此惟救死而恐不贍[56]，奚暇治禮義哉？

王欲行之，則盍反其本矣：五畝之宅，樹之以桑，五十者可以衣帛矣；雞豚狗彘之畜，無失其時，七十者可以食肉矣；百畝之田，勿奪其時，八口之家，可以無飢矣。謹庠序之教，申之以孝悌之義，頒白者不負戴於道路矣。老者衣帛食肉，黎民不飢不寒，然而不王者，未之有也。」

【章　旨】此章言人君當黜霸功，行王道；而王道之要，不過推其不忍之心，以行不忍之政而已。

【注　釋】❶齊宣王　朱注：「姓田氏，名辟彊。諸侯僭稱王也。」❷仲尼之徒二句　朱注：「董子曰：仲尼之門，五尺童子，羞稱五霸；爲其先詐力而後仁義也。」❸無以　即不得已之意。以，與「已」通。❹王　本爲君臨天下之意，動詞；在此作名詞用，指君臨天下之道。朱注：「王，謂王天下之道。」❺保　愛護。❻胡齕　趙注：「王左右近臣也。」❼釁鐘　趙注：「新鑄鐘，殺牲以血塗其釁郄，因以祭之，曰釁。」❽觳觫　戰慄。朱注：「觳觫，恐懼貌。」王夫之孟子稗疏云：「觳，後足。」觳觫者，觳間悚悚然筋肉顫動，猶今言股栗。❾愛　吝嗇。❿異　疑怪。⓫隱　哀痛。⓬擇　分別。⓭無傷　不爲害，沒關係。⓮遠　遠離。⓯詩　指詩經小雅巧言篇。⓰忖度　思量揣摩。⓱戚戚　心動貌。宣王聞孟子解說，恰合己意，故心爲之感動。⓲此心之所以合於王者二句　趙注：「寡人雖有是心，何能足以王也？」焦循正義曰：「合與洽義同。說文水部云：洽，霑也。霑有足義，故趙氏以『足於王』解『合於王』。」⓳復　白，報告。⓴百鈞　三千斤。比喻至重。鈞，三十斤。㉑秋毫之末　獸毛至秋而末端細銳。比喻至微而難見。㉒許　聽信。㉓形　狀，情形。㉔超　躍而過。㉕北海　指渤海。因在齊國之北而得名。㉖爲長者折枝　朱注：「以長者之命，折草木之枝。言不難也。」㉗老　趙注：「老，猶敬也。」王偉俠先生曰：「以事老之道事之也。」㉘幼　趙注：「幼，猶愛也。」王偉俠先生曰：「以慈幼之心愛之也。」㉙運於掌　轉運於手掌之上。指輕而易舉。㉚詩　指詩經大雅思齊篇。㉛刑　法。即取爲模範。㉜寡妻　嫡妻。國君自稱寡人，故謙稱其妻爲寡妻。㉝御　進，獻。㉞

權　以秤稱物。㉟度　以尺量物。㊱抑　疑詞，與白話「或許」、「也許」相當。㊲構　結。㊳大欲　貪欲之大者。亦卽最大之願望。㊴王笑而不言　趙注：「王意大而不敢正言。」㊵抑　轉語詞，與白話「還是」相當。㊶便嬖　朱注：「近習嬖幸之人也。」㊷辟　開拓，開闢。㊸朝　使之來朝。㊹莅　臨。引申爲君臨、統治之意。㊺以若所爲　朱注：「若，如此也。所爲，指興兵結怨之事。」㊻後必有災　趙注：「孟子言盡心戰鬥，必有殘民破國之災。」㊼海內之地方千里者九　禮記王制云：「凡四海之內九州，州方千里。」㊽齊集有其一　指齊合併諸小國，佔有天下九分之一的土地。㊾蓋亦反其本　朱注：「發政施仁，所以王天下之本也。……能反其本，則所欲者不求而至。」蓋，同盍，何不的意思，見古書虛字集釋卷四。㊿惛　心思昏亂，愚昧。(51)恆產　朱注：「恆，常也。產，生業也。恆產，可常生之業也。」(52)恆心　人所常有之善心。(53)放辟邪侈　放侈二字義同，指縱佚放蕩。辟（與「僻」通）邪二字義同，指邪僻不正。(54)罔　同「網」，在此引申爲網羅陷害之意。(55)輕　易。(56)贍　給，足。

【語　譯】齊宣王問孟子道：「齊桓公、晉文公的霸業，可以講給我聽聽嗎？」

孟子答道：「孔子的門徒，沒有講桓公、文公那種褊狹的霸業的，因此沒有流傳到後世來，臣沒有聽說過。假如王一定要我說一點，就談談用仁政治理天下的王道吧！」

宣王問：「德行要怎麼個樣子，才能實行王道政治、稱王天下呢？」

孟子說：「保護人民而稱王天下，就沒人能阻止了。」

王說：「像寡人這個樣子，可以保護人民嗎？」

孟子說：「可以。」

王說：「從那兒知道我可以保民呢？」

孟子說：「臣聽胡齕說：『王坐在堂上，有個人牽著牛在堂下經過，王看見了，就問他說：「把牛牽到那裏去？」那人答道：「要牽去殺了取血，拿來釁鐘。」王說：「放了牠罷！我不忍心看牠那恐懼發抖的樣子，好像沒有罪的人去受死刑似的。」那人答道：「那麼要廢除釁鐘的儀式嗎？」王說：「怎麼可以廢呢？用羊掉換牠吧！」』不知道有這回事嗎？」

王說：「有的。」

孟子說：「有了這種仁心，擴充開來，就足以實行仁政、稱王天下了。雖然百姓們都認為王太吝嗇，臣早知道王是仁慈不忍啊！」

王說：「是啊！眞有這種無知的老百姓。齊國疆土雖然狹小，我何至於吝惜一頭牛？就是不忍心看牠那恐懼發抖的樣子，好像沒有罪的人去受死刑似的；所以才用羊去掉換牠啊。」

孟子說：「百姓們認為王太吝嗇，王也不要奇怪。百姓只看見王拿小羊掉換大牛，怎會了解王的用心？王如果心痛牠沒犯死罪，被寃枉送到死地，那麼牛和羊又有甚麼分別呢？」

宣王笑道：「這眞是存的甚麼心喲？我不是捨不得那點兒錢，才拿羊換牠呀。但從表面上看，百姓說我吝嗇，也實在應該啊！」

孟子說：「沒關係，這正是仁術啊。王只看見牛，卻沒看見羊。君子對於禽獸，看見牠活著，就不忍再看見牠死去；聽到牠臨死的哀鳴，就不忍再吃牠的肉了；所以君子住的地方，總要離廚房遠遠的。」

王聽孟子這樣講，就高興地說：「詩經上說：『別人有甚麼心事，我能揣摩出來。』正是說的夫子啊。這事我只是做了，可是回想起來，竟想不出我當時的心理；現在一經夫子說明，恰合我意，使我怦然心動。這種心意足夠稱王天下，是甚麼道理呀？」

孟子說：「假使有人向王報告，說：『我的力氣足能舉起三千斤的東西，卻拿不動一根鳥羽；我的視力足能看清楚野獸秋毫的末梢，卻看不見一大車的柴薪。』王相信他的話嗎？」

王說：「不信。」

孟子說：「現在足以把恩惠加到鳥獸的身上，可是功德卻施不到百姓的身上，獨獨為了甚麼呢？這樣看來，一根鳥羽都拿不動，是因爲他不肯用力氣拿的緣故；一車柴薪都看不見，是因爲他不肯用眼力看的緣故；百姓們沒有受到保護，也就是因爲王不肯施用恩惠罷了。所以王不能完成王業，只是不肯做，並不是不能做啊！」

王說：「不肯做和不能做的情形，怎麼區別呢？」

孟子說：「假如要您挾持著泰山，跳過北海，您告訴人說『我不能做這件事』，那是眞的不能；可是要您替長輩折一根小樹枝，您告訴人說『我不能做這件事』，那就是不肯做，不是不能做了。所以王不能完成王業，不是挾泰山跳過北海的一類；王不能完成王業，是折小樹枝的一類啊。

只要先尊奉我們自己的父兄，再把範圍擴大，同樣尊奉別人的父兄；先愛護我們自己的子弟，再把範圍擴大，同樣愛護別人的子弟；那麼整個天下可以隨您支配，如同把輕巧的東西放在掌心轉動一樣的容易。詩經上說：『文王能修身作爲嫡妻的模範，再推而至於兄弟宗族；更把這修身齊家的道理，貢獻給所有的家族和邦國，使天下全得平治。』這就是說：他能把自己這番仁心，推置到別人身上罷了。所以能推廣恩惠，就足以保有天下；不能推廣恩惠，就連自己的妻子也沒法子保全。古代的聖王，所以能大大地勝過常人，並沒有其他的緣故，只是善於推廣他依據仁心所做的善事罷了。現在恩惠足够加到鳥獸的身上，可是功德卻施不到百姓的身上，爲的又是甚麼呢？把東西用秤稱稱，然後才知道輕重；用尺量量，然後才知道長短。所有的東西都是這樣，人心更是如此；請王稱度一下王的本心吧！也許王想發動軍隊，危害戰士臣民，和列國的諸侯結下怨仇，然後心裏才痛快吧？」

王說：「不。我怎麼能在這方面感到痛快！我將用戰爭尋求我最想得到的東西啊！」

孟子說：「王最想得到的，可以說給臣聽聽嗎？」宣王說不出口，祇笑了一笑，沒有回話。

孟子追問道：「是爲了肥美甘芳的食品不夠口腹享受嗎？輕煖的衣服不夠身體穿著嗎？還是爲了絢麗的彩色不夠眼睛觀賞嗎？美妙的音樂不夠耳朵聆聽嗎？隨侍在面前那些近習寵幸的臣子不夠使喚嗎？這些東西，王的羣臣都能充分供應了；王難道眞爲了這些嗎？」

王說：「不，我不爲這些！」

孟子說：「那麼王最想得到的就可想而知了。是想要開闢疆土，使秦、楚來朝，君臨中國，並且安撫四方的夷狄；可是用這樣的行爲，實行這樣的願望，就像要爬上樹去捉魚一樣，是絕不可能的。」

王說：「會這樣嚴重嗎？」

孟子說：「恐怕還要嚴重些！爬上樹去捉魚，雖然得不到魚，卻沒有跟來的災禍；但是用這樣的行爲，實行這樣的願望，就算盡心盡力去做，也一定有隨後跟來的災禍。」

王說：「能把原因說給我聽聽嗎？」

孟子說：「假如鄒國人和楚國人打仗，那麼王認爲那一方得勝？」

王說：「楚國人得勝。」

孟子說：「既然如此，那麼小國一定不能抵拒大國，兵少的一定不能抵拒兵多的，勢弱的一定不能抵拒勢強的了。四海之內，共有方千里的土地九份，齊國四方兼併的結果，只佔有九份中的一份；拿這一份去征服另外的八份，和鄒國抵拒楚國有甚麼分別呢？王既然想達到目的，就該回到王道的根本上著手了。

現在王如果能發布德政，施展仁恩，就能便天下做官的人都願站在王的朝廷裏，種田的人都願耕種在王的田野間，做生意的商賈都願把貨物儲藏在王的市場中，出門的人都願走在王的道路上；天下怨恨自己國君的人，都跑來向王訴苦。西方的人民像這樣來歸服，誰能阻止他們呢？」

王說：「我心思昏亂，不能進一步地體會這層道理。希望夫子助成我的志向，明白地教導我；我雖然不聰敏，也請讓我照你說的嘗試一下。」

孟子說：「沒有永久保有的產業，卻有經常向善的心志，只有讀書明理的人才能做到；至於普通人民，就會因爲沒有永久保有的產業，也就沒有經常向善的心志；如果沒有經常向善的心志，種種放蕩無禮、邪僻不正的壞事，就沒有不做的了；等到犯了罪，這才跟著處罰他們，就等於是預設法網，陷害人民了。那裏有仁君在位，網民入罪的勾當都可以做的呢？所以賢明的國君，制定人民的產業，原則上必定使他們向上足夠用來事奉父母，對下足夠用來養活妻子；豐年經常吃得飽，荒年也能避免死亡；然後督促他們向善，所以人民服從起教化來，就很容易。

如今制定人民的產業，對上不够用來事奉父母，對下不够用來養活妻子；豐年經常地受苦，荒年就免不了死亡；這樣一來，他們就是從死亡中拯救自己都恐怕力有不足，那裏有空閒去講究禮義呢？

所以王想實行仁政，何不回到根本上去著手呢？辦法是：使每戶農家在五畝大住宅區的空地上，種些桑樹養蠶，五十歲的老人，就可以穿絲織的衣服了；飼養雞、狗、大小豬隻，不要誤失牠們滋生蕃育的時期，七十歲的人，日常就可以吃肉類了；每家配給一百畝田，不要用徭役奪取他們耕作的時間，有八口人的家庭，就可以不挨餓了。然後謹慎地辦理學校教育，反覆用孝順父母、恭敬兄長的道理開導學生，那麼頭髮花白的老人，就不至於在道路上親自背負重擔行走了。老年人穿絲織的衣服、吃各種肉類，年輕人不挨餓、不受凍，像這樣還不能完成王業，那是從來沒有的事啊！」

梁惠王篇下　十六章錄八章

一　與民同樂

㈠莊暴❶見孟子曰：「暴見於王❷，王語暴以好樂，暴未有以對也。曰『好樂』，何如？」

孟子曰：「王之好樂甚❸，則齊國其庶幾❹乎！」

他日，見於王曰：「王嘗語莊子❺以好樂，有諸？」

王變乎色，曰：「寡人非能好先王之樂也，直❻好世俗之樂耳。」

曰：「王之好樂甚，則齊其庶幾乎！今之樂，由❼古之樂也。」

曰：「可得聞與？」

曰：「獨樂樂❽，與人樂樂，孰樂？」

曰：「不若與人。」

曰：「與少樂樂，與眾樂樂，孰樂？」

曰：「不若與眾。」

「臣請爲王言樂：

今王鼓樂⑨於此，百姓聞王鐘鼓之聲、管籥⑩之音，舉疾首蹙頞⑪而相告曰：『吾王之好鼓樂，夫何使我至於此極⑫也？父子不相見，兄弟妻子離散！』今王田獵於此，百姓聞王車馬之音，見羽旄⑬之美，舉疾首蹙頞而相告曰：『吾王之好田獵，夫何使我至於此極也？父子不相見，兄弟妻子離散！』此無他，不與民同樂也。

今王鼓樂於此，百姓聞王鐘鼓之聲、管籥之音，舉欣欣然有喜色而相告曰：『吾王庶幾無疾病與！何以能鼓樂也？』今王田獵於此，百姓聞王車馬之音，見羽旄之美，舉欣欣然有喜色而相告曰：『吾王庶幾無疾病與！何以能田獵也？』此無他，與民同樂也。

今王與百姓同樂，則王矣！」

【章旨】此章言人君當與民同樂，不可獨以南面之樂自奉其身。

【注釋】❶莊暴 齊臣。❷見於王 指進見宣王。❸甚 深，劇。❹庶幾 朱注：「近辭也。言近於治。」按：庶幾皆為近意，猶今語「大概」、「差不多」。❺莊子 指莊暴。閻若璩曰：「莊暴，齊臣。君前臣名，禮也。莊子對孟子猶三稱名，而孟子於王前不一斥其名，曰『莊子』，此為記者之誤。」❻直 僅僅，只是。❼由 與「猶」通用，同的意思。❽獨樂樂 獨自聽音樂取樂。❾鼓樂 猶言奏樂。凡敲擊彈奏，皆稱鼓。❿管籥 皆古代用竹管製成的吹奏樂器，如今簫、笙之類。⓫疾首蹙頞 趙注：「疾首，頭痛也。蹙頞，愁貌。」按：蹙，皺縮。頞，鼻莖（見說文）。人有憂則皺縮鼻莖，故蹙頞為愁苦之貌。⓬極 窮困。⓭羽旄 羽謂五采鳥羽，旄謂犛牛尾，本是繫於旌旞竿首之飾物，在此則引申為旌旞、儀仗之代稱。

【語譯】齊國的大夫莊暴來見孟子說：「我去晉見君王，王把愛好音樂的話告訴我，我一時沒有話拿來對答。王說他『愛好音樂』，您看怎麼樣呢？」

孟子說：「王如果很愛好音樂，那麼齊國大概可以平治了吧！」

隔幾天，孟子晉見宣王，說：「王曾把愛好音樂的話告訴莊暴，有這事嗎？」

宣王心裏很慚愧，臉色立刻變了，分辯道：「寡人並不能愛好古代聖王的高尚音樂，只是喜歡世俗流行的普通音樂罷了。」

孟子說：「王如果很愛好音樂，那麼齊國大概可以平治了吧！現在的音樂，就和古代的音樂一樣啊。」

宣王說：「這道理可以說給我聽聽嗎？」

孟子說：「獨自聽音樂取樂，或者和別人共同聽音樂取樂，那種方式更使人快樂呢？」

宣王說：「不如和別人在一起。」

孟子說：「和少數人一同聽音樂取樂，或者和很多人共同聽音樂取樂，那種方式更使人快樂呢？」

宣王說：「不如和很多人在一起。」

孟子說：「那麼，請讓臣給王講講欣賞音樂的道理吧：

「假如現在王在這裏奏樂，百姓聽到王敲鐘擊鼓的聲響、噓管吹籥的樂音，全都感到頭痛，愁眉苦臉，互相告訴說：『我們君王喜好奏樂，爲甚麼使我們淪落到這種窮困的地步呢？父親和兒子不能夠見面，兄弟與妻子流離四散！』再如，現在王在這裏打獵，百姓聽到王車輪馬蹄的聲音，看見羽旄旌旗的華美，全都感到頭痛，愁眉苦臉，互相告訴說：『我們君王喜好打獵，爲甚麼使我們淪落到這種窮困的地步呢？父親和兒子不能夠見面，兄弟與妻子流離四散！』這沒有別的，只因爲王不能和百姓一同享樂啊！

反過來說，假如現在王在這裏奏樂，百姓聽到王敲鐘擊鼓的聲響、噓管吹籥的樂音，全都高高興興地臉上有了歡喜的神色，互相告訴說：『我們君王大概很健康啊！不然，怎麼能奏樂呢？』再如，現在王在這裏打獵，百姓聽到王車輪馬蹄的聲音，看見羽旄旌旗的美麗，全都高高興興地臉上有了歡喜的神色，互相告訴說：『我們君王大概很健康啊！不然，怎麼能打獵呢？』這沒有別的，只因爲王能和百姓一同享樂啊！

現在只要王和百姓一同享樂，就能完成王業了。」

二、交鄰國有道

㈢齊宣王問曰：「交鄰國有道乎？」

孟子對曰：「有。惟仁者爲能以大事小，是故湯事葛❶、文王事昆夷❷。惟智者爲能以小事大，故大王❸事獯鬻❹、句踐事吳❺。以大事小者，樂天❻者也；以小事大者，畏天❼者也。樂天者，保天下❽；畏天者，保其國❾。詩❿云：『畏天之威，于時⓫保之。』」

王曰：「大哉言矣！寡人有疾，寡人好勇。」

對曰：「王請無好小勇⓬。夫撫劍疾視曰：『彼惡⓭敢當我哉！』此匹夫之勇，敵一人者也。王請大之。詩⓮云：『王赫斯⓯怒，爰整其旅⓰，以遏徂莒⓱，以篤⓲周祜⓳，以對⓴于天下。』此文王之勇也。文王一怒而安天下之民。書㉑曰：『天降下民，作之君，作之師㉒，惟曰：其助上帝，寵之。四方有罪無罪，惟我㉓在㉔，天下曷敢有越㉕厥㉖志？』一人衡行㉗於天下，武王恥之，此武王之勇也。而武王亦一怒而安天下之民。今王亦一怒而安天下之民，民惟恐王之不好勇也。」

【章旨】此章言人君能懲小忿，則能恤小事大，以交鄰國；能養大勇，則能除暴救民，以安天下。

【注　釋】❶湯事葛　湯居亳，與葛國爲鄰，曾多次助葛，卻因葛君無道，於是湯由此始征，十一征而無敵於天下。❷昆夷　也作混夷，西戎國名。文王受命四年，昆夷侵周，一日三至周之東門，文王雖不絕慍怒，然且使聘問，不廢交鄰之禮。❸大王　太王。即周文王之祖古公亶父。❹獯鬻　北狄的一支。堯時稱葷粥，周稱玁狁，秦稱匈奴。史記作薰育，周本紀記載：古公亶父復修后稷、公劉之業，積德行義，受國人愛戴。薰育戎狄來攻，給予欲得財物。不久又來攻，欲得土地與人民。人民大怒欲戰；古公不忍心，於是與私屬亡走岐下。❺句踐事吳　句踐，越王名。周敬王二十六年(西元前四九四年)，吳敗越師於夫椒，句踐以餘兵五千人，保棲於會稽。吳王夫差出兵追圍，句踐力屈求和，卑事夫差，親自當夫差馬伕。後放歸，生聚教訓，卒於周元王四年（西元前四七三年）滅吳。❻樂天　喜歡天理。朱注：「天者，理而已矣。大之字小，小之事大，皆理之當然也。自然合理，故曰樂天。」❼畏天　敬畏天理。朱注：「不敢違理，故曰畏天。」❽樂天者保天下　朱注：「包含徧覆，無不周徧，保天下之氣象也。」❾畏天者保其國　朱注：「制節謹度，不敢縱逸，保一國之規模也。」❿詩　指詩經周頌我將篇。⓫時　與「是」通。朱注：「時，是也。」⓬小勇　血氣所爲。與義理所發之大勇有別。張敬夫曰：「血氣之怒不可有，義理之怒不可無。」⓭惡　何。⓮詩　指詩經大雅皇矣篇。其第四章曰：「密人不恭，敢距大邦，侵阮徂共。王赫斯怒，爰整其旅，以按徂旅，以篤周祜，以對于天下。」⓯赫斯　赫然，怒貌。⓰爰整其旅　爰，於是。旅，師眾。⓱以遏徂莒　遏，詩作「按」，皆止意。徂，往。莒，詩作「旅」，二字古通，國名。徂旅指密人往伐莒之師眾。⓲篤　增厚。⓳祜　福。⓴對　答。以答謝天下仰望之心。㉑書　指周書泰誓篇。然所引與今書文小異。㉒作之君作之師　指爲民立君、師。

之，其，指人民。㉓我　君師。㉔在　察。㉕越　逸，放縱。㉖厥　其。㉗一人衡行　指紂橫行不法。一人猶云「一夫」、「獨夫」，指紂。衡，橫。

【語　譯】齊宣王問孟子道：「和鄰國相交，有方法嗎？」

孟子答道：「有的。唯有那仁德的國君，才能拿自己的大國去事奉小國，所以商湯肯事奉葛國、文王肯事奉昆夷；唯有那明智的國君，才能拿自己的小國去事奉大國，所以太王要事奉獯鬻、句踐要事奉吳國。拿自己的大國去事奉小國的，是喜歡天理、不欺弱小的人；拿自己的小國去事奉大國的，是敬畏天理、不犯强大的人啊。喜歡天理的人，可以保有天下；敬畏天理的人，可以保有他的邦國；所以詩經上說：『敬畏上天的威嚴，這才能守住天命。』」

宣王說：「偉大呀，你這番話！但是寡人有個毛病，寡人喜好武勇。」

孟子說：「請王不要喜好小勇。譬如一個人手按著佩劍，橫眉豎眼地說：『他怎敢抵擋我呢！』這是常人的小勇，只能對抗一個人。請王把它擴大。詩經上說：『文王赫然震怒，於是整頓兵馬，阻止密人前往侵略莒國的軍隊，來增厚周家的福祉，答謝天下人民的期許。』這是文王的大勇。文王一發怒氣，就安定了天下的人民。書經上說：『天降生在下的人民，爲他們立君王，爲他們立師長，只以爲：做君王師長的人，要輔助上帝，教化人民，所以光寵他們，給他們高位。因此四方人民有罪沒有罪，自有我奉承天命的君師去考察處置，天下那有人敢放縱他的私慾？』所以獨夫商紂在天下橫行不軌，武王認爲那是恥辱，便消滅了他。這是武王的大勇啊。然而武王也是一發怒氣，就安定了天下的人民。現在王如也能一怒而安定天下的人民，人民就只怕王不喜好武勇了。」

三 進賢退惡

㈦孟子見齊宣王，曰：「所謂故國者，非謂有喬木❶之謂也，有世臣❷之謂也。王無親臣❸矣；昔者❹所進，今日不知其亡也。」

王曰：「吾何以識其不才而舍之❺？」

曰：「國君進賢，如不得已，將使卑踰尊，疏踰戚，可不慎與❻？左右皆曰賢，未可也；諸大夫皆曰賢，未可也；國人皆曰賢，然後察之❼，見賢焉，然後用之。左右皆曰不可，勿聽；諸大夫皆曰不可，勿聽；國人皆曰不可，然後察之，見不可焉，然後去之。左右皆曰可殺，勿聽；諸大夫皆曰可殺，勿聽；國人皆曰可殺，然後察之，見可殺焉，然後殺之。故曰國人殺之也。如此，然後可以爲民父母。」

【章　旨】 此章言人君審慎進賢退惡，然後可以為人父母。

【注　釋】 ❶喬木　高大之樹木。指年代久遠。❷世臣　朱注：「累世勳舊之臣，與國同休戚者也。」❸親臣　朱注：「君所親信之臣，與君同休戚者也。」❹昔者　昔對今而言。昔者對今世則指上世，對今日則指昨日。此指昨日。❺吾何以識其不才而舍之　識，知。舍，與「捨」通。朱注：「王意以爲此亡去者，皆不才之人，我初不知而誤用之，故今不以其去爲意耳。」❻可不愼與　朱注：「蓋尊尊親親，禮之常也；然或尊者親者未必賢，則必進疏遠之賢而用之，是使卑者踰尊，疏者踰戚，非禮之常，故不可不謹也。」❼然後察之　朱注：「左右近臣，其言固未可信。諸大夫之言，宜可信矣；然猶恐其蔽於私也。至於國人，則其論公矣；然猶必察之者：蓋人有同俗而爲衆所悅者，亦有特立而爲俗所憎者，故必自察之。」

【語譯】孟子去見齊宣王，對王說：「所謂歷史悠久的國家，不是說它有高大的喬木，年代久遠就算了；而是說它擁有累世立功的大臣。可是王不但沒有這種大臣，連一個親信的臣子都沒有了；因爲昨天才進用的人，今天逃走了，王都不經意。」

宣王說：「這種沒有用的人，由他去吧！以後我怎麼能預先知道一個人沒有才幹，早早就捨棄他呢？」

孟子說：「國君進用有才德的人，如果萬不得已，將要使地位卑微的超過地位尊貴的，關係疏遠的超過關係親近的，怎麼能不謹愼呢？假如左右近臣都說這人賢能，不要馬上相信；滿朝的大夫都說這人賢能，還是不要相信；等到全國人都說這人賢能，然後親自考察他，發現這人的確賢能，這才錄用他。又如左右近臣都說這人不能用，不要馬上聽從；滿朝的大夫都說這人不能用，還是不要聽從；等到全國人都說這人不能用，然後親自考察他，發現這人的確不能用，這才罷免他。假如左右近臣都說這人該殺，不要馬上聽從；滿朝大夫都說這人該殺，還是不要聽從；等到全國人都說這人該殺，然後親自考察他，發現這人的確該殺，這才殺了他。因爲他是這樣被殺的，所以可說他是由全國人殺的。能這樣做，然後才可以做人民的父母。」

四　湯武革命

㈧齊宣王問曰：「湯放桀❶，武王伐紂，有諸？」

孟子對曰：「於傳有之。」

曰：「臣弒其君，可乎？」

曰：「賊仁者，謂之賊；賊義者，謂之殘❷。殘賊之人，謂之一夫❸。聞誅一夫紂矣，未聞弒君也。」

【章旨】此章言湯放桀、武王伐紂，乃推翻殘賊之人，非誅、放國君。

【注釋】❶湯放桀　放，逐。僞古文尚書仲虺之誥云：「成湯放桀於南巢。」應有所本。南巢，即今安徽省巢縣。❷賊仁者四句　賊，害。殘，傷。朱注：「害仁者，凶暴淫虐，滅絕天理，故謂之賊；害義者，顚倒錯亂，傷敗彝倫，故謂之殘。」❸一夫　猶獨夫。指眾叛親離，不再是一國之君。

【語譯】齊宣王問孟子道：「商湯放逐夏桀，武王討伐殷紂，眞有這種事嗎？」

孟子答道：「在古書上是有這種記載的。」

宣王說：「桀、紂是君，湯、武是臣；做臣子的殺死君上，也可以嗎？」

孟子說：「毀傷仁愛的人，叫做賊；毀傷道義的人，叫做殘。殘義賊仁的人，就叫他爲獨夫。我只聽說武王殺了叫做紂的獨夫，沒聽說武王殺死君上啊！」

五 征伐之道

㈩齊人伐燕❶，勝之。宣王問曰：「或謂寡人勿取❷，或謂寡人取之。以萬乘之國，伐萬乘之國，五旬❸而舉之，人力不至於此。不取，必有天殃。取之何如？」

孟子對曰：「取之而燕民悅，則取之；古之人有行之者，武王❹是也。取之而燕民不悅，則勿取；古之人有行之者，文王❺是也。以萬乘之國，伐萬乘之國，簞食壺漿以迎王師，豈有他哉？避水火也。如水益深，如火益熱，亦運❻而已矣。」

【章旨】此章言征伐之道，當順民心。民心悅則天意得，天意得，然後乃可以取人之國。

【注釋】❶燕　國名。都薊（今河北薊縣），略有今河北、遼寧及朝鮮北部地。朱注：「按史記：燕王噲讓國於其相子之，而國大亂，齊因伐之，燕士卒不戰，城門不閉，遂大勝燕。」❷取　取為己有。❸旬　十日為旬。❹武王　趙注：「武王伐紂而殷民喜悅，簞厥玄黃而來迎之，是以取之也。」❺文王　商紂之時，文王三分天下，擁有其二，因三仁尚在，樂師未奔，懼殷民不悅，故未攻取。至武王十三年，終於伐紂，一統天下。❻運　行。一說：轉。趙注：「如其所患益甚，則亦運行犇走而去矣。」朱注：「言齊若更為暴虐，則民將轉而望救於他人矣。」

【語譯】齊國人攻伐燕國，把燕軍打敗。齊宣王問孟子道：「有人向我建議不要占領燕國的土地，又有人建議我占領它。以擁有萬輛兵車的齊國，去攻伐同樣擁有萬輛兵車的燕國，五十天就把它征服了，光憑人力是不能達到這個地步的。如果不占領，違背了天意，一定會受到天降的災殃。乾脆占領它好不好？」

孟子答道：「占領它如果燕國人民歡喜，那就占領好了；古時候有人這樣做過，周武王伐紂便是。占領它如果燕國人民不歡喜，那就不要占領；古時候也有人這樣做過，周文王不肯伐紂便是。以擁有萬輛兵車的大國，去攻伐同樣擁有萬輛兵車的大國，對方的人民自動用筐盛好了飯菜，用壺裝滿了酒漿，拿來迎接王的軍隊，難道有別的意思嗎？一心想要避開水淹火燒般的暴政啊。倘若水淹得更深，火燒得更熱，使他們更加痛苦，他們也只好逃生去了。」

六　誅君弔民

(十一)齊人伐燕，取之。諸侯將謀救燕。宣王曰：「諸侯多謀伐寡人者，何以待❶之？」

孟子對曰：「臣聞七十里爲政於天下者，湯是也。未聞以千里畏人者也。書❷曰：『湯一征，自葛始❸，天下信之。東面而征，西夷怨；南面而征，北狄怨；曰：「奚爲後我！」』民望之，若大旱之望雲霓❹也。歸市者不止，耕者不變。誅其君而弔其民，若時雨❺降，民大悅；書曰：『徯我后，后來其蘇❻。』

今燕虐其民，王往而征之，民以爲將拯己於水火之中也，簞食壺漿以迎王師；若殺其父兄，係累❼其子弟，毀其宗廟，遷其重器❽，如之何其可也？天下固❾畏齊之彊也，今又倍地❿而不行仁政，是動天下之兵也。王速出令，反其旄倪⓫，止其重器；謀於燕眾，置君而後去之；則猶可及止也。」

【章旨】此章言人君能行仁政，伐惡養善，則可以小王大，無所畏懼。

【注釋】❶待　禦，應付。❷書　本章兩引書，皆見僞古文尚書商書仲虺之誥，而文辭小異。蓋造僞之人取自本篇綴改而成。❸湯一征自葛始　一征，初征。葛，國名。嬴姓。故城在今河南省寧陵縣北十五里。❹霓　虹霓。早上出現於西方則有雨，故大旱而想見虹霓。❺時雨　及時之雨。❻徯我后后來其蘇　朱注：「徯，待也。后，君也。蘇，復生也。他國之民，皆以湯爲我君，而待其來，使己得蘇息也。」❼係累　縶縛，綑綁。❽重器　寶器。❾固　與「故」通，本然之辭。❿倍地　朱注：「幷燕而增一倍之地也。」⓫旄倪　指老人與小孩。朱注：「旄，老人也。倪，小兒也。謂所虜略之老小也。」

【語譯】齊國人攻伐燕國，占領了燕國的土地。各國諸侯都很反對，想要出兵救燕。齊宣王知道了，對孟子說：「現在有很多諸侯都在計畫攻伐寡人，該怎樣對付呢？」

孟子答道：「臣聽說有憑七十方里的土地，就能統治天下的，那便是商湯了。還沒有聽說過憑著一千方里的大國，卻怕別人來攻伐啊！書經上說：『商湯爲了除暴安良，第一次征伐，從葛國開始，天下的人都相信他。所以商湯向東面征伐，西方的夷人就抱怨；向南面征伐，北方的狄人也抱怨；大家都說：「爲甚麼把我們留在後面，不先來解救？」』人民盼望他，就同大旱時盼望下雨前的烏雲和彩虹一樣。他軍隊所到的地方，到市場上做買賣的人並不中途停止，在田裏耕種的人也不改變手頭的工作。他殺了那暴君，撫慰那些人民，好像應時的雨水下降，人民非常歡喜；書經上記載他們的話道：『天天等待我們的君王，君王來了，我們就可以脫離苦難，快樂過活了。』

現在燕王虐待他的人民，王去征伐他，燕國人民都以為王要把他們從水淹火燒般的暴政中救出來，所以用筐盛好了飯菜，用壺裝滿了酒漿，拿來迎接王的軍隊。假如王反而殺死他們的父兄，捆綁他們的子弟，拆毀他們的宗廟，搬走他們的寶器，那怎麼可以呢？天下的諸侯們本來就畏忌齊國的強大，現在又占領燕國，增加了一倍的土地，卻還不施行仁政，這分明是自己發動天下的兵來討伐自己了。王趕快發布命令，把俘虜的燕國老少放回去，把那些寶器全部留在燕國；再和燕國人民商議，給他們立一個賢君，然後帶兵離開燕國；那麼，還來得及阻止諸侯興兵啊！」

七　上恤下親

㊂鄒與魯❶鬨❷。穆公❸問曰：「吾有司❹死者三十三人，而民莫之死也。誅之，則不可勝誅，不誅，則疾視❺其長上之死而不救。如之何則可也？」

孟子對曰：「凶年饑歲，君之民，老弱轉乎溝壑❻，壯者散而之四方者，幾❼千人矣；而君之倉廩❽實、府庫❾充，有司莫以告。是上慢❿而殘下也。曾子曰：『戒之戒之！出乎爾者，反乎爾者也。』夫民今而後得反之⓫也，君無尤焉。君行仁政，斯民親其上，死其長矣。」

【章　旨】此章言上恤其下，下赴其難；惡出於己，害及其身；如影響之自然。

【注釋】❶鄒與魯　鄒，國名，在今山東鄒縣。魯，國名，略有今山東南部及江蘇北部一隅之地，都曲阜(今縣)。❷鬨　交戰。趙注：「鬥聲也。獄構兵而鬥也。」❸穆公　鄒君，孟子所始仕者。❹有司　官吏。因各有專司而得名。❺疾視　瞋目怒視。❻轉乎溝壑　指人民死的很多，不勝埋葬，因此棄尸於溝壑之中。轉，遷移，丟棄。溝壑，田中溝，山中澗。❼幾　將近，接近。❽倉廩　倉，藏穀之所。廩，藏米之所。❾府庫　府，藏財賄之所。庫，藏兵甲之所。❿慢　指輕忽政事。⓫反之　反，還報。趙注：「言百姓乃今得反報諸臣不哀矜耳。」

【語譯】鄒國和魯國交兵鬨鬥，鄒穆公問孟子道：「我的官員陣亡的共有三十三人，人民卻沒有一個肯爲他們效死的。要殺這些人民罷，那也殺不了這麼多；不殺罷，他們就狠狠地看著長官戰死，不肯援救。該把他們怎麼辦才好呢？」

孟子答道：「在凶荒饑饉的年歲，君上的人民，年老和體弱的都不免一死，被拋棄在田溝山澗裏；年輕力壯而逃散到四方去的，將近一千人了；可是君上的倉廩飽滿，府庫充實，官員們卻沒人把實情報告君上，設法救濟災民。這便是在上的官吏輕忽了政事，殘害在下的人民啊。曾子說過：『小心啊！小心啊！一件惡事從你身上做出來，一定會還報到你身上的。』那些人民平時吃了長官的虧，到現在才等到機會報復一下，盼我君不要責怪他們。今後只要我君施行仁政，那麼人民自然和長官相親，爲長官拚命了。」

八　與民守之

㈢滕文公❶問曰：「滕，小國也，間於齊❷楚。事齊乎？事楚乎？」孟子對曰：「是謀非吾所能及也❸。無已，則有一焉：鑿斯池也，築斯城也，與民守之，效❹死而民弗去，則是可為也。」

【章　旨】此章言有國者當守義而愛民，不可僥倖而苟免。

【注　釋】❶滕文公　滕，國名，今山東滕縣西南十四里有古滕城。其國土北界於齊，南界於楚。滕侯，周文王之後，滕定公之子。謚文，逸周書謚法解：「學勤好問曰文，慈惠愛民曰文。」❷齊　國名，都臨淄（今山東臨淄縣），略有今山東及河北東部地。❸是謀非吾所能及也　趙注：「孟子以二大國之君皆不由禮，我不能知誰可事者也。」❹效　致，獻。

【語　譯】滕文公問孟子道：「滕是個小國，卻夾在齊、楚兩個大國中間。服事齊國呢？還是服事楚國呢？」

孟子答道：「這項對策，不是我能想得到的。那些大國，那個靠得住呢？萬不得已，倒有一個變通辦法在這裏：把這護城河掘深，將這城牆築高，然後施德行義，和人民齊心防守，使人民情願效力到死，也不棄城逃走，這倒是可以做做的。」

【問題與討論】

一、孟子為甚麼主張治理國家應講「仁義」，不應該講「利」？

二、孔子認為治理國家，先要「富之」，然後「教之」；試與孟子所提倡的王道政治相比較。

三、仁者爲甚麼能無敵？

四、孟子說：「不嗜殺人者能一之。」試申述其說。

五、「保民而王」是甚麼意思？

六、「不爲」和「不能」有甚麼不同？

七、孟子與齊宣王討論和鄰國相交的原則和方式是甚麼？

八、試申述「聞誅一夫紂矣，未聞弒君也」的意義。

九、「戒之戒之！出乎爾者，反乎爾者也。」這是誰說的話？孟子用來說明甚麼道理？

十、孟子與滕文公討論保守小國的方法是甚麼？

公孫丑篇上

九章錄五章

一 知言持志養氣

㈠公孫丑問曰：「夫子加❶齊之卿相❷，得行道焉，雖由此霸王不異矣。如此，則動心❸否乎？」

孟子曰：「否。我四十不動心。」

曰：「若是，則夫子過孟賁❹遠矣！」

曰：「是不難。告子❺先我不動心。」

曰：「不動心有道乎？」

曰：「有。北宮黝❻之養勇也，不膚橈❼，不目逃❽；思以一毫挫❾於人，若撻之於市朝。不受於褐寬博❿，亦不受於萬乘之君；視刺萬乘之君，若刺褐夫，無嚴⓫諸侯；惡聲至，必反之。孟施舍⓬之所⓭養勇也，曰：『視不勝猶勝也⓮；量敵而後進，慮勝而後會，是畏三軍⓯者也。舍豈能爲必勝哉？能無懼而已矣。』孟施舍似曾子，北宮黝似子夏⓰。夫二子之勇，未知其孰賢；然而孟施舍守約⓱也。昔者曾子謂子襄⓲曰：『子好勇乎？吾嘗聞大勇於夫子⓳矣：自反而不縮⓴，雖褐寬博，吾不惴焉㉑？自反而縮，雖千萬人，吾往矣！』孟施舍之守氣，又不如曾子之守約㉒也。」

曰：「敢問夫子之不動心，與告子之不動心，可得聞與？」

「告子曰：『不得於言，勿求於心；不得於心，勿求於氣㉓。』不得於心，勿求於氣，可；不得於言，勿求於心，不可㉔。夫志，氣之帥也；氣，體之充也㉕。夫志至焉，氣次焉㉖，故曰：『持其志，無暴其氣㉗。』」

「既曰『志至焉，氣次焉』，又曰『持其志，無暴其氣』者，何也？」

曰：「志壹㉘則動氣，氣壹則動志也。今夫蹶者、趨者，是氣也；而反動其心㉙。」

「敢問夫子惡乎長？」

曰：「我知言㉚，我善養吾浩然之氣㉛。」

「敢問何謂浩然之氣？」

曰：「難言也。其爲氣也，至大至剛㉜，以直㉝養而無害，則塞於天地之閒㉞。其爲氣也，配義與道㉟；無是，餒也㊱。是集義所生㊲者，非義襲而取之㊳也；行有不慊於心，則餒矣。我故曰告子未嘗知義，以其外之也㊴。必有事焉而勿正，心勿忘，勿助長也㊵。無若宋人然：宋人有閔㊶其苗之不長而揠㊷之者，芒芒㊸然歸，謂其人㊹曰：『今日病㊺矣！予助苗長矣！』其子趨而往視之，苗則槁矣！天下之不助苗長者寡矣。以爲無益而舍之者，不耘苗者也。助之長者，揠苗者也；非徒無益，而又害之。」

「何謂知言？」

曰：「詖辭㊻，知其所蔽；淫㊼辭，知其所陷㊽；邪㊾辭，知其所離㊿；遁(51)辭，知其所窮(52)。生於其心，害於其政，發於其政，害於其事。聖人復起，必從吾言矣(53)。」

「宰我、子貢，善為說辭。冉牛、閔子、顏淵，善言德行[54]。孔子兼之，曰：『我於辭命，則不能也。』然則夫子既聖[55]矣乎？」

曰：「惡！是何言也！昔者子貢問於孔子曰：『夫子聖矣乎？』孔子曰：『聖，則吾不能；我學不厭，而教不倦也[56]。』子貢曰：『學不厭，智也；教不倦，仁也。仁且智，夫子既聖矣！』夫聖，孔子不居。是何言也！」

「昔者竊聞之：子夏、子游、子張，皆有聖人之一體[57]；冉牛、閔子、顏淵，則具體而微[58]；敢問所安[59]？」

曰：「姑舍是！」

曰：「伯夷[60]、伊尹[61]何如？」

曰：「不同道。非其君不事，非其民不使，治則進，亂則退，伯夷也。何事非君？何使非民？治亦進，亂亦進，伊尹也。可以仕則仕，可以止則止，可以久則久，可以速則速，孔子也。皆古聖人也，吾未能有行焉；乃[62]所願，則學孔子也。」

「伯夷、伊尹於孔子，若是班[63]乎？」

曰：「否。自有生民以來，未有孔子也！」

曰：「然則有同與？」

曰：「有。得百里之地而君之，皆能以朝諸侯，有天下；行一不義，殺一不辜，而得天下，皆不爲也。是則同。」

曰：「敢問其所以異？」

曰：「宰我、子貢、有若，智足以知聖人；汙(64)，不至阿(65)其所好。宰我曰：『以予觀於夫子，賢於堯舜(66)遠矣。』子貢曰：『見其禮而知其政，聞其樂而知其德，由百世之後，等(67)百世之王，莫之能違(68)也。自生民以來，未有夫子也！』有若曰：『豈惟民哉？麒麟(69)之於走獸，鳳凰(70)之於飛鳥，泰山之於丘垤(71)，河海之於行潦(72)，類也。聖人之於民，亦類也；出(73)於其類，拔(74)乎其萃(75)，自生民以來，未有盛(76)於孔子也！』」

【章旨】此章論養氣之工夫及其重要性，而歸之學孔子。

【注釋】❶加　居。❷卿相　相，百官之長。古代以上卿充任，故稱卿相。❸動心　朱注：「有所恐懼疑惑而動其心。」❹孟賁　古之勇士，衛人。相傳他水行不避蛟龍，陸行不避虎兕；不以生命富貴易其勇。❺告子　與孟子同時之學者，姓告，名不害。❻北宮黝　齊人，姓北宮，名黝。❼膚橈橈，屈。俗作撓。朱注：「肌膚被刺而撓屈也。」❽目逃　朱注：「目被刺而轉睛逃避也。」❾挫　辱。❿褐寬博　朱注：「褐，毛布。寬博，寬大之意。賤者之服也。」此指穿著寬博褐衣的匹夫而言，即下文所謂的「褐夫」。⓫無嚴　不畏憚。⓬孟施舍　古人名。孟，姓；舍，名；施，發語聲。一說：孟施，複姓。又一說：名施舍。⓭所　猶所以。⓮視不勝猶勝也　指勇往直前，不計勝敗。⓯三軍　周制天子六軍，諸侯大國三軍。每軍一萬二千五百人。此則借爲強敵衆多之稱。⓰孟施舍似曾子二句　朱注：「黝務敵人，舍專守己；子夏篤信聖人，曾子反求諸己；故二子之與曾子、子夏，雖非等倫，然論其氣象，則各有所似。」⓱守約　約，簡要。朱注：「論二子之勇，則未知誰勝；論其所守，則舍比於黝，爲得其要也。」⓲子襄　曾子弟子。⓳夫子　指孔子。⓴縮　直，義。㉑惴焉　使他驚懼。㉒不如曾子之守約　朱注：「言孟施舍雖似曾子，然其所守，乃一身之氣，又不如曾子之反身循理，所守尤得其要也。孟子之不動心，其原蓋出於此。」㉓不得於言四句　指人以惡言加我，我對其言已感不悅，則不復問其心之善或不善；人以惡心待我，我對其心已感不悅，則不復問其辭氣之善或不善。左傳哀公二十四年：「得大子適郢。」注曰：「得，相親悅也。」韻會曰：「與人契合曰相得。」則「得」有喜悅、契合之義。「求」，探求。「氣」之意義，有廣、狹之分：廣義之氣，指氣之體；乃人類一切善惡行爲之原動力。下文「氣之帥」、「氣，體之充」、「氣次焉」、「無暴其氣」，皆廣義之氣。狹義之氣，指氣之用；乃促成人類某種特殊行爲之動力。下文「浩然之氣」，世所謂「勇氣」、「意氣」，皆狹義之氣。此云「勿求於氣」之「氣」，屬狹義之氣，即趙岐所謂「辭氣」，今所謂「口氣」。㉔不得於心六句　孟子以爲不悅他人待我之惡心，而不探求其辭氣善否猶可——因人有惡心，而巧用辭氣以欺我，我之心不爲所動，則能知其心而不惑於詐，故以爲「可」。若不悅他人加我之惡言，而不推求其用心之善否則不可——因如其人本有善心，而言語之間不免暴戾，我則但怒其言，而不復能知其心，故以爲「不可」。告子徒逞意氣，以「不求」爲不動心之方法；孟子則以道直養其心。此爲二人不動心之不同處。㉕夫志四句　趙注：「志，心所念慮也。氣，所以充滿形體爲喜怒也。志帥氣而行之，度其可否也。」朱注：「凡曰可者，亦僅可而有所未盡之辭耳。若論其極，則志固心之所之，而爲氣之將帥；然氣亦人之所以充滿於身，而爲志之卒徒者也。」㉖夫志至焉氣次焉　次，舍，止。毛奇齡逸諸箋：「志之所至，氣卽隨之而止。」蔣伯潛四書廣解曰：「朱子釋志至氣次云：『志爲至極，而氣次之。』似與孟子尊崇『養氣』之旨未合。次當訓爲次舍之次（見陳組綬近聖居燃犀解）。蓋志爲氣之帥，則志之所至，氣卽隨之也。」㉗持其志無暴其氣　指當守其志，使不踰正軌；不可攪亂其氣，妄以喜怒加人。持，守。暴，亂。㉘壹　專一。焦循曰：「持其志使專壹而不貳，是爲志壹；守其氣使專壹而不貳，是爲氣壹。黝之氣在必勝，舍之氣在無懼，是氣壹也。曾子自反而縮，雖千萬人吾往，是志壹也。」㉙今夫蹶者趨者三句　王夫之稗疏曰：「踐地而始舉足曰步，流水步曰趨，跳走曰蹶。蹶蓋趨之甚者。方蹶則心爲之揚厲，方趨則心爲之悚斂，故曰『反動其心』。」㉚知言　朱注：「知言者，盡心知性，於凡天下之言，無不有以究極其理，而識其是非得失之所以然也。」㉛浩然之氣　氣，在此指配合道義之正氣而言。朱注：「浩然，盛大流行之貌。氣，卽所謂『體之充』者，本自浩然，失養故餒，惟孟子爲善養之以復其初也。蓋惟知言，則有以明夫道義，而於天下之事無所疑；養氣，則有以配夫道義，而於天下之事無所懼；此其所以當大任而不動心也。告子之學，與此正相反，其不動心，殆亦冥然無覺，悍然不顧而已爾。」㉜至大至剛　朱注：「至大，初無限量。至剛，不可屈撓。」㉝直　正道。㉞塞於天地之閒　趙注：「養之以義，不以邪事干害之，則可使滋蔓塞滿天地之間，布施德教無窮極也。」㉟配義與道朱注：「配者，合而有助之意。義者，人心之裁制，道者，天理之自然。」孫云遐曰：「道義雖蘊藏在人心，但不能自動的行出來。惟養成這股氣，見所當行的，便努力去行；見所當爲的，便挺身去爲。氣因義道而盛大，道義得氣而伸張：兩相配合，卽是『配義與道』。」㊱無是餒也　指無道義則氣餒。是，指道義。餒，氣餒。㊲集義所生　集，合。朱注：「言氣雖可以配乎道義，而其養之之始，乃由事皆合義，自反常直，是以無所愧怍，而此氣自然發生於中。」㊳非義襲而取之　襲，掩取。朱注：「非由只行一事偶合於義，便可掩襲於外而得之也。」㊴行有不慊於心四句　慊，快，足。朱注：「言所行一有不合於義，而自反不直，則不足於心，而其體有所不充矣；然則義豈在外哉？告子不知此理，乃曰仁內義外，而不復以義爲事，則必不能集義以生浩然之氣矣。」㊵必有事焉而勿正三句　顧炎武曰：「倪文節思謂當作『必有事焉而勿忘；勿忘，勿助長也』，傳寫之誤——以『忘』字作『正心』二字。言養浩然之氣，必當有事而勿忘；既已勿忘，又當勿助長也。」朱熹就字面解釋曰：「正，預期也。春秋傳曰『戰不正勝』是也。……此言養氣者必以集義爲事，而勿預期其效；其或未充，則但當勿忘其所有事，而不可作爲以助其長，乃集義養氣之節度也。」也可通。㊶閔　與「憫」通，憂慮。㊷揠　拔起。㊸芒芒　疲倦貌。㊹其人　指家人。㊺病　疲倦。㊻詖辭　偏執一端之言辭。詖，偏陂。㊼淫　放蕩。㊽陷　沉溺。㊾邪　邪僻。㊿離　叛去。(51)遁　逃避。(52)窮　困屈。(53)生於其心六句　趙注：「生於其心，譬若人君有好殘賊嚴酷心，必妨害仁政，不得行之也。發於其政者，若出令欲以非時田獵、築作宮室，必妨害民之農事，使百姓有飢寒之患也。吾見其端，欲防而止之，如使聖人復興，必從我言也。」(54)宰我子貢四句　說辭，言語。論語先進篇：「德行：顏淵、閔子騫、冉伯牛、仲弓，言語：宰我、子貢。政事：冉有、季路，文學：子游、子夏。」(55)聖　無所不通爲聖。(56)孔子曰五句　論語述而篇：

「子曰：『若聖與仁，則吾豈敢？抑為之不厭，誨人不倦，則可謂云爾已矣。』公西華曰：『正唯弟子不能學也。』」(57)一體 猶一肢。(58)具體而微 指備具大體，但規模比聖人微小。(59)所安 所處。朱注：「公孫丑復問孟子：既不敢比孔子，則於此數子欲何所處也。」(60)伯夷 孤竹君之長子。兄弟遜國，避紂隱居，後聞文王之德而來歸；及武王伐紂，因恥食周粟，隱居首陽山而餓死。(61)伊尹 有莘之處士。先由湯聘用，再推薦給桀；而桀不能用，復歸於湯。如此來回聘介多次，於是相湯而伐桀。(62)乃 猶然。(63)班 等齊之貌。趙注：「丑嫌伯夷、伊尹與孔子相比，問此三人之德班然而等乎？」(64)汙 與「夸」通，夸大。(65)阿 私。(66)賢於堯舜 程子曰：「語聖則不異，事功則有異。夫子賢於堯舜，語事功也。蓋堯舜治天下，夫子又推其道以垂教萬世。堯舜之道，非得孔子，則後世亦何所據哉？」(67)等 分出等第。即評定高下。(68)違 離，避。(69)麒麟 傳說中的仁獸名。雄的叫做麒，雌的叫做麟。古以為瑞獸，聖人出、王道行則出現。(70)鳳凰 傳說中的鳥名。雄稱鳳，雌稱凰。古以為瑞鳥，遇聖王乃出現。(71)垤 蟻封。(72)行潦 道上無源之水。(73)出 高出。(74)拔 特起。(75)萃 聚。(76)盛 盛美，偉大。

【語　譯】公孫丑問孟子說：「假如夫子做了齊國的卿相，能夠推行大道，就是從此使齊國稱霸於諸侯，甚至完成了王業，也沒甚麼奇怪。眞能這樣，那您會不會動心——感到惶恐不安呢？」

孟子說：「不會。我四十歲就不動心了。」

公孫丑說：「這樣說來，夫子比孟賁強多了！」

孟子說：「這並不困難。告子比我更早就不動心了。」

公孫丑說：「要不動心，有法子嗎？」

孟子說：「有。北宮黝培養勇氣，使自己不動心的法子是：縱使有人向他身上刺一刀，他連皮膚都不收搐；縱使有人向他眼上扎一劍，他連眼珠都不閃避。在他想來，就是一根毫毛被別人蹧蹋所造成的汚辱，也像在鬧市上當衆打他一樣。他既不肯受辱於穿寬大粗布衣服的貧民，也不肯受辱於擁有萬輛兵車的國君；在他看來，殺死一個擁有萬輛兵車的國君，就像殺死一個穿粗布衣裳的貧民一樣，他根本就不怕甚麼諸侯；假使有誰用難聽的話叱駡他，他一定當場奉還回去。孟施舍用來培養勇氣，使自己不動心的法子，據他自己說：『我打起仗來，只知勇往直前，絕不計較勝敗。我看那失敗，就同勝利一樣。如果估量過敵人的强弱才前進，考慮了戰鬥的勝敗才交兵，就是害怕强敵的衆多了。我孟施舍那裏能一定取勝呢？只是能使自己不害怕罷了。』孟施舍使自己不害怕的工夫，有點像曾子的反身求己；北宮黝專力對付敵人的工夫，有點像子夏的篤守聖道。這兩個人的勇氣，不知道那一個高明些；可是孟施舍倒是把握住培養勇氣的要領了。從前曾子告訴他的學生子襄說：『你好勇麼？我曾經聽我老師孔子談論過「大勇」：自己反省一下，要是自己理屈，對手縱使是一個穿著粗劣的貧民，我難道會不害怕嗎？自己反省一下，要是自己理直，雖然面臨千萬個强敵，我也要去拼到底了！』這麼看來，孟施舍把握住培養勇氣的要領，又不如曾子能把握住培養道義的要領了。」

公孫丑說：「請問夫子的不動心，和告子的不動心，有甚麼差別？可以說給我聽聽嗎？」

孟子說：「告子曾說：『我對一個人的談話聽不入耳，就不問他存心的好壞，一概不從；我對一個人的存心看不中意，就不問他口氣的好壞，一概不理。』這樣雖能不動心，卻未免有些意氣用事：不滿意別人的存心，就不問他口氣的好壞，免得受他甜言蜜語的欺騙，倒還可以；聽不進別人的話，就不問他存心的好壞，辜負了他的好心，是不行的。志，是氣的統帥；氣，是充滿體內的力量。那志到達那裏，氣就跟到那裏。所以我說不動心的要訣是：『把握住志，不要攪亂了氣。』」

公孫丑說：「您既然說『志到達那裏，氣就跟到那裏』，爲甚麼又說『把握住志，不要攪亂了氣』呢？」

孟子說：「因爲志專一的時候，就牽著氣走；氣專一的時候，也能牽著志走啊！比方現在有人在飛奔，有人在疾走，那都是氣的作用；但是反而使心志也跟著激動起來。」

公孫丑說：「請問夫子的不動心工夫有甚麼長處呢？」

孟子說：「我知言，我善於培養我的浩然之氣。」

公孫丑說：「請問甚麼叫做『浩然之氣』？」

孟子說：「很難說啊。這種氣，最廣大、最剛强，如果用正當的方法培養，不妄加殘害，就能充塞在天地間。這種氣，配合著正義和天理；沒有了正義和天理，就要委靡下來了；而且，它是由正義的長久積聚，從內心發生出來；不是藉偶然的正義行爲，從外面襲取過來的。因此，當一個人的行爲有不合道義，自己內心覺得不滿足的時候，氣就跟著委靡下來了。所以我說告子還沒有懂得甚麼是義，因爲他把義看做外在的東西。當然，他也不會懂養氣的道理了。還有，培養這浩然之氣，必須時時進行，不可有一刻忘記；並且心裏只要不忘記就好了，也不必另想辦法，幫它快速長成。可別像傻頭傻腦的宋國人似的：宋國有個人，因爲愁他的禾苗老不長大，就把苗全都拔高一些，然後累得頭昏眼花地回去，告訴家裏人說：『今天累壞了！我幫助禾苗長大了！』他兒子急忙跑去看，禾苗已經乾枯了！現在天下的人，無論做甚麼事，能夠不像宋人這樣幫助禾苗長大的，是很少了。認爲養氣沒有好處，便放棄不管的，好比是不肯除草養苗的懶漢。知道養氣的好處，卻急著幫它長大的，就好比是拔起禾苗的傻瓜；不但沒有益處，反而害了它哩。」

公孫丑問：「甚麼叫做『知言』呢？」

孟子說：「聽了別人偏執一端的言辭，就知道他的心爲甚麼被遮蔽不明；聽了別人汪洋自恣的言辭，就知道他的心爲甚麼會陷溺不拔；聽了別人淆亂是非的言辭，就知道他的心爲甚麼要叛離正道；聽了別人支吾閃爍的言辭，就知道他的心爲甚麼會窮於應對。拿治理天下的君、相來說，這四種言辭既在心裏產生，就要危害到政教；既出現在政教上，就要危害到行事；卽使堯、舜、孔子等聖人復活，也一定會贊成我的話的。」

公孫丑說：「孔門弟子裏面，宰我、子貢很會說話，冉牛、閔子、顏淵很會談論德行，孔子兼有這兩種長處，卻謙虛地說：『我對於辭令，是很外行的！』那麼夫子既能養氣，又能知言，已經是聖人了吧？」

孟子說：「哦！這是甚麼話！從前子貢問孔子說：『夫子是聖人了吧？』孔子說：『做聖人，我倒是不能够。我只是求學不會滿足，教人不會厭倦罷了。』子貢說：『求學不會滿足，就是智；教人不會厭倦，就是仁。又仁又智，夫子當然是聖人了！』這聖人之名，連孔子都不敢當。你卻說我是聖人了，這是甚麼話呢！」

公孫丑說：「從前我私下裏聽人說：子夏、子游、子張這三個人，都學到聖人一部分長處；冉牛、閔子、顏淵這三個人，卻學到聖人所有的長處，只是規模比聖人小些。您既不敢和聖人相比，請問在這兩種人裏，願意做那一種？」

孟子說：「暫時不談這些人吧！」

公孫丑說：「既不願談這些人，那麼像伯夷、伊尹這兩個人又怎樣呢？」

孟子說：「他們和我處世態度不同。不是他喜歡的國君絕不事奉，不是他喜歡的人民絕不管理；天下太平就出來做官，天下混亂就隱居在家裏；這是伯夷的處世態度。那一個受我事奉的不是國君？那一個被我支使的不是人民？天下太平固然出來做官，天下混亂也要出來做官；這是伊尹的處世態度。可以做官就做官，可以隱居就隱居；可以久留就久留，可以速去就速去；這是孔子的處世態度。這三個人，都是古代的聖人，我還沒有照著他們做；可是我希望的，倒是學孔子呢。」

公孫丑說：「伯夷、伊尹比起孔子來，是這樣不相上下麼？」

孟子說：「不，自從有人類以來，沒有比孔子更偉大的了。」

公孫丑說：「那麼，他們三個人有相同的地方嗎？」

孟子說：「有的。假使得到百里的土地，讓他們做君主，都能够使諸侯前來朝見，統一天下；但是叫他們做一件不義的事、殺一個無罪的人，去取得天下，他們都不會做的。這就是他們相同的地方。」

公孫丑說：「請問他們不同的地方，究竟在那裏？」

孟子說：「像宰我、子貢、有若這三個人，智慧都足够了解聖人的行事，卽使誇大一些，也不至於偏袒他們喜歡的人。宰我稱讚孔子道：『照我看夫子的事功，勝過堯、舜多了。』子貢讚道：『看了一代的典章制度，就知道當時的政治情況；聽了一代的樂曲，就能知道當時的道德水準；卽使從百代以後，品評百代以來的帝王，也沒有人能避過他的觀察。自從天生人類以來，沒有比夫子更偉大的了！』有若也讚道：『何祇人類呢？麒麟對於一般的走獸，鳳凰對於一般的飛鳥，泰山對於矮小的丘、垤，河、海對於無源的流潦，原都是同類啊。聖人對於普通的人民，也是同類；不過他超出平凡的同類，突起於人羣之中，自從天生人類以來，沒有比孔子更偉大的了！』」

二　王霸之分

㊂孟子曰：「以力❶假仁❷者霸，霸必有大國。以德行仁❸者王，王不待大：湯以七十里，文王以百里。以力服人者，非心服也，力不贍也。以德服人者，中心悅而誠服也，如七十子之服孔子也。詩❹云：『自西自東，自南自北，無思❺不服。』此之謂也。」

【章　旨】本章論王霸，以為以力服人者，非心服；而以德服人者，則人不能不服。

【注　釋】❶力　朱注：「謂土地甲兵之力。」❷假仁　指本無仁心，而假借其名以行事。❸以德行仁　朱注：「自吾之得於心者推之，無適而非仁也。」❹詩　指詩經大雅文王有聲篇。❺思　句中語助詞。

【語　譯】孟子說：「憑藉武力，而假借仁愛之名號召諸侯的人，就能完成霸業；想完成霸業，一定得有強大的國家。依靠美德推行仁政的人，就能完成王業；想完成王業，不必等到強大：例如商湯只靠七十方里、周文王只靠一百方里的土地，就成功了。憑武力使人降服，別人不是心悅誠服，是爲了自己力量不够的緣故；靠美德使人歸服，別人是心裏歡喜，眞誠信服，就同孔門七十弟子信服孔子一樣。詩經上說：『從東西南北四方來歸的人民，沒有不心服的。』就是這個意思。」

三　貴德尊士

四孟子曰：「仁則榮，不仁則辱。今惡辱而居不仁，是猶惡溼而居下也。如惡之，莫如貴德❶而尊士❷。賢者在位❸，能者在職❹，國家閒暇，及是時明其政刑，雖大國必畏之矣。詩❺云：『迨❻天之未陰雨，徹彼桑土❼，綢繆❽牖戶❾；今此下民，或敢侮予❿？』孔子曰：『為此詩者，其知道⓫乎！能治其國家，誰敢侮之？』今國家閒暇，及是時般樂怠敖⓬，是自求禍也。禍福無不自己求之者！詩⓭云：『永言配命，自求多福⓮。』太甲⓯曰：『天作孽，猶可違；自作孽，不可活⓰。』此之謂也。」

【章旨】此章言治國當尊賢使能，修政行仁，預防禍患於未然。

【注釋】❶貴德　重視道德。❷士　指有才能之人。❸賢者在位　位，朝位。朱注：「賢，有德者。使之在位，則足以正君而善俗。」❹能者在職　職，官職。朱注：「能，有才者。使之在職，則足以修政而立事。」❺詩　指詩經豳風鴟鴞篇。❻迨　及，乘。❼徹彼桑土　徹，與「撤」通，取的意思。桑土，桑木之根。土，音杜。一說：桑木之皮。土，與「⿰者皮」通。桑皮纖維甚長，可製桑皮紙。當從後說。❽綢繆　纏綿，絞結束縛。❾牖戶　指巢中通氣出入處。❿予　鳥自稱。⓫道　防患未然之道。⓬般樂怠敖　趙注：「般，大也。孟子傷今時之君，國家適有閑暇，且以大作樂，怠惰敖遊，不修政刑，是以見侵而不能距，皆自求禍者也。」⓭詩　指詩經大雅文王篇。⓮永言配命自求多福　永，長。言，語助詞。配，合。命，天命。朱注：「此言福之自己求者。」⓯太甲　商書篇名。⓰天作孽四句　孽，禍。違，避。朱注：「此言禍之自己求者。」

【語　譯】孟子說：「國君行仁就能得到光榮，不仁就要遭受恥辱。現在的國君，只知道憎惡恥辱，卻居心不仁，這就和憎惡潮濕，卻偏住在低窪的地方一樣。

如果國君眞正憎惡恥辱，就不如崇尚道德，尊敬賢能的人。假使有德行的人在朝廷裏輔佐國君，制定施政的方針；有才能的人在官府裏擔任公職，推行既定的法令；國家便太平無事。乘這時候修明政教和刑罰，卽使是大國也一定要畏懼他了。詩經鴟鴞篇說：『乘著天還沒有陰雨的時候，把那桑樹表皮的纖維取來，纏結修補巢上通氣和出入的孔道；這樣及時防患，今後在下面的人們，那個敢來欺侮我？』孔子讀了這詩，贊歎道：『做這首詩的人，眞懂得防患未然的道理呀！能及早治理國家，誰還敢來欺侮？』

現在的國君，每逢國家太平無事，就乘這時候大大地享樂，怠惰遨遊，不理政事，這正是自找禍患啊。禍患和幸福，沒有不是自己找來的。詩經上說：『永久配合著天命，自己去尋求各種幸福。』書經太甲篇說：『上天造成災禍，還可以逃避；自己造成災禍，那就活不成了。』正是這個意思。」

四　擴充四端

㈥孟子曰：「人皆有不忍人之心❶。先王有不忍人之心，斯有不忍人之政矣。以不忍人之心，行不忍人之政，治天下可運之掌上。

所以謂人皆有不忍人之心者：今人乍❷見孺子❸將入於井，皆有怵惕❹惻隱❺之心；非所以內❻交於孺子之父母也，非所以要❼譽於鄉黨❽朋友也，非惡其聲❾而然也。

由是觀之，無惻隱之心，非人也；無羞惡❿之心，非人也；無辭讓⓫之心，非人也；無是非⓬之心，非人也。惻隱之心，仁之端⓭也；羞惡之心，義之端也；辭讓之心，禮之端也；是非之心，智之端也。人之有是四端也，猶其有四體⓮也；有是四端而自謂不能者，自賊⓯者也；謂其君不能者，賊其君者也。

凡有四端於我者，知皆擴而充之矣，若火之始然⓰，泉之始達⓱。苟能充之，足以保四海；苟不充之，不足以事父母⓲。」

【章旨】此章言人之行，當內求諸己以演大四端，充廣其道，上以匡君，下以榮身。

【注釋】❶不忍人之心　不忍他人受害之心。王偉俠先生曰：「安於不仁曰忍，反之則爲不忍。」❷乍　忽。孟子言人忽見此事，立生此心，其間不暇作他想，以證人固有此心。❸孺子　小孩。❹怵惕　恐懼。❺惻隱　傷痛。❻內　與「納」同，結的意思。❼要　求。❽鄉黨　猶鄉里。古時以萬二千五百家爲鄉、五百家爲黨。❾惡其聲　指討厭有不仁的惡聲。聲，聲譽，聲名。❿羞惡　朱注：「羞，恥己之不善也。惡，憎人之不善也。」⓫辭讓　朱注：「辭，解使去己也。讓，推以與人也。」⓬是非朱注：「是，知其善而以爲是也。非，知其惡而以爲非也。」⓭端　通「耑」，草木初生之題，卽植物冒地而生之幼芽。幼芽雖小，可以發育爲禾麥；善端雖小，可以存養爲仁義。朱注：「惻隱、羞惡、辭讓、是非，情也。仁、義、禮、智，性也。心，統性、情者也。端，緒也。因其情之發，而性之本然可得而見，猶有物在中而緒見於外也。」⓮四體　四肢。⓯賊　殘害。⓰然　「燃」之本字。⓱達　通。⓲苟能充之四句　指如能擴充四端，則能行仁政，保有天下；不能擴充，則無禮無義，與禽獸無異，不足以事父母。四海，猶言天下。古時以爲中國四境，皆有海環繞；環境之海，稱爲四海。

【語譯】孟子說：「凡是人都有不忍別人受害的心。古代的帝王有了不忍別人受害的心，於是就有了不忍別人受害的仁政。拿不忍別人受害的心，施行不忍別人受害的仁政，治理天下，就好像能把它放在手掌上運轉似的輕易。

爲甚麼要說人都有不忍別人受害的心呢？譬如現在有人忽然看見一個小孩子要掉到井裏去的時候，無論他是怎樣的人，都馬上會有恐懼和憐憫傷痛的心情產生。這種心情完全出於天性，並不是想藉此結交那孩子的父母，也不是想博得鄰里朋友們的稱贊，更不是憎惡會落得殘忍的惡名才會如此的。

從這點看來，沒有憐憫傷痛的心，算不得人；沒有羞恥憎惡的心，算不得人；沒有辭謝退讓的心，算不得人；沒有分辨是非的心，也算不得人。憐憫傷痛的心，是仁的善端；羞恥憎惡的心，是義的善端；辭謝退讓的心，是禮的善端；分辨是非的心，是智的善端。一個人心裏有這四個善端，就像他身上有手、足四肢一樣，都是生來便俱備的；有了這四個善端，卻說自己不能行善，便是甘心自棄，賊害自己本性的人了；說他的國君不能行善，袖手看著國君陷入罪惡，便是賊害國君的人了。

凡是了解在我心裏擁有這四個善端的人，知道把它們全都加以推廣和充實了，那麼善端就好像火剛燃燒起來，或者泉水才湧流出來似的，會越來越壯盛了。所以如果能擴充這四個善端，使它們日益增大，就足夠用來保有天下；如果不能擴充，使它們微小如初，就連用來事奉父母都不夠了。」

五　與人爲善

㈧孟子曰：「子路，人告之以有過則喜❶；禹聞善言則拜。大舜有大焉：善與人同❷，舍己從人❸，樂取於人以爲善❹。自耕稼陶漁❺，以至爲帝，無非取於人者❻。取諸人以爲善，是與❼人爲善者也。故君子莫大乎與人爲善。」

【章旨】此章言人成聖賢，皆由采善於人也。

【注釋】❶告之以有過則喜　朱注：「喜其得聞而改之，其勇於自脩如此。」❷善與人同　焦循曰：「同即通也。上下交而其志同，所謂善與人同也。」按：與人同即史遷管仲列傳所謂「與俗同好惡」也。❸舍己從人　焦循曰：「舍己，即子路之改過；從人，即禹之拜昌言。聖賢之學，不過舍己從人而已。」❹樂取於人以爲善　焦循曰：「執一者守乎己而不能舍己，故欲天下人皆從乎己；通天下之志者，惟善之從，故捨己從人，樂取於人以爲善。」❺耕稼陶漁　陶，製造瓦器。史記五帝本紀：「舜耕歷山，歷山之人皆讓畔。漁雷澤，雷澤上人皆讓居。陶河濱，河濱器皆不苦窳（粗劣）。」❻無非取於人者　指全取他人長處作爲行善的榜樣。❼與　助，許。

【語　譯】孟子說：「子路這個人，有人告訴他有過失，就非常歡喜；夏禹聽見人家很好的言論，就虛心拜受。大舜又比這兩個人偉大：他對於行善，沒有別人和自己的區別，並且能拋棄自己的不是，接受別人的是，非常快樂地採取別人的長處，拿來行善。從他微賤時從事耕種、燒窰、打漁等行業，一直到當了帝王，沒有不是採取別人的長處，自己照樣去做的。採取別人的長處拿來行善，也就是幫助別人行善。所以君子的美德，沒有比幫助別人行善更大的了。」

公孫丑篇下

十四章錄四章

一　人和爲貴

㊀孟子曰：「天時❶不如地利❷，地利不如人和❸。

三里之城，七里之郭❹，環而攻之而不勝。夫環而攻之，必有得天時者矣❺；然而不勝者，是天時不如地利也。城非不高也，池非不深也，兵革❻非不堅利也，米粟非不多也；委❼而去之，是地利不如人和也。

故曰：域❽民不以封疆之界，固國不以山谿之險，威天下不以兵革之利；得道者多助，失道者寡助。寡助之至，親戚畔之；多助之至，天下順之。以天下之所順，攻親戚之所畔；故君子有不戰，戰必勝矣❾。」

【章旨】此章言得天下者，凡以得民心而已。

【注釋】❶天時 指有利於成事的時令氣候。❷地利 指地勢占形勝之利。❸人和 民心之和。❹郭 外城。❺夫環而攻之二句 朱注：「環，圍也。言四面攻圍，曠日持久，必有值天時之善者。」❻革 甲。❼委 棄。❽域 界限。在此用作動詞，有限制的意思。❾故君子有不戰戰必勝矣 朱注：「言不戰則已，戰則必勝。」

【語譯】孟子說：「天時不如地利，地利不如人和。

譬如周圍只有三里的城牆，外面環著一重周圍七里的外城，把它包圍起來攻打，卻不能取勝。把它長期包圍起來攻打，一定有得到天時的機會了；可是仍舊不能取勝。這是因爲天時不如地利啊。城牆不是不高，護城河不是不深，兵器和盔甲不是不堅固鋒利，糧食也不是不多；結果守城的軍民依然捨棄了城池、軍需逃走。這是因爲地利不如人和啊。

所以說：要限制人民，不必依靠封鎖邊疆的界限；要鞏固國防，不必依靠高山深澗的險要；要威服天下，不必依靠兵器盔甲的堅利。能得正道的國君，幫助的人就多；那失去正道的，幫助的人就少。幫助的人少到極點，親戚都要背叛他了；幫助的人多到極點，普天下的人都要歸順他了。拿全天下人歸順的力量，去攻打那親戚所背叛的國君，勝負很明顯地可以分出來；所以得正道的國君不戰鬥則已，戰鬥的話一定是會獲得勝利的。」

二　辭受之道

㊂陳臻問曰：「前日於齊，王餽兼金❶一百❷而不受；於宋，餽七十鎰而受；於薛，餽五十鎰而受。前日之不受是，則今日之受非也；今日之受是，則前日之不受非也。夫子必居一於此矣！」

孟子曰：「皆是也。當在宋也，予將有遠行❸；行者必以贐❹，辭曰『餽贐』，予何爲不受？當在薛也，予有戒心❺；辭曰『聞戒，故爲兵餽之』，予何爲不受？若於齊，則未有處❻也。無處而餽之，是貨❼之也。焉有君子而可以貨取乎？」

【章旨】此章言君子之辭受取予，惟當於理而已。

【注釋】❶兼金　價值倍於尋常的精金。古代金銀銅通稱爲金。在此指銀。❷一百　趙注：「百鎰也。古者以一鎰爲一金，鎰二十兩也。」❸將有遠行　指將離開宋國到梁國去。❹贐　趙注：「贐，送行者贈賄之禮也。」❺有戒心　趙注：「戒，有戒備不虞之心也。時有惡人欲害孟子，孟子戒備。」❻未有處　處，居，止。趙注：「於義未有所處也。」朱注：「無遠行戒心之事，是未有所處也。」❼貨　以金錢收買。

【語譯】孟子的學生陳臻問孟子道：「從前在齊國，齊王送給您價值倍常的精金二千兩，卻不肯接受。後來在宋國，宋君送平常的金一千四百兩，卻收下了；在薛國，薛君送平常的金一千兩，也收下了。如果從前不接受是合理的，那麼後來接受便不合理了；如果後來接受是合理的，那麼從前不接受便不合理了。夫子在這裏面，總要占一樣哩！」

孟子說：「我前後都是合理的。當在宋國的時候，我將有長途旅行；對遠行的人一定要贈送旅費，宋君送金來，說是『贈送旅費』，我爲甚麼不接受？當在薛國的時候，我因爲有人要暗中謀害，懷有戒心；薛君送金來，說是『聽說夫子有戒心，所以送這些費用給夫子購買兵器』，我又爲甚麼不接受？至於在齊國的時候，安居無事，如果接受贈金，就在道理上站不住腳。在道理上站不住腳，卻送東西給我，這是拿財貨來收買我啊。那裏有君子卻可以拿財貨收買的呢？」

三　民牧失伍

㈣孟子之平陸❶，謂其大夫❷曰：「子之持戟之士❸，一日而三失伍❹，則去之❺否乎？」

曰：「不待三。」

「然則子之失伍❻也亦多矣！凶年饑歲，子之民，老羸❼轉於溝壑，壯者散而之四方者，幾千人矣。」

曰：「此非距心之所得爲❽也。」

曰：「今有受人之牛羊而為之牧❾之者，則必為之求牧❿與芻⓫矣。求牧與芻而不得，則反諸其人乎？抑亦立而視其死與？」

曰：「此則距心之罪也。」

他日，見於王曰：「王之為都⓬者，臣知五人焉；知其罪者，惟孔距心。」為王誦之⓭。

王曰：「此則寡人之罪也。」

【章旨】此章言人臣以道事君，否則奉身以退，不尸其祿也。

【注釋】❶平陸　齊邊邑。在今山東汶上縣北。❷大夫　治邑大夫。此指孔距心。❸持戟之士　持戟之衛士。❹失伍　缺席，失職。閻若璩四書釋地引郝敬云：「伍，班次也。失伍，不在班也。」❺去之　罷去，開除。一說：殺害他。❻子之失伍　朱注：「言其失職，猶士之失伍也。」❼羸　弱。❽所得為　所能做。趙注：「此乃齊王之失政，不肯賑窮，非我所得專為也。」❾牧　養，放飼。❿牧　指牧地，即放飼牛羊的地方。⓫芻　飼牛羊之草。⓬為都　趙注：「治都也。邑有先君之宗廟曰都。」⓭誦之　誦，複述。趙注：「為王言所與孔距心語者也。」

【語譯】孟子到齊國的邊邑平陸去，對守邑的大夫孔距心說：「假使您左右執戟的衛士，在一天裏面就失職三次走錯行列，那麼要不要開除他呢？」

孔距心說：「不必等到三次。」

孟子說：「那麼您自己失職的地方也很多了！在凶荒饑饉的年歲，您治下的人民，年老和體弱的都不免一死，被拋棄在田溝山澗裏；年輕力壯逃散到四方去的，將近一千人了。」

孔距心說：「這不是我做得了主的啊。」

孟子說：「假如現在有一個接受了別人的牛羊，替別人牧養的人，就一定要給牛羊找尋牧地和草料。要是牧地和草料都找不到，那麼是把牛羊還給主人呢？還是站在那裏眼看著牠們餓死呢？」

孔距心因爲不曾辭職，很慚愧地說：「這倒是我距心的罪過了。」

過幾天孟子晉見齊宣王說：「王派去治理都邑的，臣一共認識五個人；但是知道自己罪過的，只有孔距心。」於是把和孔距心的談話對王說了一遍。

王也因爲不曾賑災，很慚愧地說：「這倒是寡人的罪過了。」

四　舍我其誰

⑬孟子去齊，充虞路問曰：「夫子若有不豫❶色然。前日虞聞諸夫子曰：『君子不怨天，不尤❷人。』」

曰：「彼一時，此一時也。五百年必有王者興❸，其間必有名世者❹。由周而來，七百有餘歲矣。以其數❺，則過矣；以其時❻考之，則可矣。夫天未欲平治天下也；如欲平治天下，當今之世，舍我其誰也？吾何爲不豫❼哉？」

【章　旨】此章言聖賢憂世之志，樂天之誠，有並行而不悖者。

【注　釋】❶豫　悅。❷尤　怪罪，怨咎。❸五百年必有王者興　朱注：「自堯舜至湯，自湯至文武，皆五百餘年而聖人出。」❹名世者　朱注：「謂其人德業聞望可名於一世者，爲之輔佐。若皋陶、稷、契、伊尹、萊朱、太公望、散宜生之屬。」❺數　朱注：「謂五百年之期。」❻時　時勢。朱注：「謂亂極思治，可以有爲之日。於是而不得一有所爲，此孟子所以不能無不豫也。」❼吾何爲不豫　趙注：「孟子自謂能當名世之士，時又值之，而不得施；此乃天自未欲平治天下耳，非我之愆。我固不怨天，何爲不悅豫乎？」

【語　譯】孟子離開齊國，充虞在路上問孟子說：「夫子的神色好像有些不高興似的。從前我曾聽夫子說：『君子遭遇到困難，不怨恨上天，不嗔怪他人。』現在爲甚麼想不開呢？」

孟子說：「那是一個時候，這是一個時候啊！自古以來，大約每隔五百年，一定有個聖王興起；這中間也一定有名傳當世、輔佐聖王的賢人。從周朝開基以來，已經有七百多年了。拿那週期五百的年數算來，早已超過了；照現在的時勢考察起來，也該有聖賢興起，拯救萬民了。可是還沒看見，那是上天沒有想使天下太平啊；如果想使天下太平，在這個時代，除了我，還有誰呢？我又爲甚麼不高興呢？」

【問題與討論】

一、北宮黝和孟施舍養勇的方法有甚麼不同？

二、曾子引述孔子所說的「大勇」是怎樣的？
三、甚麼叫做浩然之氣？怎樣培養這種氣？
四、甚麼叫做「知言」？
五、孟子評論伯夷、伊尹和孔子三人有甚麼相同和不同的地方？
六、王道和霸道有甚麼區別？
七、甚麼叫做「四端」？
八、「天時」爲甚麼不如「地利」？「地利」爲甚麼不如「人和」？
九、孟子爲甚麼接受宋、薛兩國贈送的金錢，卻不接受齊王贈送的金錢呢？
十、孟子說：「夫天未欲平治天下也；如欲天治天下，當今之世，舍我其誰也？」是甚麼意思？

滕文公篇上

五章錄二章

一 道一而已

㈠滕文公為世子❶，將之楚，過宋而見孟子。孟子道性善❷，言必稱堯舜。

世子自楚反，復見孟子。

孟子曰：「世子疑吾言乎？夫道，一❸而已矣。成覸❹謂齊景公曰：『彼，丈夫也；我，丈夫也；吾何畏彼哉？』顏淵曰：『舜何人也？予何人也？有為者亦若是。』公明儀❺曰：『文王我師也，周公豈欺我哉❻？』今滕絕❼長補短，將五十里也，猶可以為善國❽。書❾曰：『若藥不瞑眩❿，厥疾不瘳⓫。』」

【章旨】此章言人唯當盡己之性，以師聖賢，不當復求其他。

【注釋】❶世子　即太子。❷性善　性，人生所秉之天理也。朱注：「性者，人所稟於天以生之理也。渾然至善，未嘗有惡，人與堯舜，初無少異；但眾人汩於私欲而失之，堯舜則無私欲之蔽，而能充其性爾。故孟子與世子言，每道性善，而必稱堯舜以實之；欲其知仁義不假外求，聖人可學而至，而不懈於用力也。」❸一　趙注：「夫天下之道，一言而已，惟有行善耳。復何疑也？」❹成覸　人名。王夫之曰：「成覸，齊之勇士，以力事齊景公。其言吾何畏者，以角力言耳，孟子引以喻人之自強。集注云：『彼，謂聖賢。』未審。」❺公明儀　朱注：「公明姓，儀名。魯賢人也。」❻文王我師也二句　趙注：「師文王，信周公，言其知所法則也。」❼絕　截。❽善國　美善之國。朱注：「言滕國雖小，猶足爲治，但恐安於卑近，不能自克，則不足以去惡而爲善也。」❾書　趙注：「書逸篇也。」見今僞古文尚書說命篇。❿瞑眩　令人目闇心亂。⓫瘳　病愈。蔣伯潛曰：「藥力大者，服之則瞑眩；但非此不能愈病。蓋以病者不憚服藥爲喩，戒文公勿以堯舜之道爲難能而行之也。」

【語譯】滕文公做太子的時候，有一回將要到楚國去，聽說孟子在宋國，特地經過那裏，去見孟子。孟子向他講述人性本善的道理，講述時，不斷地舉堯舜的言行來作證。

太子從楚國回來，又來見孟子。

孟子說：「太子懷疑我的話麼？天下的道理，只有一個行善罷了，我上次全已說過。從前齊國勇士成覸向齊景公說：『他是個男子漢，我也是個男子漢，我爲甚麼要怕他呢？』顏淵也說：『舜是甚麼樣的人？我是甚麼樣的人？有作爲的人，也應該像舜一樣。』魯國的賢人公明儀也說：『文王是我的導師，周公難道會欺騙我嗎？』

現在滕國雖小，截長補短，差不多也有五十方里的領土，還是可以成爲一個完善的國家。書經上說：『假使藥力太小，吃下去不能引起病人眼花心亂的感覺，他的病是不會好的。』」

二 匡許行君民並耕之說

㊃有爲❶神農之言❷者許行❸，自楚之滕，踵門❹而告文公曰：「遠方之人，聞君行仁政，願受一廛❺而爲氓❻。」

文公與之處❼。其徒數十人，皆衣褐，捆❽屨織席以爲食。

陳良❾之徒陳相，與其弟辛，負耒耜❿而自宋之滕，曰：「聞君行聖人之政，是亦聖人也。願爲聖人氓。」

陳相見許行而大悅，盡棄其學而學焉。陳相見孟子，道許行之言曰：「滕君則誠賢君也；雖然，未聞道也！賢者與民並耕而食，饔飧而治⓫。今也滕有倉廩府庫，則是厲⓬民而以自養也，惡得賢？」

孟子曰：「許子必種粟而後食乎？」

曰：「然。」

「許子必織布而後衣乎？」

曰：「否，許子衣褐。」

「許子冠乎？」

曰：「冠。」

曰：「奚冠？」

曰：「冠素⓭。」

曰：「自織之與？」

曰：「否，以粟易之。」

曰：「許子奚爲不自織？」

曰：「害⓮於耕。」

曰：「許子以釜甑⓯爨⓰，以鐵⓱耕乎？」

曰：「然。」

「自爲之與？」

曰：「否，以粟易之。」

「以粟易械器⓲者，不爲厲陶冶⓳；陶冶亦以其械器易粟者，豈爲厲農夫哉？且許子何不為陶冶，舍⑳皆取諸其宮㉑中而用之？何為紛紛然與百工交易？何許子之不憚㉒煩？」

曰：「百工之事，固不可耕且為也。」

「然則治天下獨可耕且為與？有大人之事㉓，有小人之事㉔。且一人之身，而百工之所為備㉕；如必自為而後用之，是率天下而路㉖也。故曰：或勞心，或勞力㉗。勞心者治人，勞力者治於人㉘；治於人者食人㉙，治人者食於人㉚；天下之通義㉛也。

當堯之時，天下猶未平㉜，洪水橫流㉝，氾濫㉞於天下；草木暢茂，禽獸繁殖㉟。五穀不登㊱，禽獸偪人，獸蹄鳥跡之道交於中國；堯獨憂之，舉舜而敷治㊲焉。舜使益掌火㊳，益烈㊴山澤而焚之，禽獸逃匿。禹疏九河㊵，瀹㊶濟漯㊷而注諸海；決㊸汝漢，排㊹淮泗，而注之江，然後中國可得而食也。當是時也，禹八年於外，三過其門而不入；雖欲耕，得乎？

后稷㊺教民稼穡，樹藝五穀；五穀熟，而民人育。人之有道㊻也。飽食、煖衣、逸居而無教，則近於禽獸。聖人有憂之，使契㊼為司徒㊽，教以人倫：父子有親，君臣有義，夫婦有別，長幼有序，朋友有信。放勳㊾曰：『勞之，來之，匡之，直之，輔之，翼之，使自得之，又從而振德之㊿。』聖人之憂民如此，而暇耕乎？

堯以不得舜爲己憂，舜以不得禹、皐陶[51]爲己憂；夫以百畝之不易[52]爲己憂者，農夫也。分人以財謂之惠，教人以善謂之忠，爲天下得人者謂之仁。是故以天下與人易，爲天下得人難。孔子曰：『大哉，堯之爲君！惟天爲大，惟堯則之；蕩蕩乎民無能名焉[53]。君哉[54]，舜也！巍巍乎有天下而不與焉[55]！』堯舜之治天下，豈無所用其心哉？亦不用於耕耳[56]。

吾聞用夏變夷[57]者，未聞變於夷[58]者也。陳良，楚產[59]也。悅周公仲尼之道，北學於中國；北方之學者，未能或之先[60]也。彼所謂豪傑[61]之士也。子之兄弟，事之數十年，師死而遂倍[62]之！昔者孔子沒，三年[63]之外，門人治任[64]將歸，入揖於子貢[65]，相嚮而哭，皆失聲[66]，然後歸。子貢反，築室於場[67]，獨居三年，然後歸。他日，子夏、子張、子游以有若似聖人，欲以所事孔子[68]事之，彊曾子。曾子曰：『不可。江漢以濯之，秋陽以暴之[69]，皜皜[70]乎不可尚[71]已。』今也南蠻鴃舌之人，非先王之道[72]，子倍子之師而學之，亦異於曾子矣！吾聞出於幽谷[73]，遷于喬木[74]者；未聞下喬木，而入於幽谷者。魯頌[75]曰：『戎狄是膺，荊舒是懲[76]。』周公方且膺之；子是之學[77]，亦爲不善變矣！」

「從許子之道，則市賈[78]不貳，國中無僞，雖使五尺之童[79]適市，莫之或欺。布帛長短同，則賈相若；麻縷絲絮輕重同，則賈相若；五穀多寡同，則賈相若；屨大小同，則賈相若。」

曰：「夫物之不齊，物之情(80)也。或相倍蓰(81)，或相什百，或相千萬；子比(82)而同之，是亂天下也！巨屨小屨同賈，人豈為之哉(83)？從許子之道，相率而為偽者也，惡能治國家？」

【章旨】此章孟子以堯舜治國之大道，力闢許行依託神農之邪說。

【注釋】❶為　治，研究。❷神農之言　後人依託神農而成之學說。朱注：「神農，炎帝神農氏，始為耒耜，教民稼穡者也。為其言者，史遷所謂農家者流也。」❸許行　楚人。❹踵門　足至其門。卽親至之意。❺廛　古代一家所居的房地。❻氓　民。段玉裁說文注云：「自他歸往之民則謂之氓，故字从民亡。」❼處　居，宅。❽捆　編織。雷浚說文外編云：「說文無捆字，禾部：稇，絭束也。此捆之正字。」❾陳良　朱注：「楚之儒者。」❿耒耜　皆農具名。耒有柄，其末為歧頭，以手推動犁田。耜，卽鍬，插地發土之具。耒耜在古時但以木頭製成，戰國時各易以鐵頭，故下文云「以鐵耕」。⓫饔飧而治　趙注：「饔飧，熟食也。朝曰饔，夕曰飧。當身自具其食，兼治民事耳。」⓬厲　病，害。⓭素　白色生絹。⓮害　妨礙。⓯釜甑　皆烹飪器具。釜，用來煮物，以鐵製成。甑，用來炊物，以瓦製成。⓰爨　炊。卽以火炊熟食物。⓱鐵　鐵器。指耒耜之屬。⓲械器　指耒、耜、釜、甑之屬。⑲陶冶　燒窰與打鐵之人。⑳舍　即今語「甚麼」之切音，俗作啥。趙注、朱注並云：「舍，止也。」毛奇齡四書賸言：「言止取宮中，不須外求也。」也可通。㉑宮　室。古時貴賤同稱宮；秦漢以來，惟王者所居稱宮。㉒憚　畏。㉓大人之事　趙注：「謂人君行教化也。」㉔小人之事　趙注：「謂農、工、商也。」㉕一人之身二句　指一人之所需，齊備百工之所作。㉖路　朱注：「謂奔走道路，無時休息也。」㉗故曰或勞心或勞力　左傳襄九年知武子、魯語公父文伯之母敬姜，並有「君子勞心，小人勞力」之語。孟子引述古語，故加「故曰」二字。㉘治於人　被人統治。㉙食人　養活別人。朱注：「出賦稅以給公上也。」㉚食於人　被人養活。㉛通義　通行的道理。義，猶理。㉜天下猶未平　朱注：「洪荒之世，生民之害多矣；聖人迭興，漸次除治，至此尚未盡平也。」㉝橫流　水行不由故道。㉞氾濫　漫溢。㉟繁殖　生殖繁多。趙注：「水盛，故草木暢茂；草木盛，故禽獸繁息衆多也。」㊱登　成熟。㊲敷治　治理之意。敷、治義同。趙注：「敷，治也。書曰『禹敷土』，治土也。」㊳使益掌火　命益主火，以驅禽獸。益，舜臣，即伯益。掌，主持。㊴烈　熾，盛。趙注：「益視山澤草木熾盛者而焚燒之。」㊵疏九河　疏，通。禹時黃河自大陸（澤名，在今河北任縣東北）而北流，分爲九道入海，稱爲九河。㊶瀹　治，疏通。㊷濟漯　二水名。濟水，源出今河南濟源縣西王屋山，故道經黃河而南，東流至山東入海。漯水，當源出今山東朝城縣境。舊跡已湮沒。㊸決　除去水中之壅塞。㊹排　決。朱注：「汝漢淮泗，亦皆水名也。據禹貢及今水路，惟漢水入江耳；汝泗則入淮，而淮自入海。此謂四水皆入於江，記者之誤也。」蔣伯潛曰：「按禹貢無汝水，漢書地理志言汝水入淮。孫蘭輿地偶說、孫星衍分江導淮論，則謂淮泗合流之後，有由廬州、巢湖、胭脂河入江者，有由天長、六合入江者；其本流則至清江浦入海。排者，通其上游支流以殺水勢也。可以證孟子之非誤。」㊺后稷　農官名。周始祖棄曾擔任此職，因而也稱棄爲后稷。46人之有道　即人之爲道。有，猶爲。道，指常規或習性。47契　舜臣名。後封於商，賜姓子，爲商之祖。48司徒　官名，主掌以禮教民的工作。49放勳　趙注：「堯號也。」閻若璩云：「古帝王有名有號，如堯、舜、禹，其名也；放勳、重華、文命，皆其號也。」50勞之八句　朱注：「德，猶惠也。堯言勞者勞之，來者來之，邪者正之，枉者直之，輔以立之，翼以行之，使自得其性矣；又從而提撕警覺以加惠焉，不使其放逸怠惰而或失之。」51臯陶　舜臣。爲士，掌司法。52易　治。53蕩蕩乎民無能名焉　蕩蕩，廣大無私貌。趙注：「天道蕩蕩乎大無私，生萬物而不知其所由來；堯法天，故民無能名堯德者。」54君哉　指能盡君道，不愧爲君。55巍巍乎有天下而不與焉　巍巍，高大貌。與，增益。趙注：「德盛而巍巍乎有天下之位，雖貴盛不能與益舜巍巍之德。言德之大，大於天子位也。」56亦不用於耕耳　趙注：「堯舜蕩蕩巍巍如此，但不用心於躬自耕也。」57用夏變夷　夏，諸夏，指中國。趙注：「當以諸夏之禮義，化變夷蠻之人耳。」58變於夷　趙注：「未聞變化於夷蠻之人，則其道也。」59產　生。60先　朱注：「過也。」61豪傑　才德出眾的人。62倍　違背。63三年　朱注：「古者爲師心喪三年，若喪父而無服也。」64治任　整理行裝。任，擔。65子貢　衛人。姓端木，名賜。在七十子中最爲饒富。66失聲　趙注：「悲不能成聲。」67場　塚上之壇場。68所事孔子　朱注：「所以事夫子之禮也。」69江漢以濯之秋陽以暴之　趙注：「曾子不肯，以爲聖人之潔白，如濯之江漢，暴之秋陽。秋陽，周之秋，夏之五六月，盛陽也。」70皜皜　潔白貌。71尚　加，上。朱注：「言夫子道德明著，光輝潔白，非有若所能彷彿也。」72今也南蠻鴃舌之人二句　趙注：「今此許行，乃南楚蠻夷，其舌之惡如鴃鳥耳。鴃，博勞鳥也。詩云『七月鳴鴃』，應陰而殺物者也。許子託於大古，非先聖王堯舜之道，不務仁義，而欲使君臣並耕，傷害道德，惡如鴃舌。」73幽谷 深谷。比喻低下。74喬木 高大的樹木。比喻高上。75魯頌 閟宮之篇。76戎狄是膺荊舒是懲 膺，當，擊。荊，楚本號。舒，國名，近楚。懲，乂心，懲戒。趙注：「周家時擊戎狄之不善者，懲止荊舒之人，使不敢侵陵也。」77子是之學 言子以其南蠻許行之學爲是。之，猶其。78賈 與「價」通。79五尺之童 指小孩。古人尺短，五尺相當於如今的三尺半。80情 性。卽自然之理。81倍蓰 一倍稱倍，五倍稱蓰。82比 並，齊。83巨屨小屨同賈二句 指許行對於屨價，不分大小粗細，則鞋匠是不肯做大鞋、細鞋的。趙注：「巨，粗屨也。小，細屨也。如使同價而賣之，人豈肯作其細者哉？」朱注：「若大屨小屨同價，則人豈肯爲其大者哉？」

【語譯】有個研究農家學說的人，名叫許行，從楚國到滕國來，親自到宮廷裏告訴文公說：「我是從遠方來的人，聽說君上施行仁政，希望得到一分房地，做您的百姓。」

文公就給他一棟房屋。他的學生有幾十個人，都穿著粗毛布衣服，靠編蔴鞋、織草蓆過日子。

又有一個楚國儒者陳良的學生，叫做陳相，和他弟弟陳辛，背著耕田的耒耜，從宋國到滕國來，向文公說：「聽說君上施行古代聖王的仁政，那也就是聖人了。我情願做聖人的百姓。」

陳相遇見了許行，大大悅服，就把他的儒學完全拋棄，跟許行學習。後來陳相去見孟子，陳述許行的言論說：「滕君確實也算得上是個賢君。雖然如此，卻還不懂聖人的大道理哩！眞正賢明的國君，要和人民一起耕種過活；一面早晚燒飯，一面治理國事。現在呢，滕國有倉廩儲存米穀，有府庫積聚財貨，滕君卻不親自種田；這就是損害人民，拿人民的血汗奉養自己了，那算得眞正賢明呢？」

孟子反問道：「許先生一定自己種了粟才吃飯嗎？」

陳相說：「是的。」

孟子說：「許先生一定自己織了布才穿衣嗎？」

陳相說：「不。許先生只是穿最粗劣的毛布衣服。」

孟子說：「許先生戴帽子嗎？」

陳相說：「戴。」

孟子說：「戴的甚麼帽子？」

陳相說：「戴白色生絹做的。」

孟子說：「自己織的嗎？」

陳相說：「不是，拿粟換來的。」

孟子說：「許先生爲甚麼不自己織？」

陳相說：「那會妨礙耕田。」

孟子又說：「許先生用釜、甑煮飯，用鐵器耕田嗎？」

陳相說：「是的。」

孟子說：「都是自己造的麼？」

陳相說：「不是，拿粟換來的。」

於是孟子反駁道：「既然拿粟去換取用具的農夫，不算是損害燒窰和打鐵的人；燒窰和打鐵的人也拿他們製成的用具換取粟米，難道就算是損害農夫了麼？再說，許先生爲甚麼不自己燒窰打鐵，甚麼東西都只從家裏取出來使用？爲甚麼要忙忙碌碌地去和各種工人交易？怎麼許先生這樣不怕麻煩呢？」

陳相說：「各種工人的事，原本就不能一面耕田一面兼做啊！」

孟子說：「既然如此，那麼治理天下的事，獨獨可以一面耕田，一面兼做嗎？天下的事原有兩種：有行政施教的在上者的事，有耕田製器的在下者的事。而且一個人身上的需要，必須靠各種工人製成的物品才能齊備；如果一定要自己做了才能使用，那簡直是率領天下人在路上奔走，一刻兒也不得休息了。所以古人說：『有的人勞心，有的人勞力。』勞心的人管理人，勞力的人被人管理；被人管理的供養人，管理人的受人供養；這是天下通行的常理啊！

在唐堯的時候，天下還沒有安定，大水溢出河道，在各處氾濫成災；草木生長得非常茂盛，禽獸也繁殖得非常眾多；但五穀不能成熟，禽獸還要逼害人，鳥獸足跡形成的道路，在中國土地上縱橫交錯；堯獨自爲這種情形憂愁，就舉用舜去治理。舜使伯益主持放火驅獸的事務，伯益就找草木茂密的山澤，縱火燃燒，禽獸這才逃走躲避。禹也奉命疏通了九河；掘深了濟水和漯水，使水灌注到大海裏；開濬了汝水和漢水的河床，排除了淮水和泗水的淤積，使水灌注到長江裏。然後人民才能夠在中國的土地上耕種取食。在那時候，禹在外面八年，三次走過自己的家門口，都沒工夫進去；像這樣公而忘私，雖想親自耕種，能不能呢？

水患已平，后稷又奉命教人民耕種的方法，去種植五穀；五穀成熟了，人民才得到養育。一般人的習性，如果吃飽飯、穿煖衣服、安逸地居住著，卻不知道禮教，那就和禽獸近似了。聖人又爲這種情形憂愁，使契擔任司徒的官職，教導百姓做人的大道理：叫他們曉得父子要有親愛的感情，君臣要有相敬的禮義，夫妻要有內外的分別，長幼要有大小的次序，朋友要有誠信的交誼。堯曾說過治理人民的方針：『勞苦的要慰勉他們，來歸的要體恤他們，用心偏邪的要匡正他們，行爲乖違的要拗直他們，幫助他們樹立心志，扶持他們奉行禮教，使他們自己領會到做人的大道；更接著時時提高他們的警覺，常常施給恩惠，免得他們懈怠。』古代聖人這樣爲人民憂心，還有空閒耕種嗎？

堯把不能得到舜這樣的人當做自己的憂慮，舜把不能得到禹和皐陶這樣的人當做自己的憂慮；那些只把一百畝田耕不好當做自己憂慮的，只是平常的農夫啊。把財物分給人家叫做惠，用善道教導人家叫做忠，替天下找到能當領袖的人才，叫做仁。所以把天下讓給別人很容易，替天下找到能當領袖的人才就困難了。孔子說：『堯做君長是多麼的偉大呀！只有天是最偉大的，只有堯能效法它；他的德行是那樣廣大無私，人民竟摸不著邊際，沒有人能够加以形容。虞舜眞不愧是位君長呀！天生的品德是那樣崇高完美，雖然擁有天下，貴爲人君，對他的完美也不能有所增加。』堯舜治理天下，難道沒有地方用他們的心思嗎？只是不用在耕種上罷了。

我只聽說過用中國的文化去教化蠻夷的人，沒有聽說過反被蠻夷風俗同化了的。你的老師陳良，出生在蠻荒的楚國。因爲悅服周公孔子的道理，向北到中國來學習；北方的學者們，沒有一個能超過他的。他眞是所謂出類拔萃的人啊。你們兄弟兩個，用師禮事奉他幾十年，現在老師一死，就背棄他了！從前孔子死了，三年之後，弟子們在墓旁守喪的孝期已滿，要收拾行裝回去，到子貢家裏向他拜別時，仍舊要相對著痛哭，都哭得不能成聲，這才分別回去。子貢送別回來，還不忍心離開，就在孔子墳場上造一間小屋，又一個人住著守了三年，才回家去。又過了些時候，子夏、子張、子游三個人，因爲有若音容舉止很像孔子，想拿用來事奉孔子的禮節去事奉他，還勉強曾子也這樣做。曾子說：『不行。夫子的道德，好比用長江、漢水那麼多的水洗濯過，又經秋天猛烈的太陽曝曬過，那種光輝潔白，已經無以復加了，誰能比得上呢？』現在這許行，是個南方的蠻子，生就一條鴃鳥的惡舌，開口便非毀古代聖王的道理；你卻背棄你的老師去學他，這就和曾子的行爲不同了！譬如鳥兒做窩，我只聽說有從幽暗的山谷裏飛出，遷移到高大的喬木上的；卻沒聽說有飛下高大的喬木，搬進幽暗的山谷裏的。詩經魯頌上說：『那戎人和狄人，是應該加以打擊的；荆國和舒國，是應該加以懲戒的。』周公還要迎頭痛擊他們；你卻贊成那南蠻的邪說，也眞是不善變化，越變越差了！」

陳相分辯道：「如能照著許先生的道理去做，就能使市場上的商品沒有二價，全國境內沒有詐騙的行爲，雖然叫五尺來高的小孩子到市場上買東西，也沒有人欺騙他。一切貨物，只問量的多少，不管質的好壞。不論布疋或綢緞，只要長短相同，價錢就一樣；不論粗麻或麻線，蠶絲或絲綿，只要輕重相同，價錢就一樣；五穀不論是稻、黍、稷、麥、菽，只要數量相同，價錢就一樣；麻鞋只要大小相同，價錢也就一樣。」

孟子說：「講到貨物品質的好壞不齊，原是貨物的本質。所以彼此的價值，有的相差一倍或五倍，有的相差十倍或百倍，有的相差千倍或萬倍；你卻把它們比齊劃一，這簡直是擾亂天下啊！試想粗麻鞋和細麻鞋同價，人那裏肯做那細的呢？依照許先生的道理去做，就是率領天下的人去做欺詐的事了，那裏能治理國家？」

滕文公篇下　十章錄五章

一　枉尺直尋

㊀陳代❶曰：「不見諸侯，宜❷若小❸然。今一見之，大則以王，小則以霸。且志曰：『枉尺而直尋❹。』宜若可爲也。」

孟子曰：「昔齊景公田，招虞人❺以旌，不至❻，將殺之。『志士不忘在溝壑，勇士不忘喪其元❼。』孔子奚❽取焉？取非其招❾不往也。如不待其招而往，何哉？且夫枉尺而直尋者，以利言也。如以利，則枉尋直尺而利，亦可爲與？昔者趙簡子❿使王良⓫與嬖奚乘⓬，終日而不獲一禽⓭。嬖奚反命⓮曰：『天下之賤工⓯也。』或以告王良。良曰：『請復之⓰。』彊而後可。一朝⓱而獲十禽。嬖奚反命曰：『天下之良工也。』簡子曰：『我使掌⓲與女乘。』謂王良；良不可，曰：『吾爲之範我⓳馳驅，終日不獲一；爲之詭遇⓴，一朝而獲十。詩㉑云：「不失其馳㉒，舍矢如破㉓。」我不貫㉔與小人乘，請辭。』御者且羞與射者比㉕；比而得禽獸，雖若丘陵，弗爲也。如枉道而從彼，何也？且子過矣：枉己者，未有能直人者也。」

【章旨】此章言修禮守正，非招不往。枉道富貴，君子不許。

【注釋】❶陳代　孟子弟子。❷宜　殆，似。❸小　狹小。朱注：「謂小節也。」❹枉尺而直尋　指所屈者小，所伸者大。陳代如此說，是由於想孟子往見諸侯，屈己以伸道的緣故。枉，屈。直，伸。八尺曰尋。❺虞人　守苑囿之吏。❻不至　趙注：「招之當以皮冠，而以旌，故不至也。」❼志士不忘在溝壑二句　朱注：「元，首也。志士固窮，常念死無棺槨，棄溝壑而不恨。勇士輕生，常念戰鬪而死，喪其首而不顧也。此二句，乃孔子歎美虞人之言。」❽奚　何。❾非其招　不合禮的招喚。❿趙簡子晉卿趙鞅。⓫王良　卽晉大夫郵無恤。善御。⓬與嬖奚乘　指爲嬖奚駕車。與，爲。嬖奚，簡子幸臣名奚者。乘，駕車。⓭禽　鳥獸總名。⓮反命　返告簡子。命，告。⓯工　凡執技藝者皆稱工，此指御者。⓰請復之　請再爲之駕車出獵。⓱一朝　一個早晨。⓲掌　專主。⓳範我　範，依法度。我，語詞。⓴詭遇　趙注：「橫而射之曰詭遇。」古人禽由前來者，不逆射；旁去又不射；惟背走者，可順射。一說：不依法駕御爲詭遇。㉑詩　指詩經小雅車攻篇。㉒不失其馳　朱注：「言御者不失其馳驅之法。」㉓舍矢如破　指箭一放出便中的。舍，與「捨」通。舍矢，發箭。王引之云：「如，猶而也。」㉔貫　習。㉕比　阿黨，勾結。

【語譯】孟子的學生陳代問孟子說：「夫子不肯去求見諸侯，好像是太拘小節了吧。現在一去求見他們，獲得行道的機會，向遠處說，就可以使他們完成王業；退一步講，也可以使他們稱霸諸侯。況且志書上說：『委屈一尺，就可以伸張八尺。』似乎很可以幹一幹啊！」

孟子說：「從前齊景公打獵的時候，拿招喚大夫的旌旗招喚管理苑囿的虞人，那虞人不肯去，景公就要殺他。孔子知道了這件事，贊美那虞人說：『有志氣的人，總不忘記自己該安守窮困而死在田溝山澗裏；有勇氣的人，總不忘記自己該爲國戰鬪而喪失他的頭顱。』孔子取他那一點呢？就是取他見到不合禮的招喚便不前往啊！我怎麼可以不等諸侯依禮招聘，便自己去求見呢？況且那『委屈一尺，就可以伸張八尺』的話，原是從謀利方面說的；如果只從謀利方面說，那麼委屈了八尺，伸張的只有一尺，也還有利，難道也可以做嗎？從前晉國的上卿趙簡子，叫當時最有名的御者王良，替他寵愛的家臣名叫奚的駕車出獵，卻是一整天都沒有射著一隻鳥獸。奚回來告訴簡子說：『他是天下最糟糕的御者啊！』有人把這話告訴了王良。王良對奚說：『請讓我再替你駕一次車吧。』再三勉強，奚才答應。結果只一個早晨，就射著十隻鳥獸。奚又回來告訴簡子說：『他是天下最高明的御者啊！』簡子說：『我就叫他專門替你駕車好了。』簡子把這意思告訴王良；王良不肯，說：『我替他依照法度趕車，從背後追逐鳥獸，他卻整天沒射著一隻。後來我替他趕了車，不依正法，橫對著鳥獸衝去，他一個早晨就射到十隻鳥獸。詩經上說：「駕車的人能不失去駕車的法度，射箭的人一發箭便射中目標。」我不習慣替這種不守法度的小人駕車，請讓我辭掉這個差使。』這樣看起來，駕車的人尚且覺得討好射箭的人是羞恥；由於討好而可以獲得鳥獸，雖然堆起來像丘陵一樣高，也是不肯做的。我怎麼可以屈辱了正道，去投靠那些無禮的諸侯呢？而且您也錯了；屈辱了自己的人，絕沒有還能糾正別人的啊！」

二　所謂大丈夫

㈠景春❶曰：「公孫衍❷、張儀❸，豈不誠大丈夫哉？一怒而諸侯懼❹，安居而天下熄⑤。」

孟子曰：「是焉得為大丈夫乎？子未學禮乎？丈夫之冠⑥也，父命之⑦；女子之嫁也，母命之，往送之門，戒之曰：『往之女家⑧，必敬必戒，無違夫子⑨。』以順為正者，妾婦之道也。居天下之廣居，立天下之正位，行天下之大道⑩；得志與民由之⑪，不得志獨行其道⑫；富貴不能淫，貧賤不能移，威武不能屈⑬；此之謂大丈夫！」

【章旨】此章言篤守正道，無論得志與否，皆能不改其志節者，方足以稱大丈夫。

【注釋】❶景春　趙注：「孟子時人，為從橫之術者。」❷公孫衍　魏人。在魏為犀首之官，遂以為號。主張合從的策略，曾佩五國相印。❸張儀　魏人。與蘇秦俱事鬼谷先生，學成，相秦惠王，游說六國，破縱約，使連橫事秦。❹一怒而諸侯懼　朱注：「怒則說諸侯，使相攻伐，故諸侯懼也。」❺安居而天下熄　趙注：「安居不用辭說，則天下兵革熄也。」❻冠　加冠於首稱冠，此指行冠禮。古時男子二十而冠，始為成人，其禮至為隆重。❼父命之　命，教。父命與母命對文，母命以順為正；父所命者，即下文居廣居，立正位，行大道，以義匡君，不移不屈之事。❽女家　女，與「汝」通。朱注：「女家，夫家也。婦人內夫家，以嫁為歸也。」❾夫子　丈夫。❿居天下之廣居三句　朱注：「廣居，仁也；正位，禮也；大道，義也。」按：論語泰伯篇第八章云：「立於禮。」本書離婁篇上第十章云：「仁，人之安宅也；義，人之正路也。」朱注本此。⓫與民由之　朱注：「推其所得於人也。」⓬獨行

其道　朱注：「守其所得於己也。」⑬富貴不能淫三句　朱注：「淫，蕩其心也。移，變其節也。屈，挫其志也。」

【語　譯】有個名叫景春的人向孟子說：「魏國的公孫衍和張儀兩個人，難道不是眞正的大丈夫嗎？他們一發怒，天下諸侯就會恐懼，深怕他們游說別的諸侯前來攻伐；當他們安居在家裏，天下的戰火也就跟著熄滅。」

孟子說：「這種人那裏能算大丈夫呢？您沒有學過禮儀嗎？男子成年舉行加冠典禮的時候，父親拿做大丈夫的道理訓勉他；女子到了出嫁的時候，母親拿做婦人的道理教導她，臨去的時候，送她到大門口，告誡她說：『你去到丈夫家裏，一定要恭敬，一定要小心，不要違背丈夫的意思。』這麼看起來，把順從當做正道的，是做人妻妾的道理啊！那公孫衍和張儀，到處去逢迎諸侯的意旨，才能討得尊位，怎麼能算是大丈夫？一個男子，居心在仁道裏，那是天下最廣大的住宅；立身在禮法上，那是天下最正大的位置；依照義理行事，那是天下最寬大的道路。得志的時候，就率領人民，和他們一起邁向正道；不得志的時候，就獨自實行他的正道。財富和尊貴，不能搖蕩他的心意；貧窮和卑賤，不能改變他的節操；權勢和武力，不能屈撓他的志氣。這樣的人，才叫做大丈夫！」

三　一傅眾咻

㈥孟子謂戴不勝❶曰：「子欲子之王之善與？我明告子：有楚大夫於此，欲其子之齊語也；則使齊人傅❷諸？使楚人傅諸？」

曰：「使齊人傅之。」

曰：「一齊人傅之，眾楚人咻❸之，雖日撻而求其齊❹也，不可得矣；引而置之莊、嶽❺之閒數年，雖日撻而求其楚❻，亦不可得矣。

子謂薛居州❼，善士❽也，使之居於王所❾。在於王所者，長幼卑尊皆薛居州也，王誰與爲不善❿？在王所者，長幼卑尊皆非薛居州也，王誰與爲善？一薛居州，獨如宋王何？」

【章旨】此章言君王之左右皆為善士，則雖欲不善，亦不可得。

【注釋】❶戴不勝　宋臣。❷傅　教。❸咻　喧擾。❹齊　說齊語。❺莊嶽　皆里名。爲齊都首善之區。❻楚　說楚語。❼薛居州　宋臣。❽善士　善人，好人。❾居於王所　指處於王之左右。居，處。所，處所。❿王誰與爲不善　即「王與誰爲不善」之倒裝句。

【語譯】孟子對宋國大夫戴不勝說：「您想要您的君王學好嗎？我明白告訴您：比方有一個楚國大夫在這裏，想要他的兒子學說齊國話；那麼該請齊國人教他呢？還是請楚國人教他呢？」

戴不勝說：「當然請齊國人教他。」

孟子說：「一個齊國人教他，許多楚國人用楚國話擾亂他，縱使天天打他，逼他說齊國話，都不可能了。如果帶著他，把他安置在齊國首都最繁華的莊里和嶽里之間住上幾年，縱使天天打他，逼他說楚國話，也不可能了。

您說薛居州是個好人，讓他隨侍在王的左右，隨時勸王施行善政。試想在王左右的人，無論年紀大的小的，官位低的高的，都是薛居州那樣的好人，王和誰去做壞事情？在王左右的人，無論年紀大的小的，官位低的高的，都不是薛居州那樣的好人，王又和誰去做好事情？如今只有一個薛居州，又獨能把宋王怎麼樣呢？」

四　何待來年

㈧戴盈之❶曰：「什一❷，去關市之征❸，今茲❹未能。請輕之，以待來年然後已❺，何如？」

孟子曰：「今有人日攘❻其鄰之雞者，或告之曰：『是非君子之道。』曰：『請損❼之，月攘一雞，以待來年然後已。』如知其非義，斯❽速已矣；何待來年？」

【章旨】此章言君子之道，從善改非；變惡自新，速然後可。

【注釋】❶戴盈之　宋大夫。❷什一　十中取一之賦。孟子主張什一之賦。❸關市之征　朱注：「商賈之稅也。」孟子主張「關市稽而不征」。❹今茲　今年。❺已　止。下同。❻攘　朱注：「物自來而取之也。」❼損　減。❽斯　猶則。

【語譯】宋國大夫戴盈之向孟子說：「夫子建議敝國徵收田賦，採取古代十分之一的稅率；免除關卡和市場上商賈們的稅捐；今年還不能做到。請讓敝國先把舊稅減輕些，等到明年才廢止，怎麼樣？」

孟子說：「比方現在有個人，每天鄰居的雞到他家來，他都留下一隻，有人告訴他說：『這不是君子的做法。』他說：『請讓我減少些，每個月留一隻雞，等到明年才罷手。』如果知道自己不合道理，就該趕快罷手了；爲甚麼要等到明年？」

五 予豈好辯哉

㈨公都子❶曰：「外人皆稱夫子好辯，敢問何也？」

孟子曰：「予豈好辯哉？予不得已也！天下之生❷久矣，一治一亂❸：

當堯之時，水逆行❹，氾濫於中國，蛇龍居之❺。民無所定❻，下者爲巢❼，上者爲營窟❽。書❾曰：『洚水警余❿。』——洚水者，洪水也——使禹治之。禹掘地⓫而注之海，驅蛇龍而放之菹⓬。水由地中⓭行，江、淮、河、漢是也。險阻既遠，鳥獸之害人者消⓮，然後人得平土而居之。

堯舜既沒，聖人之道衰，暴君代作⓯，壞宮室⓰以爲汙池，民無所安息；棄田以爲園囿，使民不得衣食。邪說暴行又作。園囿、汙池、沛澤⓱多而禽獸至。及紂之身，天下又大亂。周公相武王誅紂，伐奄⓲，三年討其君，驅飛廉⓳於海隅而戮之；滅國者五十⓴；

驅虎豹犀象而遠之；天下大悅。書㉑曰：『丕顯哉，文王謨！丕承哉，武王烈！佑啟我後人，咸以正無缺㉒。』

世衰道微，邪說暴行有作㉓。臣弒其君者有之，子弒其父者有之。孔子懼，作春秋。春秋，天子之事也㉔；是故孔子曰：『知我者，其惟春秋乎？罪我者，其惟春秋乎㉕？』

聖王不作，諸侯放恣㉖，處士㉗橫議㉘，楊朱、墨翟㉙之言盈天下；天下之言，不歸楊則歸墨。楊氏為我㉚，是無君㉛也；墨氏兼愛㉜，是無父㉝也；無父無君，是禽獸也㉞！公明儀曰：『庖有肥肉，廄有肥馬；民有飢色，野有餓莩。此率獸而食人也！』楊墨之道不息，孔子之道不著，是邪說誣民，充塞㉟仁義也。仁義充塞，則率獸食人。人將相食㊱，吾為此懼；閑㊲先聖之道，距㊳楊墨，放㊴淫辭，邪說者不得作。作於其心，害於其事；作於其事，害於其政㊵。聖人復起，不易吾言矣。

昔者禹抑㊶洪水，而天下平；周公兼㊷夷狄，驅猛獸，而百姓寧；孔子成春秋，而亂臣賊子懼。詩云：『戎狄是膺，荊舒是懲，則莫我敢承㊸。』無父無君，是周公所膺也。我亦欲正人心，息邪說，距詖行，放淫辭㊹，以承三聖者㊺。豈好辯哉？予不得已也！能言距楊墨者，聖人之徒也㊻。」

【章旨】此章言聖賢憂世撥亂，勤以濟之，義以匡之。

【注釋】❶公都子　孟子弟子。❷天下之生　趙注：「生民以來也。」朱注：「生，謂生民也。」❸一治一亂　指迭有治亂。治，平治。亂，混亂。❹水逆行　朱注：「下流壅塞，故水倒流而旁溢也。」❺蛇龍居之　趙注：「水生蛇龍，水盛則蛇龍居民之地也。」❻民無所定　趙注：「民患水避之，故無定居。」❼下者爲巢　指處低下之地者，架巢居於樹上。❽營窟　鑿土而成的相連窟穴。說文云：「營，帀居也。」段注云：「帀居，謂圍繞而居。」焦循孟子正義：「此營窟當是相連爲窟穴。」禮記禮運：「昔者先王未有宮室，多則居營窟。」❾書　趙注：「尚書逸篇也。」見僞古文尚書虞書大禹謨。❿洚水警余　洚水，洪水。警，戒。余，我。朱注：「此一亂也。」⓫掘地　朱注：「掘去壅塞也。」⓬菹　草澤。⓭地中　指低於平地之河道。⓮險阻既遠二句　朱注：「險阻，謂水之氾濫也。遠，去也。消，除也。此一治也。」⓯暴君代作　暴，亂。暴君，指夏太康、孔甲、履癸、商武乙之類。代作，更代而作。⓰宮室　民之居室。⓱沛澤　沼澤，水草茂密的低窪地。朱注：「沛，草木之所生也。澤，水所鍾也。自堯舜沒至此，治亂非一；及紂而又一大亂也。」⓲奄　朱注：「奄，東方之國，助紂爲虐者也。」⓳飛廉　紂幸臣。⓴滅國者五十　趙注：「滅與紂共爲亂政者五十國也。奄大國，故特伐之。」㉑書　趙注：「尚書逸篇也。」見僞古文尚書周書君牙之篇。㉒丕顯哉六句　烈，功業。後人，指成、康。朱注：「丕，大也。顯，明也。謨，謀也。承，繼也。烈，光也。佑，助也。啟，開也。缺，壞也。此一治也。」㉓有作　又作。有，同「又」。㉔春秋天子之事也　程發軔先生春秋要領曰：「天子有討亂臣賊子之責；王綱廢墜，不能聲罪致討。孔子作春秋，在遏人欲於橫流，存天理於既滅，褒善貶惡，垂法後世，使亂臣賊子懼其貶責，而不敢肆行無忌。寓褒貶於賞罰，故曰天子之事。」㉕知我者四

句　趙注：「知我者，謂我正王綱也。罪我者，謂時人見彈貶者。」朱注：「胡氏曰：仲尼作春秋以寓王法，惇典、庸禮、命德、討罪，其大要皆天子之事也。知孔子者，謂此書之作，遏人欲於橫流，存天理於既滅，爲後世慮，至深遠也。罪孔子者，以謂無其位而託二百四十二年南面之權，使亂臣賊子禁其欲而不得肆，則戚矣。愚謂孔子作春秋以討亂賊，則致治之法，垂於萬世，是亦一治也。」㉖諸侯放恣　王偉俠先生曰：「放，放肆；恣，恣縱也。戰國之時，周室尚存，而七國諸侯，皆僭稱王，此所以謂放恣也。」㉗處士　布衣之士。㉘橫議　違道之議論。焦循曰：「從則順，橫則逆。故政之不順者爲橫政，行之不順者爲橫行，議之不順者爲橫議。」㉙楊朱墨翟　皆生於孔子以後、孟子之前。楊朱又後於墨子，其書不傳，今惟僞列子有楊朱篇。墨翟有墨子十五卷，今存，然亦殘缺。㉚楊氏爲我　楊朱主張：「損一毫利天下，不與也；悉天下奉一身，不取也。」是一個極端個人主義者。㉛無君　朱注：「楊朱但知愛身，而不復知有致身之義，故無君。」㉜墨氏兼愛　墨子以爲人欲愛其親，必先愛人之親。愛無差等，親疏無別；與儒道「親親而仁民，仁民而愛物」之原則不合。㉝無父　朱注：「墨子愛無差等，而視其至親無異於眾人，故無父。」㉞無父無君是禽獸也　朱注：「無父無君則人道滅絕，是亦禽獸而已。」㉟充塞　阻塞。㊱人將相食　朱注：「孟子引儀之言，以明楊墨之道行，則人皆無父無君，以陷於禽獸，而大亂將起，是亦率獸食人，而人又相食也。此又一亂也。」㊲閑　朱注：「閑，衛也。」㊳距　與「拒」通，排抵的意思。㊴放　摒。朱注：「驅而遠之也。」㊵作於其心四句　朱注：「作，起也。事，所行。政，大體也。孟子雖不得志於時，然楊墨之害，自是滅息；而君臣父子之道，賴以不墜。是亦一治也。」㊶抑　治。㊷兼　摒絕。俞樾云：「兼之言絕也。考工記輪人曰：外不廉而內不挫。鄭注曰：廉，絕也。說文作熑，曰：火煣車网絕也。又，溓，一曰中絕小水。是從兼之字，並有絕義；兼夷狄，蓋謂屏絕之也。」㊸詩云四句　詩經魯頌閟宮篇之句。上二句解見滕文公篇上第四章註⑯。承，當。㊹距詖行放淫辭　詖、淫，解見公孫丑篇上第二章註㊻㊼。㊺三聖者　指禹、周公、孔子。㊻能言距楊墨者二句　蔣伯潛曰：「謂凡能以言論排斥楊墨等學說的，都是聖人的信徒；則不僅己欲辭而闢之，且望人亦能距之矣。」

【語譯】公都子問孟子說：「別人都說夫子喜歡辯論，請問爲甚麼呢？」

孟子說：「我那裏是喜歡辯論呢？我實在是不得不辯啊！天下自有人民以來，已經很久了，一代平治，一代混亂，交替循環著：

在唐堯的時代，川水倒流，漫溢在中國土地上，水裏的龍蛇也跟著住上來。人民沒有地方安身，住在低處的架木爲巢，躲在樹上；住在高處的鑿成互相連接的窟穴，藏在裏面。書經上載舜的話說：『這洚水是警戒我的。』——『洚水』，就是現在所說的『洪水』——於是舜派禹去治理。禹就除去水道上的壅蔽，把氾濫的洪水灌注到大海裏；驅逐龍蛇，把牠們逼迫到多草的水澤裏。水這才從河道中流行，就是現在的江、淮、河、漢四條大水了。洪水已經遠去，害人的鳥獸也都消除，然後人民才能在平地安居。

等到堯舜死後，聖人的大道逐漸衰落，暴虐的君主相繼興起，毀壞民房，掘成蓄水的深池，使人民沒有地方安息；廢棄農田，變成種草木、養鳥獸的園子，使人民得不到衣食。邪僻的學說和殘忍的暴行也隨著發生了。因爲到處都是種草木養鳥獸的園子和蓄水的深池，水草交會的地方一多，便有飛禽走獸來到，傷害人民。這樣到了商紂的時候，天下又大大混亂了。後來周公輔佐周武王，殺了商紂，討伐那在東方助紂作惡的奄國，用了三年工夫，才殺了奄國的國君，並把紂的寵臣飛廉追逐到海邊上殺死；當時助紂作惡，亡了國的諸侯，共有五十個。他又把虎豹犀象等等的猛獸，驅逐到遠方去。於是天下人民大大地歡悅。書經上說：『文王的謀略是多麼光明啊！武王的功業多麼能承先啓後啊！他們幫助、啓發了我們後起的成王和康王，使他們走上正道，了無虧缺。』

到了周室東遷，世運衰微，道德敗壞，邪僻的學說和殘忍的暴行再度興起。臣子殺國君的事情有了，兒子殺父親的事情也有了。孔子非常憂懼，寫了一部春秋。春秋這部書，負起正定名分、貶惡揚善的責任，這原本是天子的事情；所以孔子說：『人們能了解我，只怕要靠這部春秋吧？因爲我是在藉它保存天理、扶正王綱啊。人們要怪罪我，也只怕由於這部春秋吧？因爲我是僭越了身分，在藉它替天子行賞罰啊！』

聖王從此不再出現，諸侯任性胡爲，全都僭號稱王了；未做官的士人，大發違背常理的議論，楊朱和墨翟的邪說充滿天下；天下人的言論，不是歸附楊派，就是歸附墨派。楊朱主張一切只爲我自身打算，這便是目無君長；墨翟主張不分親疏，平等地汎愛世人，這就是心無父母；心目中沒有父母、沒有君長，簡直是禽獸啊！魯國賢人公明儀曾說：『國君的廚房裏有肥肉，馬房裏有肥馬；人民卻帶有饑餓的臉色，野外有餓死的窮人。這簡直是率領著野獸在吃人啊！』楊、墨的邪道不息滅，孔子的正道就不能明著，那麼這些邪說就會欺騙人民、阻塞住仁義的大道。仁義的大道被阻塞，就會有人率領著成羣的衣冠禽獸，去殘害善良的老百姓了。人與人將要互相殘殺了，我很爲這件事情憂懼；所以挺身保衛古代聖人的大道，排抵楊朱墨翟的邪說，摒斥放蕩無歸的言論，使那些妄立邪說的人無法興起。大凡一種邪說，既在心裏產生，就會妨害他的行事；既在行事上表露出來，就會妨害他的施政；便是聖人再生，也不能否定我這些話了。

從前夏禹治平了洪水，天下才得太平；周公摒絕了夷狄，驅走了猛獸，百姓才得安寧；孔子寫成了春秋，叛君的亂臣和背父的賊子，才知道戒懼。詩經上說：『打擊夷人和狄人，懲戒荆國和舒國，那就沒有人敢抗拒我們了。』夷狄心目中沒有父母也沒有君長，所以周公要懲罰啊。我也想端正天下的人心，撲滅邪僻的學說，排抵偏陂不正的行爲，摒斥放蕩無歸的言論，繼承大禹、周公、孔子三位聖人的大業。我那裏是喜歡辯論呢！我實在是不得不辯啊！凡是能發表言論、排斥楊墨邪說的人，全都是聖人的信徒啊！」

【問題與討論】

一、許行主張君民並耕，有甚麼缺點？
二、「父子有親，君臣有義，夫婦有別，長幼有序，朋友有信」是甚麼意思？
三、怎樣的人才能算是「大丈夫」？
四、孟子用「一齊人傅之，眾楚人咻之」的譬喻來說明甚麼道理？
五、楊朱和墨翟的主張是怎樣的？他們的主張跟儒家有甚麼不同？
六、孟子跟別人辯論，是爲了甚麼目的？

離婁篇上　二十八章錄十一章

一　先王之道

㈠孟子曰：「離婁❶之明，公輸子❷之巧，不以規矩❸，不能成方員❹；師曠❺之聰，不以六律❻，不能正五音❼；堯舜之道，不以仁政，不能平治天下。今有仁心仁聞，而民不被其澤，不可法於後世者，不行先王之道也❽。故曰：徒善不足以爲政，徒法不能以自行❾。詩❿云：『不愆⓫不忘，率⓬由舊章。』遵先王之法而過者，未之有也。

聖人既竭目力焉，繼之以規矩準繩⓭，以爲方員平直，不可勝用也；既竭耳力焉，繼之以六律，正五音，不可勝用也；既竭心思焉，繼之以不忍人之政，而仁覆天下⓮矣。故曰：爲高必因丘陵，爲下必因川澤⓯。爲政不因先王之道，可謂智乎？是以惟仁者⓰宜在高位；不仁而在高位，是播其惡於衆⓱也。

上無道揆⓲也，下無法守⓳也；朝不信道⓴，工不信度㉑；君子犯義㉒，小人犯刑㉓；國之所存者，幸也。故曰：城郭不完，兵甲不多，非國之災也；田野不辟，貨財不聚，非國之害也；上無禮㉔，下無學㉕，賊民㉖興，喪無日矣。詩㉗曰：『天之方蹶㉘，無然泄泄。』泄泄，猶沓沓也㉙。事君無義，進退無禮，言則非先王之道者，猶沓沓也。故曰：責難於君謂之恭㉚，陳善閉邪謂之敬㉛，吾君不能謂之賊㉜。」

【章旨】此章論法治與人治必須兼重。

【注釋】❶離婁　古時目力極強的人。黃帝時人，能於百步之外，見秋毫之末。❷公輸子　古之巧人。名般（一作班）。春秋時魯人，故又稱魯般。❸規矩　規，圓規，用以畫圓的器具。矩，曲尺，用以畫方的器具。❹員　同「圓」。❺師曠　春秋時晉平公之樂太師，聽覺特別敏銳。❻六律　古時正樂律的器具。黃帝時伶倫截竹爲筒，以筒之長短，分別聲音之清濁高下，樂器之音，即依以爲準則。分陰陽各六，合稱十二律；陽爲律，黃鍾、大蔟、姑洗、蕤賓、夷則、無射，所謂「六律」；陰爲呂，林鍾、南呂、應鍾、大呂、夾鍾、中呂，所謂「六呂」。本文所謂「六律」，實兼「六呂」而言；舉陽，陰從可知。❼五音　宮、商、角、徵、羽。❽今有仁心仁聞四句　朱注：「仁心，愛人之心也。仁聞者，有愛人之聲聞於人也。先王之道，仁政是也。」❾徒善不足以爲政二句　朱注：「徒，猶空也。有其心無其政，是謂徒善；有其政無其心，是謂徒法。」❿詩　詩經大雅假樂篇。⓫愆　過。⓬率　循。⓭準繩　準，用以取平的器具。繩，用以取直的墨線。⓮仁覆天下　指仁德可以徧被天下。覆，被。⓯

爲高必因丘陵二句　朱注：「丘陵本高，川澤本下，爲高下者因之，則用力少而成功多矣。」⑯仁者　朱注：「有仁心仁聞，而能擴而充之，以行先王之道者也。」⑰播其惡於衆　指播揚罪惡，貽患於衆人。惡，害。⑱道揆　朱注：「道，義理也。揆，度也。道揆謂以義理度量事物而制其宜。」⑲法守　法，法度。趙注：「臣無法度可以守職奉命。」⑳朝不信道　在朝之臣，不信義理。㉑工不信度　指百官不守法度。工，官；此對朝而言，故稱百官。度，法。㉒君子犯義　犯，觸犯。趙注：「君子觸義之所禁。」㉓小人犯刑　趙注：「小人觸刑，愚人罹於密罔也。」朱注：「君子小人，以位而言也。由上無道揆，故下無法守：無道揆，則朝不信道，而君子犯義；無法守，則工不信度，而小人犯刑。有此六者，其國必亡；其不亡者，僥倖而已。」㉔上無禮　朱注：「上不知禮，則無以教民。」㉕下無學　朱注：「下不知學，則易與爲亂。」㉖賊民　亂民。㉗詩　詩經大雅板篇。㉘蹶　顚覆。㉙泄泄猶沓沓也　泄，與「呭」、「詍」通，多言。沓，亦作誻；沓沓即泄泄之意。㉚責難於君謂之恭　趙注：「責難爲之事，使君勉之，謂行堯舜之仁，是謂恭臣。」㉛陳善閉邪謂之敬　趙注：「陳善法以禁閉君之邪心，是爲敬君。」㉜吾君不能謂之賊　賊，害。趙注：「言吾君不肖，不能行善，因不諫正，此爲賊其君也。」

【語　譯】孟子說：「只憑離婁那樣明亮的眼力，公輸子那樣靈巧的技術，如果不用圓規和曲尺，就不能製成方形和圓形的器具；只憑師曠那樣敏銳的聽覺，如果不用六律，就不能校正五音；只憑唐堯和虞舜的道理，如果不推行仁政，就不能把天下治理太平。

現在有些國君，雖有仁愛的心腸和仁愛的名譽；可是人民受不到他們的恩澤，他們也不能做後世的榜樣，就爲了不肯施行古代聖王的仁政啊！所以說：空有仁心卻沒有仁政，就不足以治理國家；空有仁政卻沒有仁心，仁政也不能自動施行。詩經上說：『不要有差錯，也不要遺忘了，必須遵守古代聖王的法度。』因為遵守古代聖王的法度，卻造成過失的，從來沒有過啊！

古代的聖人，已經用盡了眼力，又用圓規、曲尺、水準器、繩墨等工具作為輔助，來製造方圓平直的東西，那麼各種東西就應用無窮了；已經用盡了耳力，又用定聲音清濁高下的六律作為輔助，來校正五音，那麼各種音階就應用無窮了；已經用盡了心思，又用不忍使人民受害的法度作為輔助，來治理天下，那麼仁恩就徧布於天下了。所以說：堆高一定要憑藉本來就突起的丘陵，掘深一定要憑藉本來就低陷的川澤。治理國家如不憑藉古代聖王的法度，能說得上明智麼？因此，只有心存仁愛的人，才適合高居上位；假使沒有仁心，卻高居上位，這就要把他的禍害播揚到眾人身上了。

君上不拿正道度量事理，臣下就沒有法度可以遵守；朝廷裏的大臣不信服義理，地方上的百官便不信服法度；做官的人既觸犯道義，人民也便觸犯刑章；國家到了這個地步，還能存在，完全是僥倖啊。所以說：城郭不堅固，軍備不充足，並不是國家的災患；田野沒有開闢，物資沒有聚集，也不是國家的禍害；但是當在上的國君不明白禮義，在下的臣子不學習法度，亂民乘機興起，滅亡就近在眼前了。

詩經上說：『天意正要顛覆這個國家，不要這樣泄泄多言了。』所謂『泄泄』，就同我們現在說的『沓沓』一樣，是喜歡胡說的意思。現在做官的人，事奉國君沒有道義，進退周旋沒有禮度，一開口就詆毀古代聖王的大道，也是所謂『沓沓』啊。所以說：要求國君做他認為難以實行的正事，才算是恭順國君；向國君陳述古代聖王的大道，閉塞他不正的邪心，才算是尊敬國君；如果推說我君不能行善，根本不去勸諫他，就算是賊害國君了。」

二　不仁之患

㊂孟子曰：「三代之得天下也，以仁；其失天下也，以不仁。國❶之所以廢興存亡者亦然。天子不仁，不保四海；諸侯不仁，不保社稷❷；卿大夫不仁，不保宗廟❸；士庶人不仁，不保四體❹。今惡死亡而樂不仁，是猶惡醉而強酒❺。」

【章旨】此章言人所以安，莫若為仁。惡而不去，患必及身。自上達下，其道則一。

【注釋】❶國　指諸侯之國。❷不保社稷　即不保國家之意。社，土神。稷，穀神。土穀皆立國要素，故古之有國者必立社稷，國存則社稷存，國亡則社稷亦亡；故亦以社稷爲國家之代稱。❸宗廟　祭祀祖先之宮室。❹不保四體　指將死亡。四體，指四肢。用以代稱全身。❺強酒　勉強飲酒。

【語譯】孟子說：「夏商周三代能得到天下，是由於有仁德；到後來失掉了天下，是由於沒有仁德。諸侯之國的衰敗和興盛、存在和滅亡，原因也是這樣。這麼看來，天子沒有仁德，就不能保全天下；諸侯沒有仁德，就不能保全國土；公卿大夫沒有仁德，就不能保全祖宗的祠堂；士人和平民沒有仁德，就不能保全個人的生命。現在的人，一面厭惡死亡，一面卻又喜歡做殘暴不仁的事，這就和一面厭惡醉酒，一面卻又勉強飲酒，是一樣的矛盾啊！」

三　反求諸己

㈣孟子曰：「愛人不親，反❶其仁；治人不治，反其智；禮人不答，反其敬。行有不得者，皆反求諸己；其身正，而天下歸之。詩❷云：『永言配命，自求多福。』」

【章旨】此章言行有不得於人，一求諸身。責己之道也。改行飭躬，福則至矣。

【注釋】❶反 反省。❸詩 詩經大雅文王篇。

【語譯】孟子說：「我愛人家，人家卻不親近我，我就該反省自己的仁德有沒有缺陷；我管理人家，人家卻不受我管理，我就該反省自己的智能有沒有缺陷；我禮待人家，人家卻不回敬我，我就該反省自己的恭敬有沒有缺陷。凡是做一件事情有不能得到預期效果的時候，都要回頭來在自己的身上尋求原因；這樣自己的身心自然會端正起來，天下的人自然都會來歸服了。詩經上說：『永久配合著天命，自己去尋求各種幸福。』」

四　禍福自取

㈧孟子曰：「不仁者❶，可與言哉？安其危而利其菑❷，樂其所以亡者❸。不仁而可與言，則何亡國❹敗家之有？有孺子歌曰：『滄浪之水❺清兮，可以濯我纓❻；滄浪之水濁兮，可以濯我足。』孔子曰：『小子❼聽之！清斯濯纓，濁斯濯足矣。自取之❽也。』夫人必自侮❾，然後人侮之；家必自毀，而後人毀之；國必自伐，而後人伐之。太甲曰：

『天作孽，猶可違；自作孽，不可活❿。』此之謂也。」

【章　旨】此章言禍福之來，皆由自取。

【注　釋】❶不仁者　指無仁德之人。❷菑　與「災」通。❸所以亡者　朱注：「謂荒淫暴虐，所以致亡之道也。」❹國　古代諸侯受封所建立的政治組織稱國，卿、大夫所建立的稱家。❺滄浪之水　程發軔先生云：「閻若璩四書釋地據水經沔水注謂：『武當縣西北漢水中有滄浪洲，漢水流經其地，遂得名滄浪之水。』武當縣即今湖北之均縣，縣境漢水又名滄浪之水，有滄浪亭，在均縣東門外漢水北岸。水色清碧，可鑑眉目；一遇大雨，則泥土沖入，頓呈混濁也。」❻纓　帽上左右下垂之絲帶。❼小子　幼弱者之稱。老師也用來稱呼弟子。❽自取之　趙注：「清濁所用，尊卑若此。自取之，喻人善惡見尊賤乃如此。」❾侮　輕慢。趙注：「人先自爲可侮慢之行，故見侮慢也。家先自爲可毀壞之道，故見毀也。國先自爲可誅伐之政，故見伐。」❿天作孽四句　指禍由自取。孽，禍。違，避。

【語　譯】孟子說：「對不講仁德的人，怎能和他說仁義的道理呢？他把就要遭遇的危險當作安全，把就要來臨的災禍看成有利，只喜歡做那些使他敗亡的事情。如果對不講仁德的人還可以和他說仁義的道理，那又怎麼會有滅亡的國和敗壞的家呢？從前有個小孩子唱道：『滄浪的水這麼清啊，可以洗我的帽纓；滄浪的水這麼渾啊，可以洗我的髒腳。』孔子聽了，對他學生們說：『你們聽啊！水清就用它洗帽纓，水渾就要用它洗髒腳了。這不同的待遇，都是那水自找的啊！』一個人，必定先自己輕慢自己，然後別人才敢輕慢他；一個卿大夫的家，必定自己先去毀壞，然後別人才敢毀壞它；一個諸侯之國，必定自己先造成招人討伐的暴政，然後別人才敢討伐它。書經太甲篇說：『上天造成災禍，還可以逃避；自己造成災禍，那就活不成了。』說的就是這個意思啊！」

五　得天下有道

㈨孟子曰：「桀、紂之失天下也，失其民也。失其民者，失其心也。得天下有道：得其民，斯得天下矣。得其民有道：得其心，斯得民矣。得其心有道：所欲與之聚之❶，所惡勿施爾也❷。

民之歸仁也，猶水之就下、獸之走壙❸也。故爲淵❹敺❺魚者，獺❻也；爲叢❼敺爵❽者，鸇❾也；爲湯武敺民者，桀與紂也。今天下之君有好仁者，則諸侯皆爲之敺矣；雖欲無王，不可得已。

今之欲王者，猶七年之病，求三年之艾❿也。苟爲⓫不畜⓬，終身不得。苟不志於仁，終身憂辱，以陷於死亡。詩⓭云：『其何能淑？載胥及溺⓮。』此之謂也。」

【章　旨】此章言得民之道，在施仁政，順民心。

【注　釋】❶所欲與之聚之　王引之曰：「家大人曰：與猶爲也。爲字讀去聲。所欲與之聚之，言民之所欲，則爲民聚之也。」❷所惡勿施爾也　朱注：「民之所惡，則勿施於民。」爾，語助詞，猶云「而已」、「罷了」。❸壙　廣野。❹淵　水之深者。❺敺　與「驅」同。❻獺　水獺，獸名。活動於水淺之處，喜食魚類。❼叢　茂林。❽爵　與「雀」通。❾鸇　土鸇。似鷂，青黃色，擊鳩鴿燕雀爲食。體大，不能入叢。❿艾　草名，葉子可用以灸，乾久益善，故求艾之乾陳三年者。⓫爲　猶使，亦假設之詞。⓬畜　儲存。⓭詩　詩經大雅桑柔篇。⓮其何能淑載胥及溺　淑，善。載，則。胥，相。溺，陷。朱注：「言今之所爲，其何能善？則相引以陷於亂亡而已。」

【語　譯】孟子說：「夏桀和商紂失去天下，是因爲失去了他們的人民。失去他們的人民，是因爲失去了人民的信心。這樣看起來，要得到天下是有方法的：能得到天下的人民，就能得到天下了。要得到天下的人民，也是有方法的：能得到他們的信心，就能得到人民了。要得到人民的信心，也是有方法的：人民所需求的，都給他們聚集起來；人民所討厭的，不要實施就行了。

人民歸服仁君，就同水性向低處流、獸性向曠野走一樣啊。所以替深水趕魚進去的，就是那吃魚的水獺；替茂林趕雀進去的，就是那吃雀的土鸇；替商湯、周武王趕人民去歸服的，就是那殘害人民的夏桀和商紂啊。現在天下的國君，如果有一個喜好仁德的，那麼其他的諸侯，就都要替他把人民趕去了；縱使他不想完成王業，也不可能了。

現在那些想稱王天下的人，好像已生了七年的病，還在找那收藏了三年的陳艾似的，假使不立刻自己儲存，一輩子也找不到的。所以現在那些想稱王天下的人，如果不立刻嚮往仁德，也只有一輩子生活在憂愁和恥辱裏，以至於陷入身死國亡的慘境。詩經上說：『現在這些諸侯的作爲，怎麼會有好結果呢？只有大家相率陷溺在禍亂死亡裏罷了。』說的就是這個意思啊！」

六 自暴自棄

㈩孟子曰：「自暴❶者，不可與有言也；自棄❷者，不可與有爲也。言非❸禮義，謂之自暴也；吾身不能居仁由❹義，謂之自棄也。仁，人之安宅❺也；義，人之正路❻也。曠❼安宅而弗居，舍正路而不由，哀哉！」

【章旨】此章言仁義之心，人所固有，不可違離。

【注釋】❶暴 害，糟蹋。❷棄 拋棄。❸非 詆毀。朱注：「非，猶毀也。」❹由 行。❺安宅 安全的住宅。因仁爲本心全體之德，有天理自然之安，無人欲陷溺之危，人當時在其中，不可須臾違離，故稱安宅。❻正路 朱注：「義者，宜也。乃天理之當行，無人欲之邪曲，故曰正路。」❼曠 空。

【語譯】孟子說：「自暴的人，不能和他談論道理；自棄的人，不能和他有甚麼作爲。一個人開口就詆毀禮義，叫做『自暴』；以爲自己不能居仁行義，叫做『自棄』。要知道：仁，是人類最安全的住宅；義，是人類最正大的道路。現在的人卻空著安全的住宅不居住，捨棄正大的道路不行走，眞是可悲啊！」

七 親親長長

⑪孟子曰：「道在爾❶，而求諸遠；事在易，而求諸難。人人親其親、長其長，而天下平。」

【章　旨】此章言親親敬長，近取諸己，則邇而易。

【注　釋】❶爾　趙岐注本作「邇」，近的意思。二字古通。

【語　譯】孟子說：「治理天下的道理本來在近處，偏要向遠處去尋求；治理天下的事情本來很容易，偏要從難處去著手。只要人人能親愛他的父母、尊敬他的長輩，天下就太平了。」

八　至誠能動

⑫孟子曰：「居下位，而不獲於上❶，民不可得而治也。獲於上有道：不信於友，弗獲於上矣。信於友有道：事親弗悅，弗信於友矣。悅親有道：反身不誠❷，不悅於親矣。誠身有道：不明乎善❸，不誠其身矣。是故誠者，天之道❹也；思誠者，人之道❺也。至❻誠而不動❼者，未之有也；不誠，未有能動者也。」

【章　旨】此章述中庸孔子之言，見思誠為修身之本，而明善又為思誠之本。

【注　釋】❶獲於上　得到上司的信任。❷反身不誠　誠，實。朱注：「反求諸身，而其所以爲善之心有不實也。」❸不明乎善　朱注：「不能即事以窮理，無以眞知善之所在也。」❹天之道　趙注：

「授人誠善之性者，天也。」故曰天道。朱注：「誠者，理之在我者皆實而無僞，天道之本然也。」❺人之道　趙注：「思行其誠以奉天者，人也。」故曰人道。朱注：「思誠者，欲此理之在我者皆實而無僞，人道之當然也。」❻至　極。❼動　感動。

【語　譯】孟子說：「在下位的人，不能得到長官的信任，就沒有辦法治理人民了。要得到長官的信任是有方法的：不能取得朋友的信任，就不能得到長官的信任了。要得到朋友的信任是有方法的：事奉父母不能使父母歡心，就不能得到朋友的信任了。要使父母歡心是有方法的：反省自己，心意若不眞誠，就不能得到父母的歡心了。要使自己心意眞誠是有方法的：如天理的美善眞誠都不明白，就不能使自己心意眞誠了。所以眞誠是宇宙自然的法則；常念誠意正心，是做人應守的規律啊。極誠心，卻不能感動別人，是從來沒有的事；不誠心，就絕沒有能感動別人的道理了。」

九　善戰者服上刑

㈣孟子曰：「求❶也，爲季氏宰❷，無能改於其德，而賦粟❸倍他日。孔子曰：『求，非我徒也！小子鳴鼓而攻之❹可也！』

由此觀之，君不行仁政而富之，皆棄於孔子者也；況於爲之強戰？爭地以戰，殺人盈野；爭城以戰，殺人盈城；此所謂率土地而食人肉，罪不容於死❺。

故善戰者服上刑❻，連諸侯❼者次之，辟草萊❽、任土地❾者次之。」

【章　旨】此章言聚斂富君，棄於孔子；以戰殺人，罪不容死。

【注　釋】❶求　孔子弟子冉求。❷季氏宰　季氏，魯卿季康子。宰，家臣之長。❸賦粟　指取民之粟。賦，取。❹鳴鼓而攻之　鳴鼓公開聲討。❺罪不容於死　趙注：「言其罪大，死刑不足以容之。」❻善戰者服上刑　上刑，最重之刑。朱注：「善戰，如孫臏、吳起之徒。」❼連諸侯　朱注：「連結諸侯，如蘇秦、張儀之類。」❽辟草萊　辟，與「闢」通，開墾。草萊，指荒蕪之地。❾任土地　盡地力。陳組綬燃犀解云：「連諸侯而使之戰，闢草萊、任土地而助之戰，均非身親爲戰者，故次之。」

【語　譯】孟子說：「從前冉求做魯卿季康子的家宰，不能改正他的道德；徵收的賦稅反比往日增加一倍。孔子很生氣地向學生們說：『那冉求，不是我的學生！你們敲著鼓宣布他的罪狀，一齊責備他好了！』

從這件事看起來，國君不施行仁政，做臣子的還搜括民財，使他更加富有，都是孔子要棄絕的；更何況替他們逞強打仗呢？爲了奪取土地打仗，被殺死的人堆滿田野；爲了奪取城池打仗，被殺死的人堆滿城池；這樣使人民肝腦塗地，就是所謂率領著土地去吃人肉了，他的罪惡，不是一個死刑就能包容得了的。

所以最擅長打仗的人，應該受極刑；連結諸侯、嗾使他們打仗的人，受次一等的刑罰；開墾荒地、極盡地力、增加諸侯打仗資本的人，受再次一等的刑罰。」

十 觀其眸子

㊄孟子曰：「存❶乎人者，莫良於眸子❷；眸子不能掩其惡。胸中正，則眸子瞭❸焉；胸中不正，則眸子眊❹焉。聽其言也，觀其眸子，人焉廋❺哉？」

【章旨】此章言察人邪正，但觀其眸子，聽其言辭，斯不能隱其惡矣。

【注釋】❶存 察。❷眸子 目瞳子。❸瞭 明。❹眊 蒙蒙不明之貌。❺廋 隱藏。

【語譯】孟子說：「觀察人的善惡，沒有比察看他眼珠更好的了；因爲眼珠不能掩藏他心中的惡念。當人心意正直，眼珠就很光亮；心意不正，眼珠就昏暗不明。既聽了他說的話，再觀察他的眼珠，這人的用心，能藏到那兒去呢？」

十一 禮與權

㊆淳于髡❶曰：「男女授受不親❷，禮與？」

孟子曰：「禮也。」

曰：「嫂溺，則援之以手乎？」

曰：「嫂溺不援，是豺狼也。男女授受不親，禮也；嫂溺援之以手者，權❸也。」

曰：「今天下溺矣，夫子之不援，何也❹？」

曰：「天下溺，援之以道；嫂溺，援之以手。子欲手援天下乎❺？」

【章　旨】此章言直己守道，所以濟時；枉道徇人，徒為失己。

【注　釋】❶淳于髡　淳于，姓。髡，名。齊之辯士。❷男女授受不親　指男女不能直接以手傳遞物品。古禮如此，見禮記坊記。❸權　權宜。趙注：「反經而善也。」經，常法。變通常法而合宜，是謂之權。❹今天下溺矣三句　朱注：「言今天下大亂，民遭陷溺，亦當從權以援之，不可守先王之正道也。」❺天下溺五句　朱注：「言天下溺，惟道可以捄之，非若嫂溺可手援也。今子欲援天下，乃欲使我枉道求合，則先失其所以援之之具矣，是欲使我以手援天下乎？」

【語　譯】齊國的辯士淳于髡向孟子說：「男女不能直接用手授受物品，是合禮的行爲嗎？」

孟子說：「是合禮的行爲。」

淳于髡說：「假使嫂嫂跌在水裏，那該不該用手去援救她呢？」

孟子說：「嫂嫂跌在水裏不去援救，簡直就是殘忍的豺狼了。男女不能直接用手授受物品，是正常的禮儀；嫂嫂跌在水裏，用手去援救她，卻是權宜的辦法啊。」

淳于髡這才轉入正題，問孟子道：「現在天下的人民已經沉溺在暴政裏了，夫子卻拘守常道，不肯屈節求見諸侯，出身援救他們，爲甚麼呢？」

孟子說：「天下的人民沉溺在暴政裏，就得用仁義的大道去援救他們；嫂嫂跌在水裏，只用手就行了。您難道叫我放棄大道，用雙手去援救天下的人民麼？」

離婁篇下　三十三章錄七章

一　君臣以義合

㈢孟子告齊宣王❶曰：「君之視臣如手足，則臣視君如腹心；君之視臣如犬馬，則臣視君如國人❷；君之視臣如土芥，則臣視君如寇讎。」

王曰：「禮，爲舊君有服❸；何如斯可爲服矣？」

曰：「諫行，言聽，膏澤❹下於民；有故而去，則君使人導之出疆，又先❺於其所往；去三年不反，然後收其田里❻；此之謂三有禮焉。如此，則爲之服矣。今也爲臣，諫則不行，言則不聽，膏澤不下於民；有故而去，則君搏執❼之，又極❽之於其所往；去之日，遂收其田里；此之謂寇讎。寇讎，何服之有？」

【章　旨】此章言君臣之道，以義為表，以恩為裡，表裡相應。

【注　釋】❶告齊宣王　朱注：「孔氏曰：宣王之遇臣下，恩禮衰薄，至於昔者所進，今日不知其亡，則其於群臣，可謂邈然無敬矣；故孟子告之以此。」❷國人　等於說「路人」、「一般人」。❸爲舊君有服　趙注：「舊臣爲舊君服喪服。」朱注：「儀禮曰：以道去君而未絕者，服齊衰三月。王疑孟子言之太甚，故以此禮爲問。」❹膏澤　猶恩澤。❺先　先容於所往之國。趙注：「先至其所到之國，言其賢良。」❻去三年不反二句　田里，指土地房屋。朱注：「三年而後收其田祿里居，前此猶望其歸也。」❼搏執　搜捕。❽極　困。趙注：「惡而困之也。」

【語譯】孟子對齊宣王說：「假使國君把臣子看成自己的手足，盡心愛護，臣子就會把國君看成自己的腹心，竭力保衛。假使國君把臣子看成犬馬，毫不尊重；臣子就會把國君看成路人，漠不關心。假使國君把臣子看成泥土、亂草，任意踐踏；臣子就會把國君看成強盜、仇敵，切齒痛恨。」

宣王覺得這話太過分了，問道：「依據禮制，舊臣對於去世的舊君，要穿三個月的喪服。國君的恩惠要怎樣，舊臣才肯為他服喪呢？」

孟子說：「臣子有勸諫就採用，有建議就聽從，能使恩澤向下加到人民身上；當他有事情要離開本國，國君就派人護送他出境，又先派人到他要去的國家，稱揚他的賢能，使他能得到任用；並且要等他離開三年還不回來，這才收回他的土地和房屋；這就叫做對臣子三次致禮。要能這樣，舊臣就要給他服喪了。現在呢，一個做臣子的，勸諫，不被採用；建議，不被聽從；不能使恩澤向下加到人民身上；當有事情要離開本國，國君就到處去搜捕他；搜捕不到，又派人到他要去的國家，破壞他的名譽，使他走投無路；他走的當天，就收回他的土地和房屋；國君這樣待人，就成了所謂的強盜、仇敵了。對於強盜、仇敵，還穿甚麼喪服呢？」

二　君子自得

㊃孟子曰：「君子深造❶之❷以道❸，欲其自得❹之也。自得之，則居之安❺；居之

安，則資之深❻；資之深，則取之左右❼逢其原❽。故君子欲其自得之也。」

【章旨】此章言君子為學，當以一定之方法，深入於所學，而有獨特之心得。

【注釋】❶深造　指深入探究，異於略觀淺嘗。造，至。❷之　指所學。下文「自得之」、「居之」、「資之」、「取之」並同。❸道　正確之治學方法。❹自得　指默識心通，自然而得之於己。❺居之安　居，處。謂心處之安固而不搖。❻資之深　資，藉。朱注：「所藉者深遠而無盡。」❼左右　朱注：「身之兩旁，言至近而非一處也。」❽原　「源」之本字，水之來處。

【語譯】孟子說：「君子用正確的治學方法，深入到所研究的學問裏，是希望自己能默識心通，很自然地領會到它的道理。能很自然地領會到它的道理，心就會安定地居處在裏面；心安定地居處在裏面，行事就會深深地依靠它；行事深深地依靠它，那麼取用起來，無論向左向右，到處都好像能遇到它的根源，取之不盡，用之不竭。所以君子希望他能默識心通，很自然地領會到它的道理。」

三　過猶不及

㊂孟子曰：「可以取，可以無取❶；取，傷廉❷。可以與，可以無與；與，傷惠❸。可以死，可以無死；死，傷勇。」

【章旨】此章言君子守中，若過與不及，皆所不取。

【注　釋】❶可以取可以無取　取，收受。朱注：「先言可以者，略見而自許之詞也。後言可以無者，深察而自疑之詞也。」❷廉　有分辨，不苟取。❸惠　仁恩。朱注：「過取固害於廉，然過與亦反害其惠，過死亦反害其勇。蓋過猶不及之意也。林氏曰：公西華受五秉之粟，是傷廉也。冉子與之，是傷惠也。子路之死於衛，是傷勇也。」

【語　譯】孟子說：「從表面上看，覺得可以取這種利益；經考慮後，又覺得可以不取；如果取了，就損傷了廉潔。從表面上看，覺得可以把這種利益給人；經考慮後，又覺得可以不給；如果給了，就損傷了仁恩。從表面上看，覺得可以爲這件事死；經考慮後，又覺得可以不死；如果死了，就損傷了英勇。」

四　君子自反

㉘孟子曰：「君子所以異於人者，以其存心❶也。君子以仁存心，以禮存心；仁者愛人，有禮者敬人❷。愛人者，人恆愛之；敬人者，人恆敬之❸。有人於此，其待我以橫逆❹，則君子必自反也：『我必不仁也，必無禮也，此物❺奚宜至哉？』其自反而仁矣，自反而有禮矣，其橫逆由❻是也，君子必自反也：『我必不忠。』自反而忠矣，其橫逆由是也，君子曰：『此亦妄人❼也已矣！如此，則與禽獸奚擇❽哉？於禽獸，又何難❾焉？』

是故君子有終身之憂❿，無一朝之患⓫也。乃若所憂，則有之：舜，人也；我，亦人也；舜爲法於天下，可傳於後世，我由未免爲鄉人也！是則可憂也。憂之如何？如舜而已矣。

若夫君子所患，則亡⓬矣；非仁無爲也，非禮無行也，如有一朝之患，則君子不患⓭矣。」

【章旨】此章言君子責己，蹈仁行禮，可以終身無患，而小人則反之。

【注釋】❶存心　居心。存，居也。❷仁者愛人有禮者敬人　朱注：「此仁、禮之施。」❸愛人者四句　朱注：「此仁、禮之驗。」❹橫逆　朱注：「謂強暴不順理也。」❺物　事。❻由　同「猶」。❼妄人　狂妄無知的人。❽擇　分別。❾難　詰責。❿終身之憂　一生的憂患。⓫一朝之患　一朝橫來的禍患。⓬亡　無。⓭如有一朝之患二句　趙注：「君子之行，本自不致患。常行仁行禮，如有一朝橫來之患，非己愆也；故君子歸天，不以爲患也。」

【語譯】孟子說：「君子和眾人不同的地方，在於他居心不同。君子居心於仁，居心於禮；仁德的人能愛護別人，有禮的人能敬重別人。能愛護別人的，別人也經常愛護他；能敬重別人的，別人也經常敬重他。

假使這裏有一個人，他以強橫無理的態度對待我，那麼君子一定自己反省：『我一定不合仁道啊！

一定不合禮法啊！不然這種無理的事，怎麼會落到我身上來呢？』等到自己反省，確知自己合乎仁道了；自己反省，確知自己合乎禮法了；那人對我強橫無理的態度還是照舊，君子一定再度自己反省：『我一定是不能竭誠待人啊。』等到自己反省，確知自己已經竭誠待人了；那人對我強橫無理的態度還是照舊，君子這才感歎道：『這只是個不明事理、胡作非爲的人罷了！像這樣不明事理、胡作非爲，那和禽獸有甚麼分別呢？對於禽獸，有甚麼好責怪呢？』

所以，君子只有一種終身的憂愁，卻沒有一時偶發的禍患；至於君子憂愁的事，倒有這麼一件，那就是：虞舜，是個人；我，也是個人；可是虞舜成爲天下人的一個榜樣，德澤可以流傳到後世，我卻不免還是一個平常的人！這就值得憂愁了。憂愁又怎麼辦呢？只有使自己能像虞舜就是了。

要講君子有甚麼禍患，那是沒有的；因爲不合仁道的事情不肯做，不合禮法的事情也不肯做，如果有一時偶發的禍患，那並不是自己的過錯，君子就不把它當做禍患了。」

五　禹稷顏回

(三九)禹、稷當平世❶，三過其門而不入；孔子賢之。顏子當亂世❷，居於陋巷，一簞食，一瓢飲，人不堪其憂，顏子不改其樂；孔子賢之。

孟子曰：「禹、稷、顏回同道❸。禹思天下有溺者，由己溺之也；稷思天下有飢者，由己飢之也；是以如是其急也。禹、稷、顏子，易地則皆然❹。今有同室之人鬥者，救之，雖被髮纓冠❺而救之，可也。鄉鄰❻有鬥者，被髮纓冠而往救之，則惑❼也；雖閉戶可也。」

【章旨】 此章言聖賢心無不同，處事能各當其理。

【注釋】 ❶平世　蔣伯潛曰：「有道之世。」❷亂世　蔣伯潛曰：「無道之世。」❸同道　朱注：「聖賢之道，進則救民，退則修己，其心一而已矣。」❹易地則皆然　指禹稷窮必樂道，顏子達亦必急救民。趙注：「禹稷急民之難若是，顏子與之易地，其心亦然。不在其位，故勞佚異。」❺纓冠　指來不及結好帽帶子，將帶子連帽子一起頂在頭上。焦循曰：「急於戴冠，不及使纓攝於頸，而與冠並加於頭，是以纓爲冠，故云纓冠。」❻鄉鄰　趙注：「鄉鄰，同鄉也。同室相救，是其理也，喻禹、稷。走赴鄉鄰，非其事，顏子所以閉戶而高枕也。」❼惑　糊塗，不明事理。

【語譯】 夏禹和后稷當唐、虞有道的時代，在朝廷裏做官，一個忙著治水，一個忙著教民耕種，夏禹甚至三次走過自家門口都不進去；孔子讚美他們。顏回生當春秋無道的時代，隱居在狹窄的小巷裏，不問世事，每天吃的是一小筐的飯，喝的是一小瓢的水，別人都受不了那種愁苦，顏子卻不改變他那自得的樂趣；孔子也讚美他。

孟子評論道：「夏禹、后稷和顏回，處世的原則是一樣的。夏禹認爲天下有淹在水裏的人，就像自己把他們淹在水裏一樣；后稷認爲天下有挨餓的人，就像自己使他們挨餓一樣；所以才像這樣急迫地拯救百姓。夏禹、后稷和顏子，假使把所處的地位互相交換一下，都會這樣依照自己的地位行事的。好比現在有同住一棟房子的人發生打鬥，要去勸阻他們，雖是披散著頭髮，把帽帶裹在帽子裏頂在頭上，慌忙趕去勸阻，也是可以的；但如同鄉的鄰居有人打鬥，也是披散著頭髮，把帽帶裹在帽子裏頂在頭上，慌忙趕去勸阻，就是不明事理了；這種事情，就是關起門來不管，也是可以的。這也因為所處的地位不同啊。」

六 不孝者五

㉚公都子曰：「匡章❶，通國❷皆稱不孝焉；夫子與之遊，又從而禮貌之❸，敢問何也？」

孟子曰：「世俗所謂不孝者五：惰其四肢，不顧父母之養❹，一不孝也；博弈❺，好飲酒，不顧父母之養，二不孝也；好貨財，私妻子，不顧父母之養，三不孝也；從❻耳目之欲，以為父母戮❼，四不孝也；好勇鬥很，以危父母❽，五不孝也。章子有一於是乎？夫章子，子父責善而不相遇❾也。責善，朋友之道也；父子責善，賊恩之大者。夫章子，豈不欲有夫妻子母之屬❿哉？為得罪於父，不得近；出妻，屏子，終身不養⓫焉。其設心⓬以為不若是，是則罪之大者。是則章子已矣。」

【章　旨】此章論於眾所惡而必察焉，以見聖賢至公至仁之心。

【注　釋】❶匡章　齊人。❷通國　全國。❸禮貌之　禮貌地對待他。之，指匡章。❹養　供養。❺博弈　博，說文作簙，局戲，六箸十二棊，今已失傳。弈，圍棊。❻從　與「縱」通，放的意思。❼戮　羞辱。❽好勇鬥很以危父母　很，狠的本字。荀子榮辱篇云：「鬥者，忘其身者也，忘其親者也，忘其君者也。行其少頃之怒，而喪終身之軀，然且為之，是忘其身也；室家立殘，親戚不免乎刑戮，然且為之，是忘其親也。」注云：「蓋當時禁鬥殺人之法，戮及親戚。」❾遇　合。❿夫妻子母之屬　指章子非不欲自身有夫妻之匹配，兒子有母子之關係。⓫終身不養　指章子以不得供養其父，故終身不敢為妻、子所養。⓬設心　用心。設，施。

【語　譯】公都子問孟子道：「匡章這個人，全國的人都說他不孝順；夫子卻和他往來，還很禮貌地對待他，請問為甚麼呢？」

孟子說：「世俗稱為不孝的事，共有五種：懶得勞動自己的手腳，不管父母的衣食供養，是第一種不孝；只曉得賭博下棋，喜好喝酒，不管父母的衣食供養，是第二種不孝；喜好貨物錢財，偏愛自己的妻子兒女，不管父母的衣食供養，是第三種不孝；放縱耳目的私欲，專在聲色上求滿足，造成父母的羞辱，是第四種不孝；喜好勇猛，經常和人互鬥凶狠，危害到父母，是第五種不孝。章子在這五不孝中，有一樣嗎？

章子枉受不孝的惡名，只是因為他請求父親歸向正道，以致父子意見不合罷了。用善道互相責備，是朋友相處的道理；父子用善道互相責備，是最傷害親恩的。

章子的本心，那裏是不希望自己有夫妻的匹配，兒子有母子的關係呢？只因得罪了父親，被父親驅逐了，不得近身奉養，所以只得休退愛妻，遠斥親子，一生不敢接受妻子的侍奉。他在心裏設想，認為不這樣做，那罪過就大了。這就是章子的為人啊。我為甚麼不和他往來呢？」

七　驕其妻妾

㊂齊人有一妻一妾而處室者，其良人❶出，則必饜❷酒肉而後反。其妻問所與飲食者，則盡富貴❸也。其妻告其妾曰：「良人出，則必饜酒肉而後反。問其與飲食者，盡富貴也；而未嘗有顯者❹來。吾將瞷❺良人之所之也。」蚤❻起，施❼從良人之所之。徧國中❽無與立談者。卒之東郭❾墦❿閒之祭者，乞其餘；不足，又顧⓫而之他——此其為饜足之道也！

其妻歸，告其妾曰：「良人者，所仰望⓬而終身⓭也。今若此！」與其妾訕⓮其良人，而相泣於中庭⓯；而良人未之知也，施施⓰從外來，驕其妻妾。

由君子觀之，則人之所以求富貴利達者，其妻妾不羞也而不相泣者，幾希矣⓱！

【章旨】此章言今之求富貴者，皆不以其道，行徑卑鄙，誠為可恥。

【注釋】❶良人　指丈夫。古代婦稱夫爲「良」。「良」與「郎」通。❷饜　飽。❸盡富貴　全是有錢有勢的人。❹顯者　朱注：「富貴人也。」❺瞯　朱注：「竊視也。」❻蚤　與「早」通。❼施與「迆」通，斜行。趙注：「施者，邪施而行，不欲使良人覺也。」❽國中　國都之中。周時稱諸侯之首都爲國。齊都臨淄，在今山東省臨淄縣。時孟子在齊爲客卿。❾郭　外城。❿墦　塚。⓫顧　左右張望。⓬仰望　仰賴指望。卽倚賴之意。⓭終身　終其一生。⓮訕　責備，責罵。⓯中庭　卽庭中。⓰施施　朱注：「喜悅自得之貌。」⓱由君子觀之四句　朱注：「孟子言：自君子而觀，今之求富貴者，皆若此人耳；使其妻妾見之，不羞而泣者少矣。言可羞之甚也。」

【語譯】一個齊國人，有一妻一妾同住在家裏。那個丈夫每次出去，就一定吃飽了酒肉才回來。他妻子問他跟甚麼人在一起吃喝，他說的全都是有錢有勢的人物。他妻子告訴他的妾說：「我們的丈夫每次出去，就一定吃飽了酒肉才回來。問他和甚麼人在一起吃喝，據他說全都是有錢有勢的人物；可是從來沒有甚麼顯達的人到家裏來過。我倒要暗中看看他到底是往那裏去的。」

第二天一早起來，丈夫走到那裏，她就躲躲閃閃地跟蹤到那裏。走遍了全城，都沒有停下來和他說句話的人。最後他走向東郭外面的墳墓間，走向在墓上祭祀的人，向他們乞討殘餘的酒肉；吃得不夠，又東張西望，到別的墳上去——原來這就是他每次吃飽喝足的方法呀！

那妻子回去，告訴那妾說：「丈夫是我們依靠著活一輩子的人，現在竟是這個樣子！」便和妾痛罵她們的丈夫，並且在院子裏相對哭泣著；可是那丈夫還不知道這回事哩，仍然洋洋得意地從外頭回來，在自己妻妾面前裝出一副了不起的樣子。

用君子的眼光看這件事，那麼一般人用來乞求升官發財的醜態，他們的妻妾看見如果不覺得羞恥、不相對哭泣的，也就很少了。

【問題與討論】

一、試申述「徒善不足以爲政，徒法不能以自行」的意義。

二、「行有不得，皆反求諸己」是甚麼意思？

三、「滄浪之水清兮，可以濯我纓；滄浪之水濁兮，可以濯我足。」是甚麼意思？這幾句話，孔子和孟子用來說明甚麼道理？

四、孟子認爲得天下之道是甚麼？

五、甚麼叫做「自暴」、「自棄」？

六、「善戰者服上刑，連諸侯者次之，辟草萊、任土地者次之。」是甚麼意思？

七、孟子用甚麼方法觀察人心的邪正？

八、孟子論君臣之間的關係是怎樣的？

九、君子爲甚麼「有終身之憂，無一朝之患」？

十、孟子說：「禹、稷、顏回同道。」又說：「禹、稷、顏子易地則皆然。」試申述這兩句話的意思。

萬章篇上（ㄨㄢˋ ㄓㄤ ㄆㄧㄢ ㄕㄤˋ）

九章錄一章

一　孔子集三聖之大成

㈠孟子曰：「伯夷❶，目不視惡色，耳不聽惡聲。非其君不事，非其民不使。治則進，亂則退。橫政❷之所出，橫民❸之所止，不忍居也。思與鄉人處，如以朝衣朝冠坐於塗炭❹也。當紂之時，居北海之濱，以待天下之淸也。故聞伯夷之風❺者，頑❻夫廉，懦❼夫有立志。

伊尹曰：『何事非君？何使非民？』治亦進，亂亦進。曰：『天之生斯民也，使先知覺後知，使先覺覺後覺。予，天民之先覺者也，予將以此道覺此民也。』思天下之民，匹夫匹婦，有不與被堯舜之澤者，若己推而內❽之溝中，其自任以天下之重❾也。

柳下惠❿，不羞汙君，不辭小官；進不隱賢，必以其道。遺佚而不怨，阨窮而不憫；與鄉人處，由由然⓫不忍去也。『爾⓬爲爾，我爲我，雖袒裼裸裎⓭於我側，爾焉能浼⓮我哉？』故聞柳下惠之風者，鄙夫⓯寬，薄夫⓰敦。

孔子之去齊，接淅⓱而行；去魯，曰：『遲遲吾行也！』去父母國之道也。可以速而速，可以久而久，可以處而處，可以仕而仕，孔子也。」

孟子曰：「伯夷，聖之清⑱者也；伊尹，聖之任⑲者也；柳下惠，聖之和⑳者也；孔子，聖之時㉑者也。孔子之謂集大成㉒。集大成也者，金聲而玉振之㉓也。金聲也者，始條理㉔也；玉振之也者，終條理也。始條理者，智之事也；終條理者，聖之事也。智，譬則巧也；聖，譬則力也。由㉕射於百步之外也：其至，爾力也；其中，非爾力也。」

【章旨】 此章言伯夷、伊尹、柳下惠三人之行，各極其一偏，而孔子之道，則兼全於眾理。

【注釋】 ❶伯夷　殷孤竹君之長子。父將死，遺命立其弟叔齊。父卒，叔齊遜伯夷，伯夷說：「父命也。」於是逃去。武王伐紂，曾叩馬而諫；及勝殷，隱於首陽山，不食周粟，不久餓死。❷橫政　暴政。橫，不循法度。❸橫民　亂民。❹塗炭　比喻不潔之物。塗，泥。❺風　風節。❻頑　無知而貪。❼懦　柔弱。❽內　使進入。今通作「納」。❾天下之重　指治理天下的重任。❿柳下惠　魯公族大夫展禽，名獲，字季，食邑柳下，謚惠。⓫由由然　自得之貌。⓬爾　汝，你。⓭袒裼裸裎　袒裼，露臂。裸裎，露身。⓮浼　汙。⓯鄙夫　胸襟狹隘之人。⓰薄夫　性情刻薄之人。⓱接淅　撈起正在淘洗的米帶走。形容匆忙離去。接，承受。淅，淘米。⓲清　無所雜。⓳任　以天下爲己責。⓴和　隨和。㉑時　應時而出，各當其可。㉒集大成　指集先聖之長，以成一己之德。朱注：「此言孔子集三聖之事，而爲一大聖之事。猶作樂者集眾音之小成，而爲一大成也。成者，樂之一終，書所謂『簫韶九成』是也。」㉓金聲而玉振之　凡奏樂，先擊鎛鐘以發其聲，終擊特磬以收其音。朱注：「金，鐘屬。聲，宣也。玉，磬也。振，收也。」㉔條理　猶言脈絡。指眾樂合奏之節奏。㉕由　同「猶」。

【語譯】孟子說：「伯夷，眼睛不看不正當的顏色，耳朵不聽不正當的聲音。不是他心目中的國君他不事奉，不是他心目中的人民他不使喚。治世就出仕，亂世就引退。暴政產生的國家，亂民聚集的地方，他都不忍心去居住。他以爲和無知的村夫在一起，就像是穿著朝衣、戴著朝冠，坐在泥坑炭堆上一樣。當紂王的時候，隱居在北海的邊上，等候天下的清平。所以凡是聽到伯夷的風節的人，頑鈍的貪夫也會變成廉潔，柔弱的懦夫也會立定志向。

伊尹說：『甚麼樣的君主不可以事奉？甚麼樣的人民不可以使喚？』所以治世也出仕，亂世也出仕。他說：『天生下這些人民，是讓先知的來喚醒後知的，讓先覺的來喚醒後覺的。我，是人民中的先覺，我要用這大道理去喚醒這些人民。』他認爲天下的人，不論是男是女，要是有人未蒙受到堯舜的恩澤的，就像是自己把他推入田溝裏一樣。這是他要自己擔負起天下的重任啊！

柳下惠，不以事奉昏瞶的君主爲恥，不嫌棄卑小的官職，爲官做事決不隱藏自己的才能，一定按著正道做去。被摒棄時不抱怨，窮困時不憂傷。和無知的鄉人相處，他也能悠然自得地捨不得離開。他的看法是：『你是你，我是我，就是你赤身露體站在我旁邊，你又怎能玷辱我呢？』所以凡是聽到柳下惠的風節的人，胸襟狹隘的，也會變成寬宏；性情刻薄的，也會變成敦厚了。

孔子離開齊國時，急得連米都來不及淘好，撈起來就走；離開魯國的時候，說：『我要慢慢地走啊！』這是離開祖國的態度。可以速去就速去，可以久留就久留，可以隱居就隱居，可以出仕就出仕，這就是孔子。」

孟子說：「伯夷，是聖人中最清高的；伊尹，是聖人中最負責任的；柳下惠，是聖人中最隨和的；孔子，是聖人中最合時宜的。孔子可以說是集大成的聖人。集大成的意思，好比是奏樂時用金鐘的聲音來發端，直到用玉磬的聲音來收尾包含了所有的樂章一樣。鐘聲，是眾樂合奏時節奏條理的開始；磬聲，是眾樂合奏時節奏條理的結束。從條理開始，是屬於智一方面的事；隨條理結束，是屬於聖一方面的事。智，好比技巧；聖，好比力氣。就像在一百步以外射箭一樣，箭能夠射到，那是你的力氣；至於射中鵠的，那就不光是你的力氣所能做到的，而是要靠技巧了。」

萬章篇下

九章錄一章

一 大臣之義

㈨齊宣王問卿❶。孟子曰：「王何卿之問❷也？」

王曰：「卿不同乎？」

曰：「不同。有貴戚之卿，有異姓之卿。」

王曰：「請問貴戚之卿？」

曰：「君有大過則諫；反覆之而不聽，則易位❸。」

王勃然❹變乎色。曰：「王勿異❺也。王問臣，臣不敢不以正對❻。」

王色定❼，然後請問「異姓之卿」。曰：「君有過則諫；反覆之而不聽，則去。」

【章　旨】此章言大臣之義，親疏不同，守經行權，各有其分。

【注　釋】❶問卿　問為卿之道應如何。卿，古官等名，位在大夫上，分上中下三級。❷何卿之問指問何等之卿。❸易位　指易君之位，更立賢者。❹勃然　發怒而改變臉色的樣子。❺異　驚怪。❻以正對　指以正義相告。❼色定　指臉色恢復正常。

【語　譯】齊宣王問做卿的道理。孟子說：「王是問那一種卿呢？」

宣王說：「卿還有不同嗎？」

孟子說：「不同的。有和國君爲親戚的卿，也有異姓而且不是國君親戚的卿。」

宣王說：「請問和國君爲親戚的卿該怎麼樣？」

孟子說：「國君有大過錯，就加以勸諫；再三勸諫還不聽，就更換國君，另立宗族中的賢人。」

宣王聽了，臉色突然改變。孟子說：「請王不要見怪。是王問我，我不敢不以正理稟告。」

齊宣王的臉色稍爲平定，然後問異姓而且不是國君親戚的卿。孟子說：「國君有過錯，就勸諫；一再勸諫還不聽，就離開這個國家。」

【問題與討論】

一、孟子稱贊伯夷、伊尹、柳下惠和孔子的德行有甚麼不同？

二、「集大成」是甚麼意思？

三、卿可分爲幾種？他們對君王的態度有甚麼不同？

告子篇上

二十章錄十章

一一　善性人所固有

㈥公都子曰：「告子曰：『性無善無不善也。』或曰：『性可以爲善，可以爲不善。是故，文武興，則民好善；幽厲❶興，則民好暴。』或曰：『有性善，有性不善。是故，以堯爲君，而有象；以瞽瞍爲父，而有舜；以紂爲兄之子，且以爲君，而有微子啓❷、王子比干❸。』今曰『性善』，然則彼皆非與？」

孟子曰：「乃若其情❹，則可以爲善矣，乃所謂善也。若夫爲不善，非才❺之罪也。惻隱之心❻，人皆有之；羞惡之心，人皆有之；恭敬之心，人皆有之；是非之心，人皆有之。惻隱之心，仁也；羞惡之心，義也；恭敬之心，禮也；是非之心，智也。仁、義、禮、智，非由外鑠❼我也，我固有之也，弗思耳矣。故曰：求則得之，舍則失之。或相倍蓰而無算者❽，不能盡其才者也。詩❾曰：『天生蒸民❿，有物有則⓫。民之秉夷⓬，好是懿德⓭。』孔子曰：『爲此詩者，其知道乎！故有物必有則；民之秉夷也，故好是懿德。』」

【章旨】此章言善性為人所固有，仁義禮智，自根於心，求則得之，舍則失之。

【注 譯】❶幽厲 指周幽王、厲王。厲王名胡，夷王之子。幽王名宮涅，宣王之子。皆昏闇暴虐無道之君。幽、厲俱古之惡諡，逸周書諡法云：「動靜亂常曰幽。殺戮無辜曰厲。」❷微子啟 紂之庶兄，商帝乙之長子，名啟。微，國名；子，爵名。紂淫亂，屢諫不聽，於是離去。孟子以啟爲紂之叔父，應是記憶之誤。❸王子比干 紂之叔父，名干，封於比，故稱比干，諫紂三日不去，紂怒，剖其心而死。❹乃若其情 趙注：「若，順也。性與情相爲表裏，性善勝情，情則從之。能順此情使之善者，眞所謂善也。」朱注：「乃若，發語辭。情者，性之動也。人之情本可以爲善，而不可以爲惡，則性之本善可知矣。」一說：「乃若」爲轉語。即相當於「至於」、「若夫」。當從趙注。❺才 猶材質。❻惻隱之心 見人遭遇不幸而產生的同情心。即不忍人之心。❼鑠 以火銷金。❽倍蓰而無算者 一倍稱倍，五倍稱蓰。無算，猶言不可計數。❾詩 詩經大雅烝民篇。❿蒸民 眾民。蒸，詩經作烝。⓫有物有則 物，事。則，法。⓬秉夷 秉，執。夷，詩經作彝，常的意思。⓭懿德 美德。

【語 譯】公都子說：「告子說：『人的本性無所謂善，也無所謂不善。』有人說：『人的本性可以爲善，也可以爲惡。所以文王、武王興起，人民就喜歡和善；幽王、厲王興起，人民就喜歡凶暴。』也有人說：『有的人本性是善的，有的人本性是惡的。所以以堯這樣的聖人做君王，而有暴戾的象；以瞽瞍這樣不明事理的人做父親，而有純孝的舜；以紂這樣殘暴的人爲姪子，而且奉做君王，而有微子啓、王子比干這樣仁慈的叔父。』現在說人的性都是善的，那麼他們說的都不對嗎？」

孟子說：「只要順著本性所發動的情去做，就可以行善，這便是我所說的人性本善。要是有人作惡，不能歸罪於他的資質。憐憫傷痛的心，是人人都有的；羞恥厭惡的心，是人人都有的；恭謹尊敬的心，是人人都有的；辨別是非的心，是人人都有的。憐憫傷痛的心，屬於仁；羞恥厭惡的心，屬於義；恭謹尊敬的心，屬於禮；辨別是非的心，屬於智。仁、義、禮、智，並不是外人給與我的，而是我自己本來有的，只是不去探索它罷了。所以說，去尋求，就得到它；一捨棄，就失掉它。到頭來，得到或失掉它的人，好壞相差一倍、五倍，甚至無數倍，這都是不能充分發揮他們的人性的本質的緣故啊！詩經上說：『天生下這許多人民，有事物就有法則。人民所秉持的常性，都喜歡這美好的品德。』孔子稱贊說：『做這詩的人，恐怕知曉大道了吧！所以說既有事物，就必定有法則；人民能執守著常道，便自然喜歡這種種的美德。』」

二　聖人與我同類

㈦孟子曰：「富歲❶子弟多賴❷，凶歲❸子弟多暴。非天之降才爾❹殊也，其所以陷溺❺其心者然也。

今夫麰麥❻，播種而耰❼之，其地同，樹之時又同，浡然❽而生，至於日至❾之時，皆熟矣；雖有不同，則地有肥磽❿，雨露之養、人事之不齊也。故凡同類者，舉⓫相似也；何獨至於人而疑之？聖人與我同類者。故龍子⓬曰：『不知足而為屨，我知其不為蕢⓭也！』屨之相似，天下之足同也。

口之於味，有同耆⓮也，易牙⓯先得我口之所耆者也；如使口之於味也，其性與人殊，若犬馬之與我不同類也，則天下何耆皆從易牙之於味也？至於味，天下期⑯於易牙，是天下之口相似也。惟耳亦然，至於聲，天下期於師曠⑰，是天下之耳相似也。惟目亦然，至於子都⑱，天下莫不知其姣⑲也；不知子都之姣者，無目者也。故曰：口之於味也，有同耆焉；耳之於聲也，有同聽焉；目之於色也，有同美焉。至於心，獨無所同然乎？心之所同然者何也？謂理也，義也。聖人先得我心之所同然耳。故理義之悅我心，猶芻豢⑳之悅我口。」

【章旨】此章言耳目口心，所悅者皆同，以證人性之皆善；至於或為君子，或為小人，猶麰麥不齊，雨露所使然。

【注釋】❶富歲　豐年。❷賴　朱注：「賴，藉也。」阮元謂：賴通「嬾」，怠惰的意思。❸凶歲　荒年。❹爾　如此。❺陷溺　陷沒沉溺。朱注：「凶年衣食不足，故有以陷溺其心而爲暴。」❻麰麥　大麥。❼耰　覆種。指農田播種後，又以土覆蓋。❽浡然　蓬勃貌。❾日至　夏至。❿磽　地之堅硬瘠薄者。⓫舉　皆。⓬龍子　古賢人，事跡不詳。⓭蕢　草筐。⓮耆　通「嗜」。⓯易牙　春秋時，齊桓公的廚師，最善烹調，名巫，字易牙。⓰期　希望。⓱師曠　晉平公樂師，善音樂。⓲子都　古之美男子。左傳隱十一年杜預注：「子都，鄭大夫公孫閼。」⓳姣　美好。⓴芻豢　朱注：「草食曰芻，牛羊是也。穀食曰豢，犬豕是也。」

【語譯】孟子說：「豐年時子弟大都懶惰，荒年時子弟大都殘暴。並不是天生的材質如此不同，而是環境使他們的心變壞的。

現在就拿大麥做個比方，種子播下去，蓋上土，所種的地方相同，種的時候又相同，於是蓬蓬勃勃地長起來，到夏至時，都成熟了；雖然收成的多少有不同，那是由於土地有的肥沃，有的磽薄，以及雨露的滋潤和人們耕作的勤惰都不一樣的緣故啊！所以凡是同類的東西，都很相似；爲什麼獨獨對於人性就加以懷疑呢？聖人和我們是同類的。所以龍子說：『雖然不知腳的大小就去做草鞋，我知道他絕不會做成草筐的。』草鞋的式樣都差不多，這因爲天下人的腳，形狀都相同的緣故。

口對於滋味，有同樣的嗜好。易牙是最先摸淸我們口味嗜好的人。假使口對於滋味，人人的嗜好不同，就像狗馬和我們不同類一樣，那麼天下人在口味上的嗜好，爲甚麼都追隨著易牙呢？對於滋味，天下人都希望能吃到易牙的烹調，這是天下人的口味都差不多的緣故。耳朵也是這樣，對於聲音，天下人都希望能聽到師曠所奏的音樂，這是天下人的耳朵都差不多的緣故。眼睛也是這樣，對於子都，天下人沒有不知道他長得俊美的，不知道子都的俊美，那簡直是沒有眼睛的人了。所以說：口對於滋味，有同樣的嗜好；耳朵對於聲音，有同樣的音感；眼睛對於美色，有同樣的美感。至於心，難道獨獨就沒有相同的地方嗎？心所相同的是甚麼？就是具有理，具有義。聖人是先得到我們眾心同具的理、義罷了。所以理義使我們心裏喜悅，就如同牛羊犬豕的肉滿足我們的口一樣。」

三　良心貴得其養

⑧孟子曰：「牛山❶之木嘗美矣，以其郊於大國也，斧斤伐之，可以爲美乎？是其日

夜之所息❷，雨露之所潤，非無萌蘖❸之生焉；牛羊又從而牧之，是以若彼濯濯❹也。人見其濯濯也，以為未嘗有材焉，此豈山之性也哉？

雖存乎人者，豈無仁義之心哉？其所以放其良心❺者，亦猶斧斤之於木也，旦旦而伐之，可以為美乎？其日夜之所息，平旦之氣❻，其好惡與人相近也者幾希❼；則其旦晝之所為，有梏亡之矣❽。梏之反覆，則其夜氣不足以存；夜氣不足以存，則其違禽獸不遠矣。人見其禽獸也，而以為未嘗有才焉者，是豈人之情也哉？

故苟得其養，無物不長；苟失其養，無物不消。孔子曰：『操❾則存，舍則亡；出入無時，莫知其鄉❿。』惟心之謂與！」

【章旨】此章言人之所以不善，由於不知操持，而放失梏亡其良心。

【注釋】❶牛山　山名，在今山東臨淄縣南。朱注：「齊之東南山也。」❷息　生長。❸萌蘖　朱注：「萌，芽也。蘖，芽之旁出者也。」❹濯濯　光潔之貌。形容山無草木。❺放其良心　放，放失。良心，朱注：「本然之善心，即所謂仁義之心也。」❻平旦之氣　平旦，天剛亮的時候。朱注：「平旦之氣，謂未與物接之時，清明之氣也。」❼幾希　不多。❽有梏亡之矣　有，同「又」。梏亡，擾亂亡失。❾操　把持。❿鄉　通「嚮」。

【語譯】孟子說：「牛山的樹木，曾經是很茂美的，只因近在大國的郊外，人們拿著斧頭之類的工具常常去砍伐，還能美得起來嗎？山上日夜所生息的，雨露所滋潤的，並不是沒有枝芽長出來；可是牛羊又隨著在那兒放牧，所以才弄成那樣光禿禿的；人們看它光禿禿的，就以爲從前沒有長過林木，這難道是山的本性嗎？

存在人身上的，難道沒有仁義之心嗎？人之所以失掉他本然的善心，也就像斧頭之類對於樹木一樣，天天砍伐它，還能夠美得起來嗎？一個人，經過日夜的生息，在天亮時所產生的清明之氣，使他的喜好與厭惡與一般人只有一點點相近；可是他白天的所作所爲，又把那點清明之氣擾亂喪失了。如果一再地擾亂亡失，那麼連夜裏的清明之氣也不能保存；夜裏清明之氣不能保存，那就和禽獸相差不遠了。人們看他和禽獸一樣，便以爲他本來沒有好的材質，這難道是人天賦的性情嗎？

所以，假如能得到適當的培養，沒有東西不生長；假如失去適當的培養，沒有東西不消亡。孔子說：『把握住就能留存，捨棄掉就會亡失，進出沒有定時，也不知道它的去向。』大概是指心性說的吧！」

四　一暴十寒

㈨孟子曰：「無或乎王❶之不智也，雖有天下易生之物也，一日暴之❷，十日寒之，未有能生者也。吾見亦罕矣，吾退而寒之者至矣。吾如有萌❸焉何哉？今夫弈❹之爲數❺，小數也；不專心致志，則不得也。弈秋❻，通國之善弈者也。使弈秋誨二人弈，其一人專心致志，惟弈秋之爲聽；一人雖聽之，一心以爲有鴻鵠將至，思援弓繳❼而射之，雖與之俱學，弗若之矣。爲是其智弗若與？曰：非然也。」

【章旨】此章孟子勉人主應專心致志。

【注釋】❶無或乎王　或，通「惑」，疑怪的意思。王，疑指齊宣王。❷暴之　將它曝曬。暴，通「曝」。❸萌　芽。❹弈　圍棋。❺數　技藝。❻弈秋　古之善弈者。名秋。❼繳　以繩繫矢而射。

【語譯】孟子說：「不要怪那齊王不聰明，雖然有天下最容易生長的東西，如果只有一天曝曬它，卻有十天讓它陰寒，也就不能生長了。我晉見齊王的機會也很少了；可是我退出時，那些使他受到陰寒的小人就擁到他身旁。王雖有善心的萌芽，我又能怎樣幫助他呢？現在拿下棋的技能來說，那是小玩意兒；但是如果不能專心一志，就學不好。弈秋，是全國最精於下棋的人。讓弈秋教兩個人下棋，其中一個非常用心，靜聽弈秋所講的話；另外一個，雖在聽著，心裡卻以爲大雁將要飛來，想拿起弓箭去射牠，雖然和人家共同學習，總比不上人家。是因爲他的聰明不如人嗎？不是的，只是不專心致志罷了。」

五　舍生取義

⑩孟子曰：「魚，我所欲也；熊掌❶，亦我所欲也；二者不可得兼，舍魚而取熊掌者也。生，亦我所欲也；義，亦我所欲也；二者不可得兼，舍生而取義者也。生亦我所欲，

所欲有甚於生者，故不為苟得❷也。死亦我所惡，所惡有甚於死者，故患有所不辟❸也。如使人之所欲莫甚於生，則凡可以得生者，何不用也？使人之所惡莫甚於死者，則凡可以辟患者，何不為也？由是則生，而有不用也；由是則可以辟患，而有不為也。是故，所欲有甚於生者，所惡有甚於死者；非獨賢者有是心也，人皆有之，賢者能勿喪耳。

一簞❹食，一豆羹❺，得之則生，弗得則死；嘑爾❻而與之，行道之人❼弗受；蹴爾❽而與之，乞人不屑也。萬鍾❾則不辨禮義而受之，萬鍾於我何加焉？為宮室之美，妻妾之奉，所識窮乏者得我與？鄉❿為身死而不受，今為宮室之美為之；鄉為身死而不受，今為妻妾之奉為之；鄉為身死而不受，今為所識窮乏者得我而為之；是亦不可以已⓫乎？此之謂失其本心⓬。」

【章旨】此章言羞惡之心，人所固有，或能決定死生於危迫之際，而不免計較豐約於宴安之時，是以君子不可頃刻而不省察於斯。

【注釋】❶熊掌　熊之足掌，味肥美，食物中之珍品。❷苟得　不當得而得。❸辟　通「避」，指苟免於死。❹簞　圓形盛飯竹器。❺豆羹　豆，用以盛羹的器具。羹，菜湯。❻嘑爾　呼叫呵叱的樣子。嘑，同「呼」。❼行道之人　指路中行走的凡人。❽蹴爾　踐踏。❾萬鍾　指祿之多。鍾，古量器，受六斛四斗。❿鄉　通「曏」，從前。⓫已　止。⓬本心　朱注：「謂羞惡之心。」

【語譯】孟子說：「魚，是我喜歡吃的；熊掌，也是我喜歡吃的；如果兩樣不能同時得到，我就捨棄魚而取熊掌了。生命，也是我所喜歡的；大義，也是我所喜歡的；如果兩樣不能同時得到，我就捨棄生命而取大義。生命是我所喜歡的，可是還有比生命更爲我所喜歡的，所以我不做苟且偷生的事。死亡是我所憎惡的，可是還有比死亡更爲我所厭惡的，所以有的禍患也就不逃避了。假使人們所喜歡的，沒有超過生命的話，那麼凡是可以保全生命的方法，哪有不使用的呢？假使人所憎惡的，沒有超過死亡的話，那麼凡是可以逃避禍患的事情，哪有不做的呢？用這方法就可以保全生命，有時卻不肯使用；照這樣做就可以逃避禍患，有時卻不肯做。因此可知：人所喜歡的，有比生命更值得喜歡的東西；人所憎惡的，有比死亡更令人厭惡的東西；不僅賢人有這種存心，而是人人都有，只是賢人能夠不喪失它罷了。

一簞飯，一盌湯，得到了就可活命，得不到就要餓死；如果是呼叱著給人吃，卽使飢餓的路人也不會接受；要是用腳踐踏著給人吃，就連乞丐也不屑於理睬了。有一萬鍾的俸祿，就不辨明禮義接受下來，那這一萬鍾的俸祿對我有甚麼好處呢？是爲了房屋的華美，妻妾的侍奉，和我所認識的窮朋友感激我的周濟嗎？以前寧願死亡都不肯接受的，現在爲了房屋的華美卻接受了；以前寧願死亡都不肯接受的，現在爲了妻妾的侍奉卻接受了；以前寧願死亡都不肯接受的，現在爲了我所認識的窮朋友感激我卻接受了；這難道不可以罷手嗎？這就叫做喪失了本來的良心。」

六　求放心

⑪孟子曰：「仁，人心❶也；義，人路❷也；舍其路而弗由，放❸其心而不知求，哀

哉！人有雞犬放，則知求之；有放心，而不知求！學問之道無他，求其放心而已矣。」

【章旨】此章言學問之道無他，求其放心，為得其本。

【注釋】❶人心　人的良心。即人類天賦的德性。朱注：「仁者，心之德。程子所謂心如穀種，仁則其生之性是也。然但謂之仁，則人不知其切於己，故反而名之曰『人心』，則可以見其爲此身酬酢萬變之主，而不可須臾失矣。」❷人路　朱注：「義者，行事之宜。謂之人路，則可以見其爲出入往來必由之道，而不可須臾舍矣。」❸放　亡失。

【語譯】孟子說：「仁，是人的良心；義，是人的大路。捨棄大路而不行走，丟失良心而不尋求，眞是可悲呀！一個人雞狗丟失了，就知道去尋找；自己的良心丟失了，反而不知道尋找！研究學問的途徑沒有別的，把放失的良心找回來罷了。」

七　大人與小人

㊄公都子問曰：「鈞❶是人也，或爲大人，或爲小人，何也？」

孟子曰：「從其大體❷爲大人，從其小體❸爲小人。」

曰：「鈞是人也，或從其大體，或從其小體，何也？」

曰：「耳目之官不思，而蔽於物；物交物，則引之而已矣。心之官則思，思則得之，不思則不得也。此天之所與我者，先立乎其大者，則其小者不能奪也。此爲大人而已矣。」

【章旨】此章言應先立定心志，然後耳目之官不能奪，則不為外物所蔽，始可為大人。

【注釋】❶鈞 通「均」。朱注：「鈞，同也。」❷大體 指心志。趙注：「心思禮義。」朱注：「心也。」❸小體 指感官。趙注：「縱恣情慾。」朱注：「耳目之類也。」

【語譯】公都子問說：「都是人，有的是大人，有的是小人，甚麼原因呢？」

孟子說：「依照心志去做，就是大人；依照感官去做，就是小人。」

公都子說：「都是人，有的能依照心志去做，有的卻依照感官去做，這又是甚麼原因呢？」

孟子說：「像耳朵眼睛這種器官是不會思考的，常常被外在的事物所蒙蔽；所以耳目本身也不過是一件事物，拿耳目這件事物，和外在的事物相接觸，就祇有受外物的引誘了。心這個器官是會思考的，能夠思考，就能得到人的善性；不能思考，就得不到了。耳目和心都是天給我們的，只要先立定大體的心，那小體的耳目就不能奪取心的主意了。這就成爲大人了。」

八 天爵與人爵

㊅孟子曰：「有天爵者，有人爵者。仁義忠信、樂善不倦，此天爵也；公卿大夫，此人爵也。古之人，修其天爵，而人爵從之。今之人，修其天爵，以要❶人爵；既得人爵，而棄其天爵，則惑之甚者也，終亦必亡而已矣。」

【章旨】此章勉人應修天爵，以為能修天爵，而後人爵從之。

【注釋】❶要　求。

【語　譯】孟子說：「有天然的爵位，有人爲的爵位。能具有仁義忠信、樂於行善而不厭倦的美德，這是天然的爵位；公卿大夫，這是人爲的爵位。古時候的人，專心修養好自己天然的爵位，而人爲的爵位自然就跟著來了。現在的人，修養自己天然的爵位，爲的是求取人爲的爵位；及至得到了人爲的爵位，就拋棄他天然的爵位，那就太糊塗了，最後必定連人爲的爵位也會丟掉。」

九　人人有貴於己者

㈦孟子曰：「欲貴者，人之同心也；人人有貴於己者❶，弗思耳。人之所貴者，非良貴❷也。趙孟❸之所貴，趙孟能賤之。詩❹云：『既醉以酒，既飽以德。』言飽乎仁義也，所以不願人之膏粱❺之味也。令聞廣譽❻施於身，所以不願人之文繡❼也。」

【章旨】此章言人之所貴在於仁義忠信、令聞廣譽，而非擁有膏粱之味、文繡之服。

【注釋】❶貴於己者　在自己身上的尊貴東西。即仁義、廣譽。朱注：「貴於己者，謂天爵也。」❷良貴　本然的尊貴。朱注：「良者，本然之善也。仁義充足，而聞譽彰著，皆所謂良貴也。」❸趙孟　即趙盾。字孟。晉卿。❹詩　詩經大雅既醉篇。❺膏粱　膏，肉之肥美者。粱，粟之美者。❻令聞廣譽　美名。令，善。聞，譽。❼文繡　衣之美者。

【語　譯】孟子說：「希望尊貴，是人的共同心理；其實每個人都有很尊貴的天爵在自己身上，只是不去想它罷了。人家所給的尊貴，並不是本然的尊貴。由趙孟賜予尊貴的人，趙孟也能使他貧賤。詩經上說：『既喝醉了酒，又飽足了德。』這是說在仁義方面得到滿足，所以不再羨慕人家肥肉精米的美味了。良好的聲名和廣大的美譽加在自己身上，所以不再羨慕人家華美的服飾了。」

十 彀與規矩

⑳孟子曰：「羿❶之教人射，必志於彀❷；學者亦必志於彀。大匠❸誨人，必以規矩❹；學者亦必以規矩。」

【章旨】此章言教人為學必有法，然後可成。

【注釋】❶羿 夏時有窮氏的國君。擅長射箭。❷志於彀 朱注：「志，猶期也。彀，弓滿也。」❸大匠 朱注：「大匠，工師也。」❹規矩 朱注：「規矩，匠之法也。」參見離婁篇上第一章注❸。

【語譯】孟子說：「羿教人射箭，一定要求他達到拉滿弓的標準；學的人，也一定要期望達到拉滿弓的標準。做木工的師傅教人，一定要按照規矩；學的人也一定要按照規矩。」

告子篇下 十六章錄六章

一 人皆可以為堯舜

㈡曹交❶問曰：「人皆可以爲堯舜，有諸？」

孟子曰：「然。」

「交聞文王十尺，湯九尺；今交九尺四寸以長，食粟而已❷，如何則可？」

曰：「奚有於是❸？亦爲之而已矣。有人於此，力不能勝一匹雛❹，則爲無力人矣；今曰舉百鈞❺，則爲有力人矣。然則舉烏獲❻之任，是亦爲烏獲而已矣。夫人豈以不勝爲患哉？弗爲耳。徐行後長者，謂之弟❼；疾行先❽長者，謂之不弟。夫徐行者，豈人所不能哉？所不爲也。堯舜之道，孝弟而已矣。子服堯之服，誦堯之言，行堯之行，是堯而已矣。子服桀之服，誦桀之言，行桀之行，是桀而已矣。」

曰：「交得見於鄒君，可以假館❾，願留而受業於門。」

曰：「夫道若大路然，豈難知哉？人病不求耳。子歸而求之，有餘師❿。」

【章旨】此章言天下大道，人並由之，病於不為，不患不能。

【注釋】❶曹交　趙注：「曹君之弟。交，名也。」❷食粟而已　指食粟外，別無他能。❸奚有於是　即「於是奚有」之倒裝句。指和身長何關之有。奚，何。❹一匹雛　一隻小雞。❺鈞　古代計算重量的單位。一鈞爲三十斤。❻烏獲　秦人，孔武有力者，嘗仕秦武王。❼弟　通「悌」。❽先　指當後而前。❾假館　借館舍以居。假，借。❿有餘師　指有數不完的老師。

【語　譯】曹交問道：「人人都可以成爲堯舜，有這個說法嗎？」

孟子說：「是的。」

曹交說：「我聽說周文王身高十尺，商湯身高九尺；現在我有九尺四寸高，卻只會吃飯罷了，怎麼樣才可以成爲堯舜呢？」

孟子說：「這跟身長有什麼關係呢？只要努力去做就行了。比方現在有個人在這兒，他的力量不能提一隻小雞，就是個沒有力量的人了；現在說是能舉起三千斤的東西，那便是有力量的人了。這麼看來，只要眞能夠舉得起烏獲所能舉的重量，也就可以算是烏獲了。一個人難道還怕有什麼做不到的嗎？只是不肯做罷了。慢慢地跟在長輩的後面，叫做悌；急速地搶在長輩的前面，叫做不悌。慢一點走，難道是人做不到的嗎？只是不肯做啊。堯舜的道理，不過是孝悌二字罷了。你穿著堯所穿的衣服，說堯所說的話，做堯所做的事，那你就和堯一樣了。你穿著桀所穿的衣服，說桀所說的話，做桀所做的事，那你就和桀一樣了。」

曹交說：「我能夠晉見鄒國君主，可以向他借一所房子住，希望留在夫子的門下受業。」

孟子說：「大道就像大路一樣，那裡會難懂呢？只怕人不肯用心探求罷了。你回去探求吧，有請教不完的老師呢。」

二　論宋牼以利說時君之不當

㊃宋牼❶將之❷楚，孟子遇於石丘❸，曰：「先生將何之？」

曰：「吾聞秦楚構兵❹，我將見楚王，說而罷之。二王我將有所遇❺焉。」

曰：「軻也，請無問其詳，願聞其指❻。說之將何如？」

曰：「我將言其不利也。」

曰：「先生之志則大矣；先生之號❼則不可。先生以利說秦楚之王，秦楚之王悅於利，以罷三軍之師，是三軍之士樂罷而悅於利也。爲人臣者，懷❽利以事其君；爲人子者，懷利以事其父；爲人弟者，懷利以事其兄；是君臣、父子、兄弟，終去仁義，懷利以相接❾；然而不亡者，未之有也！先生以仁義說秦楚之王，秦楚之王悅於仁義，而罷三軍之師；是三軍之士樂罷而悅於仁義也。爲人臣者，懷仁義以事其君；爲人子者，懷仁義以事其父；爲人弟者，懷仁義以事其兄；是君臣、父子、兄弟，去利，懷仁義以相接也；然而不王❿者，未之有也！何必曰利？」

【章旨】 此章言休兵息民，為事雖一，然人君之心因有義利之殊，而其結果遂有興亡之異。

【注釋】 ❶宋牼　趙注：「宋人，名牼。」朱注：「宋姓，牼名。」❷之　往。❸石丘　地名。

或云宋地。❹構兵　雙方出兵交戰。❺遇　契合。朱注：「遇，合也。」❻指　通「恉」，意向。❼號所用以號召之名。❽懷　內心有所存念。❾接　合，會。❿王　成就王業。

【語　譯】宋牼將要到楚國去，孟子在石丘遇見他，問他：「先生要到那兒去？」

宋牼說：「我聽說秦楚兩國要出兵交戰，我打算去見楚王，勸他罷戰；楚王如果不高興聽，我就去見秦王，勸他罷戰。兩個國王當中，總有一個意見和我相合的。」

孟子說：「我不想請問詳細的情形，只希望聽一聽您的大意。您預備怎樣去說服他們呢？」

宋牼說：「我預備說明交戰是不利的。」

孟子說：「先生的志向倒很偉大，先生的口號卻不高明。先生用『利』去勸說秦楚的國王，秦楚的國王爲了貪利而不出動三軍將士，於是三軍將士爲了罷兵高興，也就喜愛實利了。做臣子的，存著圖利的念頭去事奉他的國君；做兒子的，存著圖利的念頭去事奉他的父親；做弟弟的，存著圖利的念頭去事奉他的哥哥；這麼一來，君臣、父子、兄弟之間，到最後就要完全拋棄仁義，都存著圖利的念頭來相互交接了；像這樣還不亡國的，是從來沒有的事啊！先生要是拿仁義去勸說秦楚的國王，秦楚的國王爲了喜愛仁義而不出動三軍將士，於是三軍將士也會爲了罷兵高興，因而喜愛仁義。做臣子的，存著仁義的思想去事奉他的國君；做兒子的，存著仁義的思想去事奉他的父親；做弟弟的，存著仁義的思想去事奉他的哥哥；這麼一來，君臣、父子、兄弟，都拋棄圖利的念頭而存著仁義之心來相互交接；像這樣還不能完成王業的，也是從來沒有的事啊！何必要說利呢？」

三　今之所謂良臣

㊈孟子曰：「今之事君者，皆曰：『我能爲君辟❶土地、充府庫。』今之所謂良臣，古之所謂民賊也。君不鄉❷道，不志於仁，而求富之，是富桀也！『我能爲君約與國❸，戰必克。』今之所謂良臣，古之所謂民賊也。君不鄉道，不志於仁，而求爲之強❹戰，是輔桀也！由今之道，無變今之俗，雖與之天下，不能一朝居❺也。」

【章旨】 此章言為人臣者，應引導其君嚮道志仁，不可賊民，專務富強。

【注釋】 ❶辟　開闢。通「闢」。❷鄉　嚮往。通「嚮」。❸約與國　結交盟國。朱注：「約，要結也。與國，和好相與之國也。」❹強　奮力而爲。❺不能一朝居　無法一天安居。朱注：「言必爭奪而至於危亡也。」

【語譯】 孟子說：「現在一般事奉國君的人，都說：『我能替君王開拓疆土、充實府庫。』這種現在人所謂的良臣，卻是古人所說的民賊。國君不嚮往正道，志不在於仁政，卻還設法使他富足，這等於使夏桀富足啊！又說：『我能替君王結交盟國，打起仗來一定勝利。』這種現在人所謂的良臣，卻是古人所說的民賊。國君的心不嚮往正道，志不在於仁政，卻還爲他奮力作戰，這等於輔佐夏桀啊！照現在的做法，不改變現在的人心風氣，就是把天下送給他，也不能做一天太平天子啊！」

四　以鄰爲壑

⑪白圭曰：「丹之治水也，愈❶於禹。」

孟子曰：「子過矣！禹之治水，水之道❷也。是故禹以四海爲壑❸。今吾子以鄰國爲壑。水逆行，謂之洚水❹——洚水者，洪水也——仁人之所惡也。吾子過矣！」

【章旨】此章孟子責白圭自誇。治水不應以鄰為壑，應順水之性，取法夏禹，以四海為壑。

【注釋】❶愈　勝。❷水之道　即「道水」的倒裝句。順水之性疏導，使行其當行之路。道，通「導」。❸壑　坑谷可以受水者。❹洚水　參見滕文公篇下第九章注❾。

【語譯】白圭說：「我治水，勝過夏禹。」

孟子說：「您錯了！夏禹治水，是順著水性疏導的。所以夏禹以四海做為聚水的坑谷。現在您卻把鄰國做為聚水的坑谷。水倒流，叫做洚水——洚水，就是洪水——這是仁人所厭惡的。您眞的錯了。」

五　動心忍性

⑮孟子曰：「舜發於畎畝之中❶，傅說❷舉於版築❸之間，膠鬲❹舉於魚鹽之中，管夷吾❺舉於士❻，孫叔敖❼舉於海，百里奚❽舉於市。故天將降大任於是人也，必先苦其

心志，勞其筋骨，餓其體膚，空乏其身⑨，行拂⑩亂其所為；所以動心忍性⑪，曾⑫益其所不能。人恆過，然後能改；困於心⑬，衡於慮⑭，而後作；徵於色⑮，發於聲，而後喻。入⑯則無法家拂士⑰，出⑱則無敵國外患者，國恆亡。然後知生於憂患，而死於安樂也。」

【章旨】此章言人生於憂患、死於安樂。

【注釋】❶舜發於畎畝之中　發，起。畎，田間水溝。舜嘗耕於歷山，是由畎畝之間起而為天子。❷傅說　曾築於傅巖，殷武丁舉以為相。❸版築　營建之役。築牆以兩版相夾，置土於中，而以杵築成。❹膠鬲　殷賢人，初隱為商，周文王於鬻販魚鹽之中發現他，於是舉薦給紂。❺管夷吾　即管仲。❻士　士師，獄官。❼孫叔敖　楚蔿敖，字孫叔，父親蔿賈被殺，乃竄處淮海之濱，而莊王舉以為相。❽百里奚　春秋虞人。趙注：「百里奚亡虞適秦，隱於都市，繆公舉之於市，而以為相也。」❾空乏其身　使其身困窮。❿拂　戾。指使他的所作所為不順遂。⓫動心忍性　指竦動其心，堅忍其性。⓬曾　通「增」。⓭困於心　困悴於心而不暢。⓮衡於慮　橫塞其慮而不順。⓯徵於色三句　趙注：「徵驗見於顏色，若屈原憔悴，漁父見而怪之。發於聲而後喻，若甯戚商歌，桓公異之。」朱注：「徵，驗也。喻，曉也。此又言中人之性，常必有過，然後能改。蓋不能謹於平日，故必事勢窮蹙，以至困於心，衡於慮，然後能奮發而興起；不能燭於幾微，故必事理暴著，以至驗於人之色，發於人之聲，然後能警悟而通曉也。」朱注義勝。⓰入　國內。⓱法家拂士　指法度大臣之家與輔弼賢能之士。拂，通「弼」。⓲出　國外。

【語 譯】孟子說：「舜是由田野中間起來爲天子的，傳說是在築牆的工人中被舉用爲相的，膠鬲是從販賣魚鹽的商販裏被舉用的，管夷吾是從獄官看管的囚犯中被舉用的，孫叔敖是在海邊上被舉用的，百里奚是在市場上被舉用的。所以上天要把重任交給這個人時，一定先困苦他的心志，勞累他的筋骨，飢餓他的軀體，窮乏他的身家，擾亂他，使他的所作所爲都不順遂；爲的是要激發他的心志，堅忍他的性情，增加他所欠缺的能力。人常常發生錯誤，然後才能改正；心意困乏，思路閉塞，然後才能奮發振作；檢查人家的臉色，猜測人家的言語，而後才能通曉別人的心意。國內沒有守法世臣和輔弼賢士的諍諫；國外沒有敵對的國家和外來的禍患，這個國家常常是會滅亡的。然後我們知道：在憂患的環境中才能生存，在安樂的環境中便會死亡。」

六 教亦多術

㈥孟子曰：「教亦多術❶矣！予不屑❷之教誨❸也者，是亦教誨之而已矣。」

【章 旨】此章言教誨之方，或折或引，殊途同歸，成之而已。

【注 釋】❶多術　指方法不一。❷不屑　指以爲不潔而輕忽拒絕。屑，潔。❸教誨　教導訓誨。

朱注：「不以其人爲潔而拒絕之，所謂不屑之教誨也。其人若能感此，退自修省，則是亦我教誨之也。」

【語 譯】孟子說：「教誨人的方法很多啊！我不屑於教誨他，也就是在教誨他呀。」

【問題與討論】

一、公都子所舉當時三種人性學說是怎樣的？
二、孟子認爲「理」「義」是「心之所同然者」，他根據甚麼來證實這種說法？
三、甚麼叫做「平旦之氣」？爲甚麼「夜氣不足以存」？
四、「一日暴之，十日寒之」，是甚麼意思？孟子用來說明甚麼道理？
五、「舍生取義」和「失其本心」是甚麼意思？
六、「求其放心」是甚麼意思？
七、甚麼叫做「天爵」？甚麼叫做「人爵」？
八、爲甚麼「人皆可以爲堯舜」？
九、宋牼將用甚麼來遊說秦、楚兩國的國君？孟子怎樣駁斥他？
十、「以四海爲壑」和「以鄰國爲壑」是甚麼意思？孟子用來說明甚麼道理？
十一、「生於憂患而死於安樂」是甚麼意思？

盡心篇上 四十六章錄十六章

一 知天事天立命

㈠孟子曰：「盡其心❶者，知其性❷也。知其性，則知天❸矣。存其心，養❹其性，所以事❺天也。殀壽不貳❻，修身以俟之，所以立命❼也。」

【章 旨】此章言人應盡心養性以立命。

【注 釋】❶心 指人的善良本心。朱注：「心者，人之神明，所以具眾理而應萬事者也。」❷性 指人受於天的善良本質。朱注：「心之所具之理。」❸天 指天道、天理。朱注：「理之所從以出者也。」❹養 朱注：「謂順而不害。」❺事 朱注：「奉承而不違也。」❻殀壽不貳 對人生的長短不加疑慮。貳，疑。❼立命 朱注：「謂全其天之所付，不以人爲害之。」

【語 譯】孟子說：「能夠盡自己靈明本心的人，就可知道自己受之於天的本性；能夠知道自己的本性，就可知道天道了。保存自己靈明的本心，順養自己天賦的本性，這就是事奉上天的方法。無論生命的長短，我絲毫不加疑慮，只是修養身心，等候天命，這便是安身立命的方法。」

二 萬物皆備於我

㊃孟子曰：「萬物❶皆備於我矣。反身而誠❷，樂莫大焉。強恕❸而行，求仁莫近焉。」

【章旨】此章言萬物之理，具於吾身。體之而實，則道在我而樂有餘；行之以恕，則私不容而仁可得。

【注釋】❶萬物 指一切關於爲人之事物。即人倫物理。❷反身而誠 指反省諸身而能眞實無妄。❸強恕 強，勉強。恕，推己以及人。

【語譯】孟子說：「一切人倫事理都具備在自己的身上。反省自身，如果所作所爲都能眞實無欺，就沒有比這更快樂的了。勉力推行恕道，求仁的途徑沒有比這更近便的了。」

三 恥之於人大矣

㊆孟子曰：「恥之於人大矣。爲機變之巧者，無所用恥焉❶。不恥不若人❷，何若人有？」

【章旨】此章言人不可失其羞恥之心。

【注　釋】❶爲機變之巧者二句　朱注：「爲機械變詐之巧者，所爲之事，皆人所深恥，而彼方且自以爲得計，故無所用其愧恥之心也。」❷不恥不若人　指自己不如人，不以爲可恥。

【語　譯】孟子說：「羞恥心對於一個人的關係太大了。那些專門從事機巧變詐的人，根本用不著羞恥心。自己不如人還不以爲可恥，那還有什麼比得上人呢？」

四　處窮達之道

㈨孟子謂宋句踐❶曰：「子好遊❷乎？吾語❸子遊。人知之亦囂囂❹，人不知亦囂囂。」

曰：「何如斯可以囂囂矣？」

曰：「尊德樂義，則可以囂囂矣。故士窮不失義，達❺不離道。窮不失義，故士得己焉❻；達不離道，故民不失望焉。古之人，得志，澤加於民；不得志，修身見❼於世。窮則獨善其身，達則兼善天下。」

【章　旨】此章言內重外輕，則無往而不善。

【注　釋】❶宋句踐　姓宋，名句踐。❷遊　朱注：「遊說也。」❸語　告訴。❹囂囂　趙注：「自得無欲之貌。」❺達　顯達。❻窮不失義故士得己焉　趙注：「窮不失義，不爲不義而苟得，故得己之本性也。」❼見 通「現」。

【語　譯】孟子對宋句踐說：「你喜歡遊說諸侯嗎？我告訴你遊說的道理。人家瞭解你，固然可以悠然自得；人家不瞭解你，也要悠然自得。」

宋句踐問：「怎麼樣才可以悠然自得呢？」

孟子說：「尊重德行，喜歡義理，就可以悠然自得了。所以士人窮困時不做不義的事，顯達時不背大道。窮困時不做不義的事，所以士人就能保持自己的善性；顯達時不背大道，所以人民就不會對他失望。古時候的人，得志時，恩澤加在人民的身上；不得志時，修養自身顯現於世。窮困時就獨自修養己身，顯達時就使天下人同歸於善。」

五　善教得民心

⑭孟子曰：「仁言❶，不如仁聲❷之入人深也；善政，不如善教之得民也。善政，民畏之；善教，民愛之。善政，得民財；善教，得民心。」

【章　旨】此章言為人君者以得民心為上。

【注　釋】❶仁言　仁厚的言論。一說：指政教法度之言。❷仁聲　仁厚的聲名。一說：指仁厚的音樂。

【語　譯】孟子說：「仁厚的言論，不如仁厚的聲譽感人深切；良好的政令，不如良好的教化得人信服。良好的政令，使人民畏服；良好的教化，使人民愛戴。良好的政令，可以取得人民的財富；良好的教化，可以取得人民的歸心。」

六　良知良能

⑮孟子曰：「人之所不學而能者，其良能❶也；所不慮而知者，其良知❷也。孩提❸之童，無不知愛其親者；及其長也，無不知敬其兄也。親親，仁也；敬長，義也。無他，達❹之天下也。」

【章　旨】此章言仁義為人之本性良能，可達之天下。

【注　釋】❶良能　趙注：「不學而能，性所自能。良，甚也。是人之所甚能也。」❷良知　本然之知。❸孩提　朱注：「孩提，二三歲之間，知孩笑，可提抱者也。」❹達　通。

【語　譯】孟子說：「人不要學習自然就會的，是人的良能；不要思考自然就知道的，是人的良知。兩三歲的小孩兒，沒有不知道愛他的父母的；等到長大了，沒有不知道敬他的兄長的。愛父母便是仁，敬兄長便是義。並沒有別的緣故，只因普天下的人都具有仁義的善性啊。」

七　德慧術知

㈥孟子曰：「人之有德慧術知❶者，恆存乎疢疾❷。獨孤臣孽子❸，其操心❹也危，其慮患也深，故達❺。」

【章旨】此章言惟孤孽自危，得能顯達。

【注釋】❶德慧術知　指德行、智慧、道術、才智。❷疢疾　朱注：「疢疾，猶災患也。言人必有疢疾，則能動心忍性，增益其所不能也。」❸孤臣孽子　朱注：「孤臣，遠臣；孽子，庶子；皆不得於君親，而常有疢疾者也。」❹操心　用心。❺達　達於事理。即所謂德慧術知。

【語譯】孟子說：「有德行、智慧、道術、才智的人，往往是成長在憂患之中。惟有孤立的遠臣，微賤的庶子，他們用心常懷著戒懼，考慮將來的憂患比別人深遠，所以能夠通達事理。」

八　君子有三樂

㈦孟子曰：「君子有三樂，而王天下不與存❶焉。父母俱存，兄弟無故❷，一樂也；仰不愧於天，俯不怍❸於人，二樂也；得天下英才而教育之，三樂也。君子有三樂，而王天下不與存焉。」

【章旨】此章言君子有三樂。

【注釋】❶與存　在內。❷無故　趙注：「無他故。」焦循正義：「無故，謂兄弟相親好也。」❸怍　愧。趙注：「不愧天，又不怍人，心正無邪也。」

【語譯】孟子說：「君子有三種快樂，而統治天下卻不包括在內。父母都健在，兄弟相親好，是第一種快樂；上不愧對於天，下不愧對於人，是第二種快樂；得到天下才華出眾的人而教育他們，是第三種快樂。君子有這三種快樂，而統治天下卻不包括在內啊！」

九　君子所性

㉚孟子曰：「廣土眾民，君子欲之，所樂不存焉❶。中天下而立❷，定四海之民；君子樂之，所性不存焉。君子所性，雖大行❸不加焉，雖窮居不損❹焉，分❺定故也。君子所性，仁義禮智根❻於心；其生色也，睟然❼見於面，盎❽於背，施❾於四體，四體不言而喻❿。」

【章旨】此章言君子固欲其道之大行，然其所得於天者，則不以是而有所加損。

【注釋】❶廣土眾民三句　焉，於此。下同。朱注：「地闢民聚，澤可遠施，故君子欲之，然未足以為樂也。」❷中天下而立　指居天下之中央而立位。即王天下。❸大行　趙注：「謂行政於天下。」❹損　減。❺分　朱注：「分者，所得於天之全體，故不以窮達而有異。」❻根　本。❼睟然　溫和潤澤的樣子。❽盎　盛貌。❾施　延及，分布。❿不言而喻　不用說明就曉得。

【語　譯】孟子說：「廣大的土地，眾多的人民，是君子想得到的；但是他的樂趣卻不在此。位居天下的中央，安定四海的人民，是君子引以為樂的；但是他所稟受的天性卻不在此。君子所稟受的天性，雖然德政普施於天下也不會有甚麼增加，就是窮困在家也不會有甚麼減少，因為受之於天的性分有一定的緣故啊！君子稟受天性，仁義禮智都根植於內心；所表露出來的色象，很清和潤澤地顯現在臉上，盎溢在背上，分布到手足四肢上，不待說明，別人就明了。」

十　觀水有術

㉔孟子曰：「孔子登東山❶而小魯，登泰山而小天下。故觀於海者難為水，遊於聖人之門者難為言。觀水有術，必觀其瀾；日月有明，容光必照焉❷。流水之為物也，不盈科❸不行；君子之志於道也，不成章不達❹。」

【章　旨】此章言聖人之道，大而有本，學之者，必以其漸乃能至。

【注　釋】❶東山　朱注：「蓋魯城東之高山。」❷觀水有術四句　朱注：「此言道之有本也。瀾，水之湍急處也。明者，光之體；光者，明之用也。觀水之瀾，則知其源之有本矣。觀日月於容光之隙無不照，則知其明之有本矣。」❸科　坑坎。❹不成章不達　朱注：「成章，所積者厚，而文章外見也。達者，足於此而通於彼也。」

【語　譯】孟子說：「孔子登上東山，就覺得魯國小了；登上泰山，就覺得天下也變小了。所以見過大海的人，就覺得任何的河流都難以和大海相比了，遊學於聖人門下的人，就覺得任何的議論都難以和聖人之言相比了。觀看水的源頭是否充沛有方法，一定要觀看它的波瀾是不是壯闊；日月有了發光的本體，凡是可以容納光線的地方，一定能夠照到。流水這種東西，不注滿坑坎是不向前進的；君子立志求道，不累積到文章外現的程度，就不能通達聖人的大道。」

十一　舜與蹠之分

㉕孟子曰：「雞鳴而起，孳孳❶為善者，舜之徒也；雞鳴而起，孳孳為利者，蹠❷之徒也。欲知舜與蹠之分，無他，利與善之閒也。」

【章　旨】此章言舜蹠相去甚遠，而其分，乃在利善之間而已。

【注　釋】❶孳孳　勤勉之意。❷蹠　人名，也作「跖」。傳為春秋魯人，柳下惠弟，為一橫行天下之大盜。

【語　譯】孟子說：「雞一叫就起來，隨即勤勉行善的，是舜這一類的人；雞一叫就起來，隨即勤勉謀私利的，是盜蹠這一類的人。要知道舜和蹠的分別，沒有別的，只在謀私利和行善之間去分辨罷了。」

十二　子莫執中

㊱孟子曰：「楊子取爲我❶，拔一毛而利天下，不爲也。墨子兼愛❷，摩頂放踵❸利天下，爲之。子莫❹執中，執中爲近之；執中無權❺，猶執一也。所惡執一者，爲其賊❻道也，舉一而廢百也。」

【章　旨】此章言道之所貴者中，中之所貴者權。

【注　釋】❶楊子取爲我　楊子，戰國時人，名朱。後於墨子。嘗與墨子弟子禽滑釐辯論。其說在愛己，不拔一毛以利天下。朱注：「取者，僅足之意。取爲我者，僅足於爲我而已，不及爲人也。」❷墨子兼愛　墨子，戰國魯人，名翟，嘗爲宋大夫，爲墨家之祖。兼愛，朱注：「無所不愛也。」❸摩頂放踵　從頭頂到腳跟都磨傷。形容人奔波勞苦，到了極點。趙注：「摩突其頂，下至於踵。」朱注：「摩頂，摩突其頂也。放，至也。」摩突，即摩禿。一說：摩，磨損。❹子莫　魯之賢人。❺執中無權　執守中道，卻不知權變。❻賊　害。

【語　譯】孟子說：「楊朱主張『爲我』，卽使拔一根毛而對天下有利，他也不肯做。墨子主張『兼愛』，卽使摩禿頭頂，掉光脛毛，只要對天下有利，就去做。子莫是執守楊墨二家之間的中道，執中似乎是近道了；但是執中如果不能通權達變，仍然是執守一偏之見。人所以厭惡執守一偏的人，是因爲他們傷害中正之道，舉用一事而廢棄了百事。」

十三　士尚志

㉝王子墊❶問曰：「士何事❷？」

孟子曰：「尚志❸。」

曰：「何謂尚志？」

曰：「仁義而已矣。殺一無罪，非仁也；非其有而取之，非義也。居惡在？仁是也。路惡在？義是也。居仁由義，大人之事備矣❹。」

【章　旨】此章言人當居仁由義，以尚其志。

【注　釋】❶王子墊　齊王子，名墊。❷士何事　朱注：「上則公卿大夫，下則農工商賈，皆有所事；而士居其間，獨無所事；故王子問之也。」❸尚志　朱注：「尚，高尚也。志者，心之所之也。士既未得行公卿大夫之道，又不當爲農工商賈之業，則高尚其志而已。」❹大人之事備矣　朱注：「大人，謂公卿大夫。言士雖未得大人之位，而其志如此；則大人之事，體用已全。」

【語　譯】王子墊問道：「士做甚麼事？」

孟子說：「使自己的心志高尚。」

王子墊說：「甚麼叫做使心志高尚呢？」

孟子說：「立志行仁義罷了。殺一個無罪的人，就不仁；不是自己的東西而拿了來，就不義。心該存在那裏？在仁上。路該開在那裏？在義上。居心於仁，行事合義，做一個大人的條件就算齊備了。」

十四　因材施教

㊵孟子曰：「君子之所以教者五：有如時雨❶化之者，有成德❷者，有達財❸者，有答問❹者，有私淑艾❺者。此五者，君子之所以教也。」

【章　旨】此章言聖賢施教，各因其材。

【注　釋】❶時雨　朱注：「及時之雨也。」❷成德　指因人固有之德性，教他使有成就。❸達財　財，通「材」。指因材施教，使通達而有用。❹答問　指就人所問而回答，以解除疑惑。❺私淑艾　朱注：「私，竊也。淑，善也。艾，治也。人或不能及門受業，但聞君子之道於人，而竊以善治其身，是亦君子教誨之所及。」一說：「淑」與「叔」通，拾取的意思。

【語　譯】孟子說：「君子用來教誨人的方法有五種：一種是像及時的雨水化育草木一樣，一種是使他的德性有所成就，一種是使他盡量發揮天賦的才能，一種是就他所提的問題給他解答，一種是沒有及門受業的人，私自拾取君子的善言善行修養自己。這五種，便是君子用來教誨人的方法啊！」

十五　過與不及

㊹孟子曰：「於不可已❶而已者，無所不已；於所厚❷者薄，無所不薄也。其進銳者，其退速❸。」

【章　旨】此章言過與不及，雖有不同，然卒同歸於廢弛。

【注　釋】❶不可已　朱注：「已，止也。不可止，謂所不得不為者。」❷所厚　所當厚待者。❸

其進銳者其退速　朱注：「進銳者用心太過，其勢易衰，故退速。」

【語　譯】孟子說：「對於不可以中止的事而竟然中止，那就沒有事不可以中止了；對於應該厚待的人而竟然薄待，那就沒有人不可以薄待了。求學做事，進行太猛的人，衰退起來也最快。」

十六　親親仁民

㊣孟子曰：「君子之於物❶也，愛之而弗仁❷；於民也，仁之而弗親❸。親親而仁民，仁民而愛物。」

【章　旨】此章言君子布德，各有所施。事得其宜，故謂之義。

【注　釋】❶物　指禽獸草木。❷愛之而弗仁　趙注：「當愛育之而不加之仁，若犧牲不得不殺也。」朱注：「愛，謂取之有時，用之有節。程子曰：『仁，推己及人，如老吾老以及人之老。於民則可，於物則不可。統而言之，則皆仁；分而言之，則有序。』」❸仁之而弗親　趙注：「臨民以非己族類，故不得與親同也。」

【語　譯】孟子說：「君子對於禽獸草木，只應愛育它，卻不應以待人的仁德對待它；對於人民，應當對他仁愛，卻不應以待親人的親情對待他。君子由親愛自己的親人，推及到仁愛人民；再由仁愛人民，推及到愛育禽獸草木。」

盡心篇下 三十八章錄八章

一　不仁哉梁惠王

㊀孟子曰：「不仁哉，梁惠王也！仁者以其所愛，及其所不愛；不仁者以其所不愛，及其所愛。」

公孫丑曰：「何謂也？」

「梁惠王以土地之故，糜爛其民而戰之，大敗；將復之，恐不能勝，故驅其所愛子弟❶以殉之。是之謂以其所不愛，及其所愛也。」

【章旨】此章言發政施仁，一國被恩。好戰輕民，災及所親。

【注釋】❶子弟　指太子申。史記魏世家云：惠王三十年（楊寬戰國史附戰國大事年表訂正爲二十九年，當從之），使龐涓將，而令太子申爲上將軍，與齊人戰，敗於馬陵，齊虜魏太子申，殺將軍涓，軍遂大破。

【語譯】孟子說：「梁惠王眞是不仁道啊！仁人把他的愛心由他所愛的，推及到他所不愛的人；不仁的人卻把他造成的災禍由他所不愛的，推及到他所愛的人。」

公孫丑問：「這是甚麼意思呢？」

孟子說：「梁惠王因爲爭奪土地的緣故，不惜犧牲自己人民的性命去打仗，結果打了大敗仗；將要報復，又怕不能取勝，所以驅使他所親愛的子弟去送命，這就叫做由他所不愛的，推及到他所愛的人。」

二　焉用戰

㊃孟子曰：「有人曰：『我善爲陳❶，我善爲戰。』大罪也。國君好仁，天下無敵焉。南面而征，北狄怨；東面而征，西夷怨；曰：『奚爲後我❷？』武王之伐殷也，革車三百兩❸，虎賁❹三千人，王曰：『無畏，寧爾也，非敵百姓❺也。』若崩厥角❻稽首。征之爲言正也，各欲正己❼也，焉用戰？」

【章旨】 此章言民思明君，若旱望雨；能行仁政，則不戰而無敵於天下。

【注釋】 ❶陳　同「陣」。行伍之列。❷南面而征六句　亦見梁惠王篇下第十一章。❸革車三百兩　革車，以皮革爲帷之兵車。兩，通「輛」。❹虎賁　勇士。❺非敵百姓　指非與百姓爲敵。❻若崩厥角稽首　厥，通「蹶」，頓。角，額角。稽首，行跪拜禮時，叩頭至地。厥角就是稽首。朱注：「於是商人稽首至地，如角之崩也。」焦循孟子正義：「厥角，是以角蹶地。若崩者，狀其厥之多而迅也。」❼正己　朱注：「民爲暴君所虐，皆欲仁者來正己之國也。」

【語譯】 孟子說：「有人說：『我很會佈陣，我很會作戰。』這是最大的罪惡啊！國君喜歡仁德，在天下自然就沒有敵手了。當初商湯向南方征伐，北方的狄人就抱怨；向東方征伐，西方的夷人就抱怨；都說：『爲甚麼後解救我們呢？』周武王討伐商紂的時候，只有兵車三百輛，勇士三千人。武王說：『不要害怕，我是來安定你們的，不是同百姓爲敵的。』於是人民感激叩頭，聲勢像山崩一樣。征的意思就是正，在暴君奴役下的人民，都願意仁人來匡正他們的國家，那裡用得著打仗呢？」

三　民爲貴

⑭孟子曰：「民爲貴，社稷❶次之，君爲輕。是故，得乎丘民❷而爲天子，得乎天子爲諸侯，得乎諸侯爲大夫。諸侯危社稷，則變置❸。犧牲❹既成，粢盛❺既潔，祭祀以時；然而旱乾水溢，則變置社稷。」

【章旨】此章言社稷君主，皆為民而立，不能盡其職，則當更置。國以民立，無民固無君，故當以民為貴。

【注釋】❶社稷　社，土地之神。稷，五穀之神。引申爲國家之義。❷丘民　朱注：「田野之民。」❸變置　更立。朱注：「諸侯無道，將使社稷爲人所滅，則當更立賢君，是君輕於社稷也。」❹犧牲　供祭祀之牲畜，牛羊豕之屬。❺粢盛　供祭祀之黍稷。黍稷稱粢，置於器內則稱盛。

【語譯】孟子說：「人民是最貴重的，社稷在其次，國君是最輕的。所以得到萬民擁護的，便可以做天子；得到天子賞識的，便可以做諸侯；得到諸侯賞識的，便可以做大夫。如果諸侯的所作所爲危害到社稷，就要另立一位賢君；如果犧牲養得很肥大，粢盛洗得很清潔，又能按時祭祀，卻仍然有乾旱水澇的災害，那就另立新的社稷。」

四　性與命

㉔孟子曰：「口之於味也，目之於色也，耳之於聲也，鼻之於臭也，四肢之於安佚❶也，性也，有命焉；君子不謂性也。仁之於父子也，義之於君臣也，禮之於賓主也，智之於賢者也，聖人之於天道也，命也，有性焉；君子不謂命也。」

【章旨】此章言君子順應天性之必然，以尊德樂道，而不強求屬於命定之感官滿足。

【注釋】❶佚　通「逸」，不勞。

【語譯】孟子說：「嘴巴對於美味，眼睛對於美色，耳朵對於音樂，鼻子對於香氣，四肢對於安逸，這些喜好都是人的本性；但能不能得到滿足，卻是命中注定的；所以君子不把這些算作天性，而不去強求它。仁愛在父子之間，道義在君臣之間，禮儀在賓主之間，睿智對於賢人，聖人對於天道，一般人都以為是命定的，事實上卻是存於本性之中；所以君子不把這些算作命定的，而不斷地努力去追求。」

五　守約施博

㉜孟子曰：「言近而指遠❶者，善言也；守約而施博❷者，善道❸也。君子之言也，不下帶而道存❹焉；君子之守，脩其身而天下平❺。人病舍其田而芸人之田；所求於人者

重，而所以自任者輕❻。」

【章旨】此章言道之善，以心為原。當先求諸己，而後求諸人。

【注釋】❶言近而指遠　所言者淺近，而意旨深遠。指，通「旨」。❷守約而施博　約，簡。博，大。趙注：「約守仁義，大可以施德於天下也。」❸善道　即善行。❹不下帶而道存　帶，腰帶。朱注：「帶之上乃目前常見至近之處也。舉目前之近事，而至理存焉，所以為言近而指遠也。」❺脩其身而天下平　趙注：「身正物正，天下平矣。」朱注：「此所謂守約而施博也。」❻人病舍其田而芸人之田三句　病，患。芸，通「耘」，除草。求，責。任，荷。趙注：「田以喻身；舍身不治，而欲責人治，是求人太重，自任太輕也。」朱注：「此言不守約而務博施之病。」

【語譯】孟子說：「言詞淺近，卻含意深遠的，是最好的語言；遵守的原理簡約，而恩惠廣大的，是最好的德行。君子的言詞，都是很淺近的，而道理卻存在其間；君子的操守，是由修養自己的身心做起，進而使天下太平。一個人最怕的是任自己的田地荒蕪，卻去剷除別人田裡的野草；對別人的責求很重，可是自己負擔的卻很輕。」

六　說大人則藐之

(三四)孟子曰：「說大人❶，則藐之❷，勿視其巍巍然❸。堂高數仞❹，榱題數尺❺，我得志弗為也；食前方丈❻，侍妾數百人，我得志弗為也；般樂❼飲酒，驅騁田獵，後車千乘，我得志弗爲也。在彼者，皆我所不爲也；在我者，皆古之制❽也；吾何畏彼哉！」

【章　旨】此章言以賤說貴，勿存畏心。

【注　釋】❶大人　趙注：「謂當時之尊貴者也。」❷藐之　輕視他。❸巍巍然　富貴高顯之貌。❹仞　八尺爲仞。❺榱題數尺　指屋材巨大，出檐數尺。榱題，屋椽之端，今俗稱出檐。❻食前方丈　指饌食羅列，廣及方丈。比喻豐盛。❼般樂　指大作樂。般，大。❽皆古之制　趙注：「在我所行，皆古聖人所制之法，謂恭儉也。」

【語　譯】孟子說：「遊說達官貴人，就要輕視他，不要把他看得高高在上。廳堂建幾丈高，出檐達幾尺長，我得志時決不屑於這樣做的；面前的菜餚擺滿了方丈大的桌子，侍奉的姬妾好幾百人，我得志時決不屑於這樣做的；無休止的飲酒作樂，往來驅馳打獵，侍從的車子上千輛，我得志時決不屑於這樣做的。他所做的，都是我不要做的；我所遵循的，都是古聖先賢的法制；我爲甚麼害怕他呢！」

七　養心莫善於寡欲

㉟孟子曰：「養心莫善於寡欲❶。其爲人也寡欲，雖有不存❷焉者，寡矣；其爲人也多欲，雖有存焉者，寡矣。」

【章　旨】此章言養心之道，在於寡欲。

【注釋】❶欲　朱注：「欲，如口鼻耳目四支之欲。」❷不存　失其本心。

【語譯】孟子說：「修養心性沒有比減少慾念更好的了。一個人慾念不多，即使善性有所放失，也將是很少的；一個人慾念多，即使善性有所保存，也是不會多的。」

八　狂獧與鄉原

㊲萬章問曰：「孔子在陳曰：『盍歸乎來！吾黨之士狂簡，進取不忘其初❶。』孔子在陳，何思魯之狂士？」

孟子曰：「孔子不得中道而與之，必也狂獧乎！狂者進取，獧者有所不為也❷。孔子豈不欲中道哉？不可必得，故思其次也。」

「敢問何如斯可謂狂矣？」

曰：「如琴張、曾皙、牧皮❸者，孔子之所謂狂矣。」

「何以謂之狂也？」

曰：「其志嘐嘐❹然，曰：『古之人！古之人❺！』夷❻考其行，而不掩焉❼者也。狂者又不可得；欲得不屑不潔❽之士而與之，是獧也，是又其次也。孔子曰：『過我門而不入我室，我不憾焉者，其惟鄉原❾乎！鄉原，德之賊也。』」

曰：「何如斯可謂之鄉原矣？」

曰：「『何以是嘐嘐也？言不顧行，行不顧言，則曰：「古之人！古之人！」行何為踽踽涼涼❿？生斯世也，為斯世也，善斯可矣。』閹然媚於世⓫也者，是鄉原也。」

萬章曰：「一鄉皆稱原人⓬焉，無所往而不為原人；孔子以為德之賊，何哉？」

曰：「非之無舉⓭也，刺之無刺⓮也；同乎流俗，合乎汙⓯世；居之似忠信，行之似廉潔；眾皆悅之，自以為是，而不可與入堯舜之道，故曰德之賊也。孔子曰：『惡似而非者；惡莠⓰，恐其亂苗也；惡佞⓱，恐其亂義也；惡利口，恐其亂信也；惡鄭聲，恐其亂樂也；惡紫，恐其亂朱也⓲；惡鄉原，恐其亂德也⓳。』君子反經⓴而已矣。經正，則庶民興㉑；庶民興，斯無邪慝㉒矣。」

【章旨】此章言士行有科，以中道為上，狂獧為次。而鄉原則為德之賊，聖人所不取。

【注釋】❶孔子在陳曰四句　陳，國名，周初封舜之後胡公於陳，春秋之季滅於楚，今河南開封至安徽亳縣皆其地。盍，何不。來，語末助詞。進取，朱注：「謂求望高遠。」不忘其初，朱注：「謂不能改其舊也。」❷孔子不得中道而與之四句　參見論語子路篇第二十一章。孔子下當有「曰」字。中道，猶中行。獧，同「狷」，耿介。指有所不為，知恥自好，不為不善之人。❸琴張曾皙牧皮　趙注：「

琴張，子張也；曾晳，曾參父也；牧皮，行與二人同。皆事孔子學者也。」朱注：「琴張，名牢，字子張，子桑戶死，琴張臨其喪而歌。事見莊子，雖未必盡然，要必有近似者。……季武子死，曾晳倚其門而歌，事見檀弓；又言志異乎三子者之撰，事見論語。牧皮未詳。」❹嘐嘐　言詞誇大的樣子。❺古之人古之人　朱注：「重言古之人，見其動輒稱之，不一稱而已也。」❻夷　發語詞。❼不掩焉　指行爲與言詞不能吻合。掩，覆。❽不屑不潔　指不爲汙穢之行，即有所不爲。不屑，亦不潔之意。❾鄉原　指與鄉人同流合汙，以博取謹厚之稱的人。原，通「愿」，謹厚。❿何以是嘐嘐也七句　踽踽，獨行不進貌。涼涼，薄情的樣子，即不親厚於人。俞樾古書疑義舉例云：「『曰「何以是嘐嘐也？」言不顧行，行不顧言，則曰「古之人，古之人，行何爲踽踽涼涼？」』按此三十字當在『其志嘐嘐然』之下，『夷考其行』之上。『曰何以是嘐嘐也？』萬章問也。『言不顧行』以下，孟子答也。狂者言行不相顧，每以古人之行爲隘小而非笑之，則曰『古之人，古之人，行何爲踽踽涼涼？』此狂者譏古人之詞。及考其所爲，實未能大過古人，故曰：『夷考其行而不掩焉者也。』此三十字誤移在後，而前文止存『曰古之人，古之人』七字，乃爛脫之未盡者，可藉以考見其舊也。」⓫閹然媚於世　朱注：「閹，如奄人之奄，閉藏之意也。媚，求悅於人也。孟子言此深自閉藏，以求親媚於世，是鄉原之行也。」⓬原人　指謹厚之人。⓭非之無舉　指想要指摘他，卻舉不出錯誤的事實來。⓮刺之無刺　指想要攻擊他，卻找不出攻擊的理由來。⓯汙　濁。⓰莠　似苗之草。即狗尾草。⓱佞　有才智而口是心非的人。朱注：「才智之稱，其言似義而非義也。」⓲惡利口六句　參見論語陽貨篇第十八章。⓳惡鄉原恐其亂德也　朱注：「鄉原不狂不獧，人皆以爲善，有似乎中道而實非也，故恐其亂德也。」⓴反經　指回返常道。朱注：「反，復也。經，常也，萬世不易之常道也。」㉑庶民興　趙注：「則眾民興起而家給人足矣。」

朱注：「與，與起於善也。」㉒邪慝　邪惡之行。慝，惡。

【語　譯】萬章問道：「孔子在陳國，歎道：『爲甚麼不回去呢！我的家鄉還有一群志氣大而做事粗疏的青年，很有進取心，還沒有忘掉當初的志向。』孔子在陳國，爲甚麼要思念魯國這一班狂士呢？」

孟子說：「孔子曾說：『得不到謹守中道的人來教導，就一定得教導這些狂放狷介的人了！狂放的人好高騖遠，有進取心；狷介的人廉潔自守，有所不爲。』孔子難道不想教謹守中道的人嗎？是因爲不一定能得到，所以就想到次一等的人了。」

萬章說：「請問怎麼樣才可以叫做狂放的人呢？」

孟子說：「像琴張、曾晳、牧皮這類的人，就是孔子所說的狂放的人了。」

萬章問：「爲甚麼說他們是狂放的人呢？」

孟子說：「他們的志向遠大，言語誇張，一開口就說：『古時候的人呀！古時候的人呀！』可是考察他們的行爲，卻不能和他們的言論相稱。狂放的人再得不到的時候，就想得到不肯做壞事的人來教導，那就是狷介的人，這是更次一等的了。孔子說：『從我的門口經過而不走進我的屋子，使我毫無遺憾的人，恐怕只有那群鄉愿罷！鄉愿是戕害道德的蟊賊呀。』」

萬章說：「怎麼樣才可以叫做鄉愿呢？」

孟子說：「鄉愿說：『狂放的人爲甚麼要這樣志向遠大、言語誇張呢？說話不顧自己的行爲，做事不顧自己的言論，開口就說：古時候的人呀！古時候的人呀。狷介的人行爲爲甚麼孤獨冷漠呢？生在這時代，就要做這時代的人，只要大家說我好就行了。』像這樣屈意討好世人的，就是鄉愿了。」

萬章說：「全鄉的人都說鄉愿是謹愼忠厚的人，那麼不論走到那兒也不會變成不謹愼、不忠厚的人了；孔子認爲他是道德的蟊賊，爲甚麼呢？」

孟子說：「要數說他的不是，卻又舉不出事實；要攻擊他的罪過，卻又沒有地方可以攻擊；同化於下流的習俗，迎合著汙濁的社會，居心似乎忠厚信實，行爲似乎淸白廉潔；大家都喜歡他，他自己也以爲不錯，可是卻不能把他歸入堯舜的大道，所以說他們是道德的蟊賊。孔子說：『我最憎惡似是而非的東西：憎惡狗尾草，是恐怕它攪亂了禾苗；憎惡自作聰明的人，是恐怕他攪亂了義理；憎惡口齒流利的人，是恐怕他攪亂了誠信；憎惡鄭國的淫聲，是恐怕它攪亂了雅樂；憎惡紫顏色，是恐怕它攪亂了紅色；憎惡鄉愿之類的人，是恐怕他攪亂了道德。』君子只要回到常道上去就行了。常道端正，百姓自然就會振作奮發；百姓能夠振作奮發，就沒有邪惡的行爲了。」

【問題與討論】

一、「萬物皆備於我矣」是甚麼意思？
二、「仁言」爲甚麼不如「仁聲」感人深切？「善政」爲甚麼不如「善教」得人信服？
三、甚麼叫做「良知」？甚麼叫做「良能」？
四、君子的「三樂」是甚麼？
五、楊朱、墨翟和子莫三人的主張是甚麼？
六、士人怎樣才算使自己的志行高尙呢？
七、君子用來教人的方法有那幾種？

八、「親親而仁民，仁民而愛物」是甚麼意思？
九、孟子爲甚麼批評梁惠王不仁呢？
十、試申述孟子「民貴君輕」的思想？
十一、甚麼叫做「善言」？甚麼叫做「善道」？
十二、試申述「養心莫善於寡欲」的意義？
十三、「狂」、「獧」和「鄉原」三種人有甚麼不同？

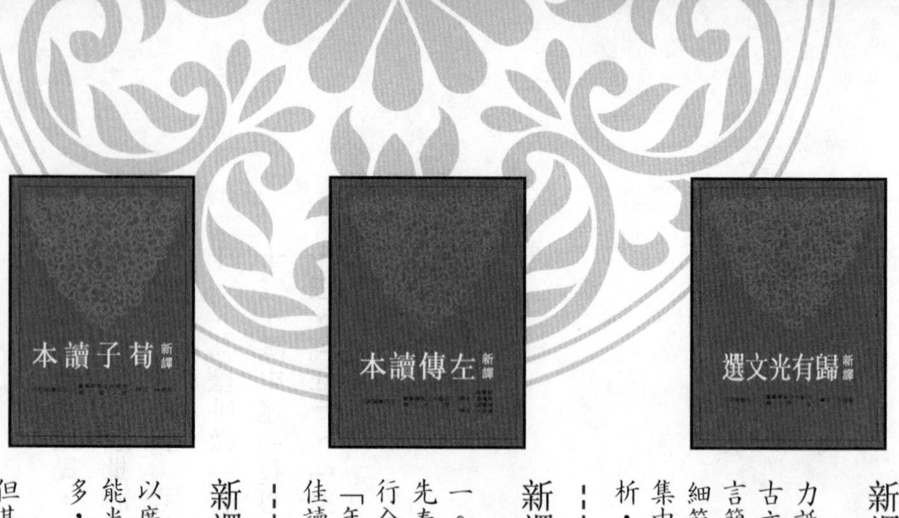

新譯歸有光文選　鄔國平／注譯

歸有光的散文有「明文第一」的美譽，影響明清文壇極為深遠。以他為首的唐宋派作家，力詆前後七子所言「文必秦漢」、一味追求艱深僻奧的盲目復古傾向，主張應遵循和發揚唐宋古文大家所倡導的平美文風，終使明代文學回歸主流。他的散文具有即事抒情、刻繪生動、言簡意賅、結構精巧等特色，名篇如〈先妣事略〉、〈項脊軒志〉、〈寒花葬記〉等，出色的細節描寫和畫龍點睛的精彩話語，在平淡中蘊涵無限情思，令讀者深受感動。本書由其傳世文集中精選百餘篇各體散文，透過注譯者詳實精確的注釋與淺白易懂的語譯，加上細膩深入的研析，相信一定能帶給讀者一場不同凡響的散文盛宴。

新譯左傳讀本(上)(二版)　郁賢皓、周福昌、姚曼波／注譯；傅武光／校閱

《左傳》又稱《春秋左氏傳》，是寫於先秦時期的一部編年體史書，為儒家的重要經典之一。《左傳》不僅是部偉大的史學著作，也是一部富有文學價值的散文傑作，同時它也是研究先秦時期社會歷史發展和文化思想不可或缺的重要參考。本書在汲取前人的研究成果上，進行全面、詳盡而精確的注解翻譯。文中每一「公」前皆有題解，總述該時期之主要局勢；每一「年」後都有說明，分析特定事件的歷史意義，書前並有完整導讀，是讀者研習《左傳》的最佳讀本。

新譯荀子讀本　王忠林／注譯

荀子與孟子同為儒家之正宗，昔漢儒揚孟而抑荀，致使荀書棄置數百年，竟無人為之箋注以廣流傳。延至中唐，乃有楊倞為之注釋，然以宋明兩代，揚孟抑荀之氣尤熾於前，故荀書不能光彩輝耀，盛為流布。迄清之世，注家漸多，王先謙更匯為集解，至此，講論荀學者日益盛多，而荀書之校補注釋，亦粲然可觀。

然以其書年代久遠，偽誤脫繆，既所難免，而奧指艱詞，更難索解。雖有前賢校勘注釋，但其意多分歧，而詞語亦煩冗難解。為求廣布，乃採各家之注釋，取之折衷，復以己意。期使學者對篇章有整體之了悟，本書文字及句讀依王先謙集解本。注釋方面，所採各家有楊倞、謝墉、汪中、王念孫、郭嵩燾等人之注。

實用中文講義(上)　張高評/主編

大學院校之國文教學，應該體用合一，學以致用。除持續鑑賞美感、陶冶情意、薪傳文化，以厚植人文素養外，更當與時俱進，結合實用化、生活化、現代化、創意化以進行寫作。

本書長遠觀察大學生之期待，深入思考語文教學之社會功能，歷經六年研發，兩年撰稿，終告問世。內容分生活指南、研習密碼、創作入門三大單元數十個子題，在在提示寫作之要領與原則，篇篇強調操作之策略與方法，堪稱競爭優勢的屠龍之技。

古典詩歌選讀　王文顏、顏天佑、侯雅文/編著

本書編選，除依年代先後，選擇代表詩人及作品外，另採「主題式」選詩。將同類型的詩歌集中呈現，以便讀者比較、鑑賞其間異同，增加研讀的趣味。舉凡愛情、友情、自然、歷史、自我等主題，皆在選編之列。

另外，自明鄭以來在臺灣生根發展的古典詩，不但具有古典詩的面貌，更反映臺灣獨有的內涵。特殊的歷史背景、地理環境、社群文化，孕育出臺灣古典詩卓爾的風味。為此，本書另立專章，除了簡述臺灣古典詩歌發展的梗概外，亦精心挑選數首詩作提供讀者欣賞。

這些編者的巧心，無非是希望與您共享讀詩的喜悅，一同貼近詩人的心靈。

古典小說選讀　丁肇琴/編著

古典小說是中國文學中的瑰麗珍寶。透過《紅樓夢》，可以一窺中國舊式家庭的生活樣貌；閱讀《水滸傳》，能夠體會梁山好漢被「逼上梁山」的無奈選擇。其他如六朝志怪、唐人傳奇、宋代話本……個個千嬌百媚，好似春天繁花盛開的後花園，足以令人流連忘返，沉迷其中。

本書從六朝至明清之際浩如煙海的小說作品中，精選最具代表性的名家名作，並輔以精確的注釋及深刻的賞析足堪稱為古典小說選集的範本。特別的是，還加上延伸閱讀這一單元，不僅能提供讀者閱讀相關文本或論文的捷徑，也幫助您更貼近作家的心靈。

台灣現代文選（修訂三版）　向陽、林黛嫚、蕭蕭／編著

本書所選範文皆為台灣現代文學之名家名作，包含散文、新詩、小說三大類。小說有：〈永遠的尹雪艷〉（白先勇）、〈兒子的大玩偶〉（黃春明）等；散文有：〈湖水．秋燈〉（張秀亞）、〈日不落家〉（余光中）等；新詩有：〈如歌的行板〉（瘂弦）、〈電鎖〉（商禽）等，皆是一時之選。此外並兼收各領域之文學創作，如代表海洋文學的〈奶油鼻子〉（廖鴻基）、為少數民族發聲的〈大雁之歌〉（席慕蓉）、闡述原住民文化的〈在想像的部落〉（瓦歷斯．諾幹）等，這種著重人文關懷、創作旨趣及美學欣賞的選文特色，在在呈現出本書的廣度及深度，以及帶給讀者均衡且全方位的現代文學視野。

台灣現代文選（小說卷）　林黛嫚／編著

人物、對話和情境交織出小說迷人的特色。本篇收錄賴和、王禎和、黃凡、駱以軍等老、中、青三代共十六位名家之代表作品，以時間為線索，依作者生年排列，呈現百年來臺灣小說演變之樣貌。內容分為文本、作者簡介、賞析及延伸閱讀。書前導讀略敘現代小說發展的背景，並深入淺出地分析小說之創作原理。定能為讀者開啟全新的文學視野。